Herderbücherei

Band 650

Über das Buch

In einer Zeit, da viele Menschen an seelischer Angst und religiöser Verunsicherung leiden, legt Walter Nigg ein christliches Lesebuch vor, das als Begleiter für alle Tage gedacht ist.
Das Buch enthält eine reiche Auswahl religiöser Stimmen und Bekenntnisse aus der Kirchengeschichte, von der Frühzeit des Christentums bis zur Gegenwart. Es will dem Leser die ewigen Werte vor Augen rücken und ihm einen festen Halt im Leben vermitteln. Durch keine konfessionellen Schranken gebunden, enthält es unvergängliche katholische und evangelische Zeugnisse. Das Buch darf als eine Fundgrube bezeichnet werden, da in ihm auch ganz seltene Texte enthalten sind. Das Lesebuch für Christen will in aller Bescheidenheit eine Art von Laienbrevier für heutige Menschen sein.

Walter Nigg

Lesebuch für Christen

Texte für alle Tage

Herderbücherei

Veröffentlicht als Herder-Taschenbuch
Unveränderter Nachdruck
des bei Fretz & Wasmuth Verlag AG, Zürich
erschienenen Werkes „Für alle Tage“
Umschlaggraphik: Kristine Rothfuß-Rietmann

Herder Freiburg · Basel · Wien
Herstellung: Freiburger Graphische Betriebe 1978
ISBN 3-451-07650-0

IN MEMORIAM
MEINER MUTTER

VORWORT

Der heutige Mensch befindet sich in einer schweren Situation, ist doch die Lage der Gegenwart durch eine Verwirrung und Ratlosigkeit ohnegleichen gekennzeichnet. Unter den Wogen der neuen Sintflut stürzt eine jahrhundertealte Tradition zusammen und droht unter ihrem Trümmerfeld alles zu begraben. Wer dem oberflächlichen Treiben zu widerstehen versucht, hat zum mindesten ein Gefühl dafür, was auf dem Spiele steht. Doch ist der moderne Mensch durch den täglichen Stress oft allzusehr in einer Tretmühle, als daß er diesem folgenschweren Geschehen die erforderliche Aufmerksamkeit zu schenken imstande wäre. Als gehetztes Wesen kann er sich in seiner ruhelosen Betriebsamkeit diesem Nivellierungsprozeß nicht wirksam widersetzen. Gegen seinen Willen gerät er in eine immer größer werdende Haltlosigkeit hinein und fühlt von Jahr zu Jahr deutlicher, wie seine innere Substanz sich verflüchtigt. Wegen der trostlosen Leere und der inneren Zerfahrenheit weiß er nicht mehr, wie er der weltweiten Heimsuchung begegnen soll.

Unwillkürlich hält der Mensch in dieser seelischen Bedrängnis Ausschau nach jenen religiösen Kräften, von denen er sich am ehesten Hilfe verspricht. Unter diesen allen nimmt das Christentum immer noch die erste Stelle ein. Doch ist vielen Menschen die christliche Botschaft in der kirchlichen Form nicht mehr ohne weiteres zugänglich. Auch die Bibel bleibt trotz ihrer ungeheuren Verbreitung für so manchen, wenn er versucht, sie in einer gedrückten Stunde aufzuschlagen, ein verschlossenes Buch. Dessen ungeachtet lebt im modernen Menschen ein unstillbares Verlangen nach jenen ewigen Quellen, aus denen so viele Generationen in schwerer Zeit ihre Kraft geschöpft haben. Eine kleine Handreichung bei diesem Suchen zu bieten ist die erste Aufgabe, die sich die vorliegende Anthologie für Christen gestellt hat. Sie will die Ewigkeitswerte des Christentums in Form einer Anzahl bedeutsamer Texte aus dessen ganzer Vergangenheit dem Menschen vor seine suchende Seele rücken, um ihm so die Gelegenheit für eine neue Begegnung mit der christlichen Spiritualität zu verschaffen. Wohl besteht durch eine Sammlung von Texten, die jedoch nicht als Aphorismen aufgefaßt werden dürfen, die Gefahr, daß wieder etwas leicht gemacht wird, was seinem Wesen nach die Anspannung aller seelischen Kräfte verlangt. Aber diese Verführung zum oberflächlichen Naschen ist doch nur eine Möglichkeit, neben der die andere auch besteht, daß nämlich durch eine nachdenkliche Lektüre des vorliegenden Buches ein erneutes Hören auf die Stimme des Christentums veranlaßt wird. Deswegen sollte dieses neuartige „Erbauungsbuch", das bewußt die Sprache Kanaans vermeidet, auch nicht in einem Zug durchgelesen, sondern nur in besinnlicher Weise in sich aufgenommen werden. Wo jemand erfahren möchte, was die Seele des Christentums ist, wo ein menschliches Wesen unter unsagbarem Leid seufzend nach Trost verlangt, oder jemand nach des Tages Mühsal eines kurzen Wortes bedarf, um seinem Abend einen gehaltvollen Abschluß zu verleihen, soll er zu diesem Buch greifen können, um darin das eine, was not tut, zu finden.

In all diesen Situationen ist es manchmal die kurze Betrachtung, welche einem Menschen mehr geben kann als eine lange Abhandlung, die zu lesen ihm in seiner Müdigkeit die Konzentration fehlt. Und oft ist ein Einzelwort imstande, einen Menschen zu treffen, wenn es gerade das ausspricht, was er in diesem Augenblick nötig hat. Mehr als einmal in der Geschichte des Christentums ist ein einziges Wort in das Gewissen eines Menschen eingedrungen, hat sich in seiner Seele festgehakt, und sind aus diesem Vorgang die nachhaltigsten Folgen entstanden. Auch ein kurzer Satz kann Anstoß zu einer ewigen Bewegung werden, wenn er zur richtigen Stunde als Samenkorn in die Seele fällt und der Mensch sich dadurch zur Tat treiben läßt.

Doch ist ein solches aus dem Zusammenhang heraus gelöstes Wort auch als Anlaß geeignet, seinem Urheber eingehender nachzugehen. Es ist vor allem als Hinweis aufzufassen, sich mit seinem Autor näher zu beschäftigen. In diesem Buch stehen einige Namen, denen zahlreiche Leser hier wohl zum erstenmal begegnen werden und deren ausführliche Lektüre zu einer inneren Bereicherung führen kann. Eine Anthologie ist nur die Treppe zu einem größeren Haus, in das einzutreten man dadurch aufgefordert wird. Wer dieser Einladung nachkommt, wird in der heutigen Zeit jenen Halt finden, der ihn vor dem Abgleiten ins Nichtige bewahrt und ihn wieder Wurzel fassen läßt im religiösen Erdreich. Eine ernsthafte Beschäftigung mit dem Erbe des Christentums ist für uns Abendländer dazu immer noch der naheliegendste Weg.

Als Anleitung zu diesem Streben ist die Auswahl der vorliegenden Texte gedacht, von denen den meisten eine zeitlose Bedeutung zukommt, vertreten sie das Christliche doch mit einem solchen Gewicht, daß es den Leser auch heute noch anzusprechen vermag. Man darf sich aus diesem Grunde nicht verdrießen lassen, wenn ein Abschnitt bei der ersten Lektüre sich dem Verständnis nicht alsogleich erschließen sollte und daher den Anschein des schwer Verständlichen erweckt. Leidet doch die gegenwärtige Verkündigung des Christentums in den meisten Fällen am entgegengesetzten Fehler, daß sie dem Hörer zu wenig zumutet und er deshalb enttäuscht ihre Stätten verläßt. Das Evangelium selbst verbindet schlichte Einfachheit mit unergründlicher Tiefe, und dies tritt auch da überall zum Vorschein, wo ein echtes Zeugnis vom Geist des Christentums vorliegt. Schließlich reift der Mensch auch in religiöser Beziehung nicht durch das, was er schon weiß und ihn lediglich in seinen bisherigen Ansichten bestätigt, sondern durch neue Einsichten, die ihm zuteil werden und die ihn innerlich weiter fördern. Nicht an die breiten Massen der Christenheit – für diese existieren heute zahlreiche Erbauungsmittel – wendet sich diese Anthologie, sondern an jene kirchlichen und unkirchlichen Leser, die an ein Buch gewisse Anforderungen zu stellen gewohnt sind.

Der nachdenkenden Mitarbeit ist der Leser nicht enthoben, trägt doch jede Textsammlung den Charakter der Subjektivität dessen, der sie zusammengestellt hat. Diese Eigentümlichkeit läßt sich nicht vermeiden. Sie konnte nur auf ein Minimum herabgeschraubt werden durch eine möglichst vielseitige Auswahl. Auf den Raum des Christentums blieb sie jedoch bewußt beschränkt und dies nicht aus Geringschätzung den außerchristlichen Religionen gegenüber. Daß auch die letzteren unvergängliche Wahrheiten enthalten, wird kein Kenner ernsthaft bestreiten. Aber in der gegenwärtigen Situation ist es vor allem das Christentum, an das der europäische Mensch anknüpfen muß und das allein seinem Erleben in echter Weise zugänglich ist. Auf diesem bewußt christlichen Boden wurde jedoch nicht in Engherzigkeit vorgegangen, sondern versucht, durch bekannte und unbekannte Texte die ganze Fülle des Christentums auszubreiten und möglichst viele der Stimmen zum Erklingen zu bringen, sofern sie dem heutigen Menschen ohne gelehrte Kenntnis verständlich sind. Keineswegs soll nur eine Richtung gehört werden – in der Geschichte bestand das Orchester des Christentums auch nicht in bloß einem Instrument –, sondern in mehreren, so daß auch bei dem gegenseitigen Widersprechen doch eine Einheit in der Mannigfaltigkeit sichtbar wird. Der Bogen wurde vom Neuen Testament, als der Grundlage des Christentums, durch alle Jahrhunderte bis zur Gegenwart gespannt, welche mit ihrer neuzeitlichen Christlichkeit dem heutigen Menschen unmittelbarer verständlich ist, als es die ehrwürdigen Väter der Kirche sind. Die Anthologie ist vom ökumenischen Geist erfüllt, es kommen Vertreter der großen und der kleinen Kirchen zu Worte, sofern ihre Aussagen dem allgemein christlichen Raum angehören. Vollständigkeit freilich wurde nicht angestrebt, und wenn ein Leser Texte von einer Gestalt, die ihm bedeutsam ist, vermißt, so ist damit kein Werturteil über diese gesprochen. In dieser Auswahl konnten nicht alle Gestalten des Christentums Aufnahme finden. Oft wurden von ihnen Dinge gesagt, die andere Christen besser formuliert hatten, oder aber sie ließen sich nicht aus dem Zusammenhang lösen, ohne dem Stoff Gewalt anzutun. Wie jede Auswahl verhält sich auch dieses Laienbrevier zum ganzen Christentum wie der Tropfen zum Meer. Aber gegenüber all diesen

Einwänden und Beschränkungen bleibt die Tatsache bestehen, daß hier dem Leser ein Extraktum verabreicht wird, das die Eignung in sich trägt, ihm geliebter, treugehegter Besitz zu werden.

6. Januar 1978 *Der Herausgeber*

Der ewig reiche Gott

DAS UNERGRÜNDLICHE GEHEIMNIS

Gott ist!

Gerhard Tersteegen

Herr Gott, notwendiges und unendliches Wesen, höchstes Wesen, ja, allein Wesen! Nur du kannst mit Nachdruck sagen: Ich bin! Und dieses: Ich bin! ist so uneingeschränkt und unzweifelbar wahrhaftig, daß kein Eidschwur zu finden ist, der die Wahrheit mehr außer Zweifel setzt, als wenn dies Wort aus deinem Munde geht: Ich bin. Ich lebe! — Ja. Amen! Du bist! Mein Geist beugt sich, und das Allerinnigste in mir stattet dir dies Bekenntnis ab, daß du seist. Wie so glückselig schätze ich mich, daß du bist, und daß du nicht kannst nicht sein! Wie so glückselig bin ich, daß ich weiß, daß Gott ist, und daß ich dies Bekenntnis abstatten kann, daß Gott ist! Hört ihr Kreaturen alle: Gott ist! Ich gönne es dir, mein Gott, daß du bist. Es gefällt mir so wohl, daß du bist. O wie so schön ist es, und wie so gut, daß du bist und daß du derjenige bist, der du bist! Ich wollte lieber, daß ich nicht wäre, und daß alles nicht wäre, als daß du nicht sein solltest. —

Doch was bin ich? Und was ist alles!? Bin ich wohl und ist dies alles wohl? Was ist dieses Ich, und was ist dieses alles? Wir sind nur, weil du bist und weil du willst, daß wir sein sollen, arme Wesenlein, welche in Vergleichung mit dir und vor deinem Wesen eine Gestalt, ein Schatten und nicht ein Wesen genannt werden müssen! Mein Wesen und aller Dinge Wesen verschwindet gleichsam vor deinem viel eher und mehr als ein Kerzlein im hellen Glanz der Sonne, welches man nicht siehet und dermaßen von einem größern Licht überwunden wird, daß es gleichsam nicht mehr ist. Ach, wenn du mich also überwunden, also vernichten möchtest! Und das Gesicht von dir — das Gesicht von mir; deine Hoheit — meine Geringheit; dein übergroßes Licht — mein kleines Licht, ja, meine Finsternis; dein reinstes Wirken — mein gebrechliches Wirken; dein Alles, mein Nichts, also übermeistern und gleichsam auslöschen möchte!

Ich bin nur eine Gestalt, ein armseliger Schatten, wenn du nicht in mir bist und ich nicht in dir bin, wenn du nicht der Grund und das Wesen meines Wesens bist. Alles, was ich weiß, und alles, was ich beschaue, ist nur ein selbstgemachtes totes Unding oder doch nur ein ungewisses Bild, eine nicht vergnügende, vorübergehende Gestalt und Schatten, wo du nicht selbst mich beleuchtest und wo du nicht selbst dich mir zu beschauen gibst, o du allein wesentliche Wahrheit! Alles, was ich suche, was ich liebe, was ich besitze, ist nur ein Schatten und Schein, nicht aber ein Wesen, wo ich dich nicht selbst suche und dich selbst liebe und dich nicht selbst besitze, o du allein wesentliches Gut, Freude, Wohlleben und Herrlichkeit meiner Seele! Alles mein Tun, ja, alle Bewegung und Auswirkung meiner inneren und äußeren Kräfte sind ein Schein und kein Schein, wo du nicht selbst der Grundanfang und der Beweger davon bist, o du ursprüngliches, allein wesentliches gutes und unendlich fruchtbares Leben!

Doch, was sage ich? Ohne dich bin ich nicht nur ein bloßer

Schein und Gestalt, sondern auch ein kümmerliches und erschreckliches Ungeheuer; und da ich durch mich selbst wirke, ist alles mein Tun, wie gut und heilig es auch scheinen möchte, häßlich, ja sündlich vor deinem Angesicht, nicht nur darum, weil es aus mir selbst hervorkommt, der ich ganz sündlich und verdorben bin, sondern auch darum, weil ich mich selbst unterm schönsten Vorwand und Schein in alledem meine, mir gefalle und mich erhebe und dergestalt mir selbst die Ehre zueigne, welche dir allein mit höchstem Rechte zukommt. O das erschreckliche Selbst! Ich entsetze mich recht vor mir selbst, wenn ich mich selbst ansehe vor dem bloßen Angesicht deiner Reinheit. Ich bin durchdrungen mit Eigenheit. Ich bin ganz Eigenheit. Alle meine äußeren und inneren Bewegungen sind Eigenheit. Alle meine, als meine Tugenden sind Eigenheit und unrein vor dir. —

O wenn ich nicht mehr sein möchte, und ich in mir selbst weder Leben noch Verstand, noch Gedanken, noch ewige Bewegung mehr haben möchte, und du, mein Gott, mein Jesus, alles in mir sein und wirken möchtest! Laß, o Herr, auf ewig in mir schwinden und stillestehen, was du nicht selbst in mir redest und wirkst! Verurteile und zernichte mir alles, was du nicht bist und was nicht das Deine ist! Nimm du die Stelle ganz ein, da ich selbst bin und tue in mir und durch mich, was vor dir gefällig ist! Laß das Ich nicht mehr sein, und sei du nur allein, alles in allem und führe mich dergestalt ganz aus mir selbst und aus all dem Meinen hinein in dich, oh mein Gott, mein Ursprung und mein Ende! Sodann bin ich nicht mehr im Nichtwesen und Schein, sondern im Wesen und erlöst von allem Übel zur Verherrlichung deines Namens.

Vater im Himmel

Matthias Claudius

Dieses Gefühl, dieser Glaube an einen Vater im Himmel, zu dem wir beten dürfen — und von dem die Haare auf unserm Haupt gezählet sind, ohne dessen Willen kein Sperling vom Dache fällt, an dessen Wohlwollen uns alles gelegen ist, und den wir um nichts in der Welt beleidigen möchten — dieser Glaube ist hier auf Erden des Menschen höchstes Gut, das einzige Gegengewicht, das seinen ungestümen, unbändigen Begierden und Leidenschaften Einhalt tun und einen Ring in die Nase legen kann; ist der einzige sichere Bürge für Wahrheit und Recht in der Welt und das wahre Palladium des Menschen. Wer es ihm antastet und stört, der bringt ihn um sein Glück, was er ihm auch dagegen wieder gebe und bringe.

Und dieser Glaube bewährt und veredelt sich, je nachdem wir die Worte Christi fest halten und ihrem Sinn nachgehen. Hebe Deine Augen auf zu den Sternen und siehe: wie sie weit und breit funkeln, größer und kleiner, hinter und neben einander; und wie sich dies herrliche Schauspiel in die Ferne verliert und weiter und weiter in Unabsehlichem fortgeht! — Aber es kann doch nicht ohne Ende so fortgehen; es muß doch irgendwo eine Grenze sein und etwas anders kommen. — Worin schwimmt das ungeheure Weltall, und welche Wellen bespülen seine unermeßlichen Gestade? — Was ist es, wo die Welt aufhört, und rundum die letzten Grenzsterne stehen? — Fängt da der Himmel, in dem unser Vater ist, an? — Oder ist der Himmel in allem und durch alles? — Unser Vater, wie ist er in der Welt, wo die Haare auf unserm Haupte gezählet sind? — Wie ist er außer der

Welt, durch die Unendlichkeit? — Und was ist in sich sein großes heiliges Wesen? —
Frage so in dir — und du verstummst und beugst die Knie. Und was würde es sein, wenn du mehr von dem hättest, was Christus bei dieser Einleitung in seinem Gebet im Sinne hatte!

Wer will dich nennen...

Johannes Tauler

Kinder, mit kurzen Worten: Alles, darin der Mensch seine Ruhe sucht, und das nicht lauter Gott ist, das ist alles wurmstichig. Liebes Kind, das ist nicht alles, daß du einen schlechten Mantel trägst und ein anderer einen schönen Heiligenschein, nein, in Treuen, es gehört mehr dazu.
Nun reden etliche von den schönsten schlichten Dingen: wie ihnen alles so gut vonstatten gegangen sei, und wie ihnen alles leicht und trostvoll gewesen sei, Beten, Wachen, Fasten und Weinen: dennoch halte ich dafür, daß sie damit zurückbleiben. Denn wisset: Wie gut und nochmals gut es auch immer sein oder scheinen mag, es sei bildlos, formlos, wesenlos, es sei übersinnlich oder voll Genuß: alles, worauf der Mensch mit Lust ausruht, und was er besitzt, das wird alles wurmstichig, ausgenommen das bloße, einfältige Entsinken in das bloße, einfältige, unverkennbare, unnennbare, verborgene Gut, das Gott ist, in einer Verleugnung seiner selbst und alles dessen, was sich in ihm enthüllen mag, wie St. Dionysius sagt: „Alles halte sich an sein Nicht: Man wisse nicht, man erkenne nicht, und hierbei wolle man nichts als Verleugnung seiner selbst: man suche nicht

und wolle nicht haben, man habe alles nur in entsinkender Weise. Denn Gott ist alles das nicht, das du von ihm nennen kannst: er ist überweise, überwesentlich, übergut, und alles das nicht, das du von ihm erkennen oder nennen kannst: er ist immer weit mehr darüber, als irgendein Verstand begreifen kann, weder hoch noch niedrig, weder so noch so, weder dies noch das, weit über alle Weise..." In diesen unerkannten Gott setze deine Ruhe und suche weder Empfindung noch Erleuchtung.

Der verborgene Gott

Blaise Pascal

Ich bewundere die Kühnheit, mit der diese Leute es unternahmen, von Gott zu sprechen. Sie beginnen damit, wenn sie zu den Ungläubigen reden, die Gottheit durch die Werke der Natur zu beweisen. Ihr Unternehmen würde mich nicht erstaunen, wenn sie zu Gläubigen sprächen, denn sicher ist, daß die, die von Herzen gläubig sind, alsogleich erkennen, daß alles, was ist, nichts als Werk des Gottes ist, den sie verehren. Aber es jenen zu sagen, in denen diese Einsicht verdunkelt ist, die man in ihnen wieder erwecken will, diesen vom Glauben und der Gnade entblößten Menschen, die in allem, was sie in der Natur finden, was sie zu dieser Erkenntnis führen könnte, auch wenn sie sich mit all ihrer Einsicht bemühen, nichts als Dunkelheit und Finsternis finden, ihnen zu sagen, daß sie nur das Geringste, was sie umgibt, betrachten sollten, und dann würden sie Gott entschleiert schauen; und ihnen als Beweis dieser großen und wichtigen Sache nichts als den Lauf des Mondes und der

Planeten vorzuführen und zu behaupten, man habe ihn mit solchen Redensarten bewiesen, das bedeutet, daß man ihnen ein Recht gibt zu glauben, die Beweise unserer Religion seien äußerst schwach, und ich weiß aus Überlegung und Erfahrung, daß nichts geeigneter ist, Verachtung zu wecken.

Die Schrift, die sie besser kennt, spricht nicht so von den Dingen Gottes. Im Gegenteil, sie sagt, daß Gott ein verborgener Gott sei; und daß er (die Menschen) seit der Verderbnis der Natur in einer Blindheit ließ, von der sie nur durch Jesus Christus befreit werden können, ohne den jede Verbindung mit Gott aufgehoben ist: Niemand kennet den Vater, denn nur der Sohn und wem es der Sohn will offenbaren.

Das ist es, was die Schrift uns andeutet, wenn sie an so vielen Stellen sagt, daß jene, die Gott suchen, ihn finden würden. Von dieser Erkenntnis redet sie nicht, wie man vom Tag am hellen Mittag spricht. Es heißt keineswegs, daß die, die den Tag am hellen Mittag oder das Wasser im Meer suchen, finden würden; folglich kann die Faßbarkeit Gottes nicht derart in der Natur offenbar sein; auch heißt es an anderer Stelle: Fürwahr du bist ein verborgener Gott.

Das Unsagbare

Meister Eckehart

Darum schweig und schwätze nicht von Gott! Denn indem du von ihm schwätzest, lügst du, tust du Sünde. Willst du also ohne Sünde sein und vollkommen, so schwätze nicht von Gott! — Auch erkennen sollst du nichts von Gott, denn Gott ist über allem Erkennen. Ein Meister sagt: Hätte ich einen Gott, den ich erkennen könnte, ich wollte ihn nicht länger für Gott halten! Erkennst du etwas von ihm: nichts von dem ist er. Und indem du doch etwas von ihm „erkennst", gerätst du in den Zustand des Nichterkennens und durch diesen — in den Zustand eines Tieres! Denn was der Erkenntnis bar ist an den Kreaturen, das ist das Tierische an ihnen. Willst du also nicht zum Tier herabsinken, so erkenne du nichts von dem nie gekündeten Gotte! „Ach, wie soll ich dann tun?" — Entsinke du allem, was irgend du, verfließe ganz in seine Wesenruh; was erst für sich: dort er, du hier, schließt nun sich zusammen zum einigen Wir, wo du — nun er — ihn erkennst mit ewigem Sinn: ein namenloses Nichts, ein ungewordenes „Bin"!

Man muß noch über Gott

Angelus Silesius

Wo ist mein Aufenthalt? Wo ich und du nicht stehen. Wo ist mein letztes End, in welches ich soll gehen? Da, wo man keines findt. Wo soll ich denn nun hin? Ich muß noch über Gott in eine Wüste ziehn.

Es gibt keinen Zufall

Ulrich Zwingli

Das Wort Zufall verträgt sich nicht mit wahrer Religion. Wenn nämlich alles durch Zufall geschieht, so ist die Vorsehung aufgehoben, mit ihr aber auch die Gottheit. Denn wenn irgend etwas durch Zufall geschieht: so muß alles und jedes durch bloßen Zufall geschehen. Denn wenn die Vorsehung auf ein einziges Ding sich nicht erstreckte: so wäre sie keine Vorsehung, weil sie alle und jede Dinge umfassen muß, da auch die Macht der Gottheit sich auf alle Dinge erstreckt; würde sie sich nicht auf alle erstrecken, so wäre sie nicht die Gottheit. Würde zwar die göttliche Macht sich auf alles erstrecken, nicht aber die Vorsehung: so wären ja die Eigenschaften der Gottheit nicht alle gleich, folglich die Gottheit nicht höchst einfach. Es ist also unwidersprechlich: Entweder sorgt die Vorsehung für alles, hört nirgends auf, ist niemals untätig; oder es gibt gar keine Vorsehung: und ist keine Vorsehung, so ist auch kein Gott. Wird aber alles von der Vorsehung getan: so kann nichts durch bloßes Ungefähr geschehen.

Nähme ich Flügel der Morgenröte und ließe mich nieder zu äußerst am Meer

Meister Eckehart

Mitten in den Dingen muß der Mensch Gott ergreifen und sein Herz gewöhnen, ihn allzeit als einen gegenwärtigen zu besitzen im Gemüt, in der Gesinnung und im Willen. Gib acht, wie du gegen deinen Gott gesonnen bist, wenn du in der Kirche oder in der Zelle weilst: die selbe Gemütsverfassung halte fest und trag sie hinaus unter die Menge und in das Getümmel, in eine so fremde Welt! Wie ich aber auch sonst betont habe: wenn wir damit ein Sichgleichbleiben fordern, so ist unsere Meinung doch nicht die, als solle man alle Beschäftigungen für gleich achten, und alle Stätten und

Menschen — das wäre zu verkehrt: denn freilich ist Beten ein besser Werk als Spinnen und eine geeignetere Stätte die Kirche als die Straße. Sondern du sollst unter der Arbeit das gleiche Gemüt haben und eine gleiche Treue und gegen deinen Gott den gleichen Ernst hegen. Traun! Hieltest du in solcher Weise dich gleich, so unterbräche dir niemand deines Gottes stete Gegenwart.

Wenn dagegen Gott nicht solch innerer Besitz ist, sondern man sich allein Gott von draußen holen muß in diesem oder dem — wo man ihn denn auf unzulängliche Weise sucht, mittels bestimmter Werke, Leute oder Orte: so hat man ihn eben nicht, und da kommt dann leicht etwas, was einen stört. Und zwar stört einen dann nicht bloß schlechte Gesellschaft, sondern auch die gute, nicht bloß die Straße, auch die Kirche, nicht bloß böse Worte und Werke, sondern gute genau so. Denn das Hindernis liegt in ihm: Gott ist in ihm noch nicht zur Welt geworden. Wäre er ihm das, so fühlte er sich allerorten und bei allen Leuten gar wohl und geborgen: immer hätte er Gott, und den kann ihm niemand nehmen, niemand ihn in seinem Wirken hindern.

Worauf beruht nun solch echter Gottbesitz? Er beruht auf dem Gemüt und einer innigen vernünftigen Hinwendung und Willensausrichtung auf Gott. Nicht auf einem steten unentwegten Denken an Gott! Es wäre ja auch menschenunmöglich, solchen Vorsatz durchzuführen, oder doch äußerst schwierig und jedenfalls das Beste nicht. Der Mensch soll sich nicht zufrieden geben mit einem gedachten Gott — wenn der Gedanke vergeht, so vergeht auch der Gott. Sondern man muß einen wesentlichen Gott haben, der erhaben ist über das Gedenken der Menschen und aller Erschaffenen. Der Gott vergeht nicht, man kehre sich denn freiwillig ab.

Von Gottes Zorn und Liebe

Heinrich Seuse

Der Diener: Ach zarter Herr, drei Dinge wundern mich nun gar innig. Das eine ist: daß du so überliebreich an dir selbst bist, und doch ein so gar strenger Richter über die Missetat. Herr, wenn ich nachdenkend mich versenke in deine grimmige Gerechtigkeit, so schreit mein Herz mit sehnender Stimme: Weh, weh, allen denen, die je gesündigt, denn wüßten sie das strenge Gericht, das du stillschweigend ohne alle Widerrede über eine jegliche Sünde halten wirst, auch bei deinen allerliebsten Freunden, sie sollten sich eher selbst die Zähne und das Haar ausreißen, eh sie dich je erzürnten. O weh, dein zorniges Antlitz ist so grimmig, dein verächtliches Abwenden ist so unerträglich, weh mir, und deine feindlichen Worte sind so feurig, daß sie durch Herz und durch Seele schneiden. O weh, Herr, beschirme mich vor deinem zornigen Antlitz und spare deine Rache gegen mich nicht bis auf jene Welt. Siehe, wenn ich nur einen Argwohn habe, daß du wegen der von mir verschuldeten Sünden dein Antlitz verächtlich von mir gewendet habest, Herr, das ist mir so unerträglich, daß mir nichts in dieser weiten Welt so bitter ist. O weh, Herr und getreuer Vater, wie sollte denn mein Herz dein greuliches Antlitz je ertragen? Ach, wenn ich recht gedenke an dein zornentstelltes Antlitz, so wird meine Seele so vergrämt, meine ganze Kraft erzittert so, daß ich nichts damit vergleichen kann, denn als wenn der Himmel sich zu verdunkeln und zu schwärzen beginnt, und das Feuer in den Wolken wütet, und ein starker Donner das Gewölk zerreißt, daß das Erdreich erbebt, und dann der feurige Strahl auf einen Menschen schießt. Herr, niemand

verlasse sich auf dein Schweigen, denn wahrlich dein Stillschweigen verwandelt sich schließlich in einen grimmigen Donner. Herr, das zornige Antlitz deines väterlichen Zornes ist auch einem Menschen, der dich zu erzürnen und zu verlieren fürchtet, eine Hölle über alle Höllen — ich will schweigen von dem grimmigen Antlitz, das die Bösen am Jüngsten Tage mit Herzeleid sehen müssen. Weh, weh und ewig weh über die, die des großen Jammers warten!...
Herr, dies ist meinem Herzen ein großes Wunder, da du doch sprichst, daß du so liebreich seist?
Antwort der Ewigen Weisheit: Ich bin das unwandelbare Gut und stehe gleich und bin gleich. Daß ich aber ungleich erscheine, das kommt von der Ungleichheit derer, die mich ungleich — mit Sünde oder ohne Sünde — sehen. Ich bin liebreich von meiner Natur und bin andererseits doch ein fürchterlicher Richter über die Missetat. Ich will von meinen Freunden kindliche Furcht und liebreiche Liebe haben, damit sie die Furcht zu allen Zeiten von Sünden zurückhält, und die Liebe sie mit ganzer Treue mir vereint.

DER GOTTHEIT LEBENDIGES KLEID

In der Gegenwart Gottes

Bruder Lorenz

Die heiligste Gewohnheit, die allgemeinste und nötigste im geistlichen Leben, ist die der Gegenwart Gottes, das heißt: sich behagen und gewöhnen an Seine göttliche Gesellschaft, demüt sprechen und sich liebend mit Ihm unterhalten, allezeit, in allen Augenblicken, ohne Regel und Maß, vor allem in den Zeiten der Versuchung, des Leidens, der Dürre, des Überdrusses und sogar der Ungläubigkeiten und der Sünden.

Wir müssen uns fortdauernd befleißigen, daß unsere Handlungen, ohne Rücksicht auf irgend etwas, eine Art kleine Unterhaltung mit Gott seien, gleichwohl ohne Absicht, sondern wie wenn sie aus der Reinheit und Einfalt des Herzens kämen.

Wir müssen alle unsere Handlungen nach Maß und Gewicht ausführen, ohne Ungestüm noch Überstürzung, was einen in die Irre gegangenen Geist anzeigte; wir müssen sacht, ruhig und liebend mit Gott arbeiten, Ihn bitten, unsere Arbeit anzunehmen, und durch diese dauernde Achtsamkeit auf Gott werden wir den Kopf des Widersachers zertreten, die Waffen aus seinen Händen stürzen machen.

Wir müssen während unserer Arbeit und der übrigen Handlungen, sogar während unseres Lesens und Schreibens, auch geistlicher Dinge, noch mehr während unserer äußeren Andachten und lauten Gebete, in jedem kleinen Moment innehalten, so oft wir können, um Gott in der Tiefe unseres Herzens anzubieten, um Ihn zu genießen, wenn auch nur im Vorübergehen und gleichsam verstohlen. Da ihr wißt, daß Gott vor euch während eurer Handlungen gegenwärtig, daß Er im Grund und in der Mitte eurer Seele ist, warum also nicht wenigstens von Zeit zu Zeit eure äußerlichen Beschäftigungen unterbrechen, sogar eure lauten Gebete, um Ihn innerlich anzubeten, Ihn zu loben, Ihn zu bitten; Ihm euer Herz zu opfern und Ihm zu danken?

Die Natur als Gleichnisrede

Jeremias Gotthelf

Es gab eine Zeit, wo man ob den Werken Gottes Gott vergaß, wo die dem menschlichen Verstande sich erschließende Herrlichkeit der Natur die Majestät des Schöpfers verdunkelte. Diese Zeit geht vorbei. Aber noch weilt bei vielen der Glaube, das Anschauen der Natur führe von Gott ab, Gott rede nur in seinem geschriebenen Worte zu uns. Für seine Stimme, die tagtäglich durch die Welten zu uns spricht, haben diese keine Ohren; daß Gott zu seinen Kindern rede in Sonnenschein und Sturm, daß er im Sichtbaren darstelle das Unsichtbare, daß die ganze Natur uns eine Gleichnisrede sei, die der Christ zu deuten habe, täte jedem not zu erkennen. Zur Förderung dieser Kenntnis ein Scherflein beizutragen, versuchte in nachstehender Darstellung der Unterschriebene. Wer zu deuten weiß, was der Herr ihm schickt, verliert nimmer das Vertrauen, und alle Dinge müssen zur Seligkeit ihm dienen. Fände in dieser Wahrheit Trost ein Unglücklicher, würde sie den rechten Weg einem Irrenden erleuchten, offenbar machen einem Murrenden die Liebe des Vaters, zur Anschauung des Unsichtbaren einen Menschen führen, dessen fünf Sinne seine einzigen Wahrnehmungsquellen waren, dann hätte der Verfasser seinen Zweck erreicht.

In ihm leben, weben und sind wir

F. M. Dostojewski

In meiner Jugend, es ist schon lange her, vor vierzig Jahren, durchwanderte ich mit dem Pater Anfim ganz Rußland, um fürs Kloster Almosen zu sammeln, und wir nächtigten mit Fischern zusammen am Ufer eines großen schiffbaren Flusses. Zu uns setzte sich ein wohlgestalteter Jüngling, dem Aussehen nach ein Bauer von achtzehn Jahren; er hatte sich beeilt, an Ort und Stelle zu sein, um am nächsten Morgen die Kaufmannsbarke an der Leine zu schleppen. Ich sah, daß er mit guten, klaren Augen in die Welt schaute. Die Nacht war hell, ruhig und warm, eine Julinacht; vom breiten Strome erhob sich der Nebel und erfrischte uns; von Zeit zu Zeit plätscherte ein Fisch, die Vögel verstummten, alles war ruhig und erhaben, als betete die Natur zu Gott. Nur wir beide, dieser Jüngling und ich, schliefen nicht, sondern sprachen von der Schönheit und dem großen Geheimnis dieser Gotteswelt. Jedes Hälmchen, jeder Käfer, die Ameise und die goldene Biene, alle kennen sie zum Verwundern ihren Weg, ohne Vernunft zu besitzen und zeugen von dem Geheimnis Gottes, indem sie es ununterbrochen selbst erfüllen. Auch das Herz des lieben Jünglings war entzündet. Er vertraute mir an, daß er den Wald liebe und die Vögel des Waldes. Er war Vogelfänger, kannte ihren Ruf und verstand es selbst, sie anzulocken. „Besseres als den Wald kenne ich nicht", sagte er, „ja, und alles ist gut." — „Wahrlich", antwortete ich ihm, „alles ist gut und vollkommen, denn alles ist Wahrheit. Siehe", sagte ich zu ihm, „das Pferd, dieses große Tier, das dem Menschen am nächsten steht, oder den Stier, der ihn ernährt und für ihn arbeitet, wie er ernst und nachdenklich aussieht. Betrachte seine Augen: welche Demut, welche Anhänglichkeit an den Menschen, der ihn oft unbarmherzig schlägt, welch eine Gutmütigkeit, welch eine Zutraulichkeit und welche Schönheit liegt in diesem Blick des Tieres! Rührend ist es zu wissen, daß sie keine Sünde begehen, denn alles ist vollkommen, und alles außer den Menschen ist sündlos, und Christus ist mit ihnen eher als mit uns." „Ja, haben sie denn auch Christus?" fragte der Jüngling. — „Wie könnte es anders sein", sagte ich zu ihm, „denn für alle ist das Wort, die ganze Schöpfung und jegliches Geschöpf. Jedes Blättchen strebt zum Wort, preist Gott und weint zu Christo, sich selbst unbewußt, allein schon durch das Geheimnis seines sündenlosen Daseins. Siehe", sagte ich zu ihm, „im Walde haust der schreckliche Bär, der grausam und wild und doch ganz schuldlos ist." Und ich erzählte ihm, wie einmal ein Bär zu einem großen Heiligen kam, der im Walde in einer kleinen Zelle sein Leben fristete, und der große Heilige ging furchtlos zu ihm hinaus und gab ihm ein Stück Brot. „Gehe hin, Christus sei mit dir", sagte er zu ihm, und das große Tier war sanft und gehorsam und tat ihm nichts zuleide. Es rührte den Jüngling, daß er ihm nichts zuleide getan hätte, und daß auch Christus mit ihm wäre. „Ach, wie ist das schön, und wie ist doch das Göttliche gut und wunderbar!“ Er saß da und dachte tief und glücklich nach. Ich sah, daß er es begriffen hatte. Er schlief neben mir ein, leicht und schuldlos wie sein Schlaf. Herr, segne die Jugend! Und ich betete daselbst für ihn, bevor ich einschlief. Herr, sende Frieden und Licht deinen Menschen.

Gott tut Wunder

Augustin

Man sagt wohl, daß alle Wunder gegen die Natur sind, aber sie sind es nicht. Denn wie kann gegen die Natur sein, was nach Gottes Willen geschieht, da doch der Wille des erhabenen Schöpfers die Natur jeglichen Geschöpfs ist? Ein Wunder geschieht also nicht gegen die Natur, sondern gegen die uns bekannte Natur... Das, was hinsichtlich der Natur der Dinge allen bekannt ist, ist nicht weniger wunderbar (als die sog. Wunder) und müßte bei näherer Betrachtung alle zum Staunen hinreißen. Aber die Menschen sind gewohnt, das Wunderbare nur zu bewundern, wenn es selten ist.

Lobgesang

Rudolf Alexander Schröder

Wer kann der Treu vergessen,
Die du an uns getan,
Der Gaben unermessen,
Die wir von dir empfahn?
Ging keins auf keinem Pfade
Der kurzen Erdenfahrt,
Dem zu nicht deine Gnade
Tagtäglich offenbart.

Lang, ehe wir geboren,
Hast du uns angesehn:
„Sie sind's, die vor den Toren
Des Lebens wartend stehn.
Gebt ihnen Raum, bringt, Geister,
Sie her vor meinen Tag,
Daß des Geschöpfs der Meister
Sich billig freuen mag!"

So bin ich dein geworden,
Eh ich mich selbst gewann;
Du nahmst mich in den Orden
Der Söhn' und Brüder an.
Weil ich noch kaum vom weiten
Durch Dunst und Nebel sah,
Warst über meinem Schreiten
Du wie die Sonne nah.

Bist's noch zu allen Tagen,
Auch wo ich dich nicht spür,
Und mein, ich ging durch Plagen
Und Ängste für und für,
Und wähn, ich müßt, in Sünden
Und Finsternis versenkt,
Mich in der Hölle gründen,
Die dein mit Schrecken denkt.

Dein, der die Welt bereitet
Nach unbegriffnem Plan,
Die Strauchelnden geleitet,
Den Müden hilft voran,
Der hinter Zeit und Massen,
Davor der Geist erschrickt,
Gebahnt die schönen Straßen
Zur Herrlichkeit erblickt.

Zum Vorhof deiner Wahrheit,
Zur ewigen Gegenwart,
Da die vollkommene Klarheit
Sich allen offenbart,
Da alles Seufzen mündet,
in einen Lobgesang,
Und Stern den Sternen kündet
Fried, Freude, Preis und Dank.

Alles ist in ihm

Jakob Böhme

Der Mensch hat freien Willen, er mag sich auf Erden in einem Werke erlustigen, worinnen er will, es stehet alles in Gottes Wundern, der Mensch tue, was er will: Ein Sauhirte ist ihm so lieb wie ein Doktor, so er nur fromm ist und sich nur in seinem Willen vertrauet. Der Alberne ist ihm so nütze wie der Weise; denn mit dem Weisen regiert er, und mit dem Albernen bauet er. Sie sind allzumal seine Werkleute zu seiner Wundertat. Ein jeder hat Beruf, darinnen er seine Zeit vertreibe, sie sind vor ihm alle gleich. Allein der Geist dieser Welt hat seine Hoheit, die teilet er aus in seiner Macht, gleich wie der Geist Gottes im Himmel, da sind auch große Unterscheid: Alles nach dem der Geist oder Seele ist mit göttlicher Kraft angetan, also ist auch seine Hoheit im Himmel, auch seine Schönheit und Klarheit, aber alles in einer Liebe: Ein jeder Engel und Seele hat Freude an des anderen Kraft und Schönheit.

Gleich wie die Blumen die Erde einander nicht mißgönnen, obgleich eine schöner und kräftiger ist als die andere, sondern stehen freundlich untereinander und genießet je eine der anderen Kraft. Es ist überall Sorge, Kummer, Furcht, Krankheit und endlich der Tod. Es ist nur ein Spiegelfechten in dieser Welt, und der Gott fürchtet, sitzet im Regiment der göttlichen Kraft und Weisheit. Das Regiment dieser Welt endet sich mit dem Leibe; und das Regiment in Gottes Geiste bleibet ewig stehen.

DIE UNSTILLBARE SEHNSUCHT

Gotteserkenntnis und Selbsterkenntnis

Johannes Calvin

Der Gesamtinhalt der Lebensweisheit, die so zu heißen verdient, umfaßt zwei Stücke, nämlich die Erkenntnis Gottes und die Selbsterkenntnis. Beide sind derartig miteinander verwachsen, daß man kaum auseinanderhalten kann, auf welcher Seite der Grund, und auf welcher die Folge ist. Denn erstlich kann niemand sich selbst ins Auge fassen, ohne zugleich einen Blick auf Gott zu werfen, in welchem wir leben, weben und sind: denn alles, was wir haben, stammt von ihm und ruht auf ihm allein. Die Güter, welche wie Tropfen vom Himmel auf uns fallen, leiten uns an, nach der Quelle zu fragen. Anderseits werden wir die unermeßliche Fülle des Reichtums, den Gott besitzt, erst zu schätzen wissen, wenn wir unsere Dürftigkeit anschauen. Namentlich der jämmerliche Zustand, in den uns der Fall der ersten Menschen gestürzt hat, zwingt uns, die Augen zum Himmel emporzuheben, nicht bloß um hungrig und bedürftig von dort zu erbitten, was uns fehlt, sondern um in Furcht und Schrecken die gebührende Demut zu lernen. Weil der Mensch eine Welt von Elend in sich birgt, so müßte schon das Bewußtsein des eigenen unglücklichen Zustandes einen jeglichen antreiben, wenigstens eine geringe Erkenntnis von Gott zu fassen. So erkennen wir aus der Empfindung unserer Unwissenheit, Eitelkeit, Bedürftigkeit, Schwachheit, Sünde und Verkehrtheit, daß allein Gott das wahre Licht der Weisheit, zuverlässige Kraft, den unausschöpflichen Quell aller Güter und reine Gerechtigkeit in sich birgt. Unser Übel weckt uns auf, die Güter Gottes anzuschauen, und wir werden nicht eher ernstlich nach ihm fragen, als wir nicht anfangen, ein Mißfallen an uns selbst zu haben. Denn welcher Mensch gibt sich nicht gern mit sich und seinen angeblichen Tugenden zufrieden, solange er sich selbst und sein Elend nicht kennt? So leitet uns also die Selbsterkenntnis an, nicht nur nach Gott zu fragen, sondern ihn auch zu finden.

Nach dir, Herr, verlanget mich

Hermann Kutter

Wer's verlangt, der lebt. Das Geschöpf lebt im Verlangen, im Nehmen, wie der Schöpfer im Geben. Wenn im Frühling draußen das Leben erwacht, was ist es anderes als ein tausendfältiges Verlangen? Jedes Blättchen, jedes Gräschen, jedes Blümchen, das Schmettern der Buchfinken, das Flöten der Meisen, der Gesang der Amsel, der Jubel des Schwarzkopfes, das Zirpen der Grillen, das Huhu der Unken — alles ist Verlangen. Warum? Weil die Liebe wieder erwacht ist. Verlangen ist nicht Todesnot, Verlangen ist Lebensfreude. Der Tod kennt kein Verlangen. Und wenn's dich nach Gott verlangt, Menschenkind, so verstopf die Röhren nicht, sonst stirbst du. An verstopften Röhren geht der Brunnen zugrunde, am unterdrückten Verlangen das

Menschenherz; im Kerker haust der Tod, die aufgesprengten Pforten erschließen das Leben. Leben heißt: hinauswollen, ans Licht wollen, streben, schaffen, nie am Ende sein, weiter, weiter; heißt in sich hineintrinken, heißt getränkt werden und wieder dürsten, gesättigt sein und wieder hungern, ein ewiger Kreislauf, ein immerwährendes Nehmen und Bitten, ein Hände ausstrecken und ein Empfangen, ein Beschenktwerden und Weiterschenken. Aber so gesättigt sein, daß du nie wieder begierig wirst, kannst du nur in Gott. Nach Geld und Gut kannst du begierig sein, aber du kannst nicht satt werden an ihnen. Bei Gott aber heißt's: „Ich will schauen dein Antlitz in Gerechtigkeit, ich will satt werden, wenn ich erwache an deinem Bilde". Vom ewigen Leben bekommt man nie genug; das eben ist das ewige Leben: Verlangen und satt werden und satt werden und Verlangen. Wenn dich also anfängt zu verlangen, so schäm dich nicht, „tue deinen Mund weit auf", sagt die Bibel, „so will ich ihn füllen"; meine nicht, du werdest sentimental oder hintersinnig, wie die toten Eiszapfen von Menschen glauben, wenn sie der Frühling anrührt, nein, halte dran, du muß ja ins Ewige hineinwachsen. Das ist deine Bestimmung. Und wenn du ein gläubiges Gotteskind bist, und es kommt wieder — oder vielleicht zum ersten Male recht das Verlangen, das Seufzen und Sehnen über dich, so erschrick nicht und denk nicht: das ist der immer noch nicht überwundene alte Mensch, o nein, betäub's nicht mit frommem Morphium, schlag's nicht tot, trag's an die Sonne, glaub nicht, du seist kein rechter Christ, wenn dir das Herz bebt vor Verlangen, nein, gib ihm Luft und Ausgang und sprich's aus: „Nach dir, Herr, verlanget mich". Denk an den Apostel Paulus im Philipperbrief.

Das strahlende Licht

Augustin

Ich liebe dich, Herr; ich zweifle nicht daran, ich liebe dich mit vollem, hellen Wissen. Mit deinem Wort hast du mein Herz getroffen, und ich liebte dich. Und auch Himmel und Erde und alles, was sie füllt, das alles sagt mir, daß ich dich lieben soll, und hört nicht auf, es allen zu sagen, so daß sie unentschuldbar sind. Lauter aber klingt dein Erbarmen dem, dessen du dich erbarmen willst, und Erbarmen wirst du schenken, dem du gnädig bist. Denn sonst würden Himmel und Erde dein Lob nur tauben Ohren predigen. Was aber liebe ich, da ich dich liebe? Nicht Körperschönheit und nicht Glanz der Welt, nicht strahlend helles Licht des Tages, was dem Aug' so lieb ist; nicht süße Melodien formenreicher Lieder, nicht Wohlgeruch der Blumen, Salben und Spezerein; nicht Manna und nicht Honig; nicht Leibesanmut, die zu umarmen unser Fleisch sich sehnt. Das alles ist's nicht, was ich liebe, wenn ich dich liebe, meinen Gott. Und doch lieb' ich dich, als wärst du Licht und Melodie und Wohlgeruch und Speise und Umarmung, wenn ich dich liebe, du mein Gott, du Licht und Melodie und Wohlgeruch und Speise und Umarmung meines innern Menschen! Dort drin in meiner Seele strahlt ein Licht, das keine Welt faßt, dort klingen Melodien, die keine Zeit verschlingt, dort duften Wohlgerüche, die kein Wind verweht, dort schmecken Speisen, deren keine Sattheit satt wird, dort lacht ein Glück vereinter Liebe, dem ein Überdruß nicht folgt. Das ist es, was ich liebe, lieb' ich meinen Gott.

Vom Warten-Können

Christoph Blumhardt

Jetzt bitte ich euch: Wartet auf den lieben Gott, seid nicht so sehr religiös! Einmal nichts haben und auf Gott warten ist besser, als immerfort sich religiös herausputzen. Man wird nicht gottlos mit dem Warten auf den lieben Gott — im Gegenteil, es vermehrt sich die eigentliche Wahrhaftigkeit der Sache Gottes in unseren Herzen, und an dem liegt alles; alle zehn Jahre ein wahrhaftiges Wort ist mir lieber als alle Tage eine Andacht; an der Wahrhaftigkeit liegt alles. Saget nicht: „Der Herr hat es getan, Gott hat es getan“, wenn ihr es nicht gewiß wisset; brauchet nicht so viele religiöse Worte, wenn ihr es nicht gewiß wisset; an einem wahrhaftigen Moment aus dem Reich Gottes ist viel mehr gelegen als an tausend religiösen Übungen. Dafür müssen wir uns aber erziehen lassen; es ist eben das Göttliche immer persönlich, auch der Geist Gottes ist persönlich; man muß deswegen immer wieder um den Geist Gottes bitten, das heißt sagen: Ich habe ihn nicht, er ist nicht da.

Das Entsinken in Gott

Johannes Tauler

Liebes Kind, in all dieser Gelassenheit mag es trotzdem wohl geschehen, daß dir ein recht hartes Wort entfährt: darüber erschrick nicht. Gott hat es zu deinem Besten verhängt, daß du noch tiefer in dein Nichts versinkst.

Und so kommt wohl auch noch ein Zorn; das weist dich alles auf eine noch stärkere Selbstverleugnung hin. Es weist dich alles gänzlich in dein Nichts, derart, daß du dich dessen für unwürdig hältst, daß Gott dir einen guten Gedanken einsende. Hieran liegt ja alles: an einem unergründlichen Entsinken in ein unergründliches Nichts. Dieser Leute Tun besteht nicht in äußerem Wirken, liegt nicht in Weisen und Vorbildern. Darin sollt ihr freilich, lieben Leute, die hierzu noch nicht gekommen sind, euch fleißig üben. Gott wird euch eure Sünde vergeben und das Himmelreich geben, wenn ihr euer Fegefeuer voll ausleidet. Aber wisset: mit euren Weisen könnet ihr nicht einmal dazu kommen, daß ihr die Knechte von dieser Leute Knechten wäret. Wenn dagegen diese Leute recht geraten, so ist ihr Wesen über alle Maßen wonnig. Aber es ist gefährlich, so gefährlich, wie des wildesten Menschen Leben in der Welt in seiner Weise gefährlich ist, denn dieser Weg ist ein ganz finsterer, unbekannter Weg. Es ist so, wie ich es von Hiob anführte: „Dem Manne ist der Weg verborgen und er ist umfangen von Finsternis.“ Auf diesem wilden Wege müssen die Menschen die Gegenstände, die sich je darbieten mögen, ständig verleugnen. Und ohne Unterlaß sagt unser Herr: „Folge mir, geh durch alle Dinge, alles das bin ich nicht. Geh vorwärts, folge mir, geh vorwärts.“ Da könnte der Mensch sagen: „Herr, wer bist du, daß ich dir so in die Tiefe, in die Wildnis, in die Einsamkeit folgen soll?“ So mag der Herr antworten: „Ich bin Mensch und Gott, und ich bin weit mehr als Gott.“ Könnte ihm der Mensch nun aus wesentlichem, erkanntem Grunde antworten: „So bin ich nichts und viel mehr als nichts.“ — Kinder, so wäre es schier getan, denn die übernamenlose Gottheit hat nirgends eine eigentliche Wirkungsstätte als im Grunde der allertiefsten Selbstvernichtungen. Denn so schreiben die Meister: Wenn eine neue Form werden soll, so muß notwendig die alte erst verderben, und weiter: Wenn das Kind im Mutterleibe empfangen wird, so ist es zuerst eine bloße Materie. Danach wird der Materie eine tierische Materie eingegossen, so daß sie lebt wie ein Tier. Darauf, nach der festgesetzten Zeit, schafft Gott eine vernünftige Seele und gießt die hinein. Und schließlich vergeht die ganze erste Form der So-Beschaffenheit (Individualität): die Wirksamkeit, die Denkfähigkeit, die Größe, die Farbe. Dies muß alles ganz von dannen, nur eine lautere, bloße Materie bleibt. Also sage ich: soll hier der Mensch überformt werden mit dem überweslichen Wesen, so müssen all die Formen notwendig fort, die man in allen Kräften je empfing: das Erkennen, das Wissen, das Wollen, das Wirken, der Gegensatz zwischen Subjekt und Objekt, das Empfinden, das Eigenwesen. Da St. Paulus nichts sah, da sah er Gott. Das ist auch der Grund, weshalb Elias den Mantel vor die Augen tat, als der Herr kam.

Hier werden alle starken Felsen zerbrochen; alles, worauf der Geist ruhen möchte, das muß hier alles ab. Und wenn all diese Formen entwerden, dann — in einem Blick — wird der Mensch überformt. In dieser Weise mußt du vorwärts gehen. Und darum spricht der himmlische Vater zu ihm: „Du sollst mich Vater nennen und sollst nicht aufhören hineinzugehen“, immer vorwärts hinein, je höher, desto tiefer versinken in den unerkannten und ungenannten Abgrund, über alle Weise, Bilder und Formen, über alle Kräfte sich selber verlieren — so bleibt in dieser Verlorenheit nichts als ein Grund, der wesentlich auf sich selber steht, ein Wesen, ein Leben, ein Überall.

Das göttliche Mysterium

Nikolai Berdjajew

Das religiöse Leben ist die Bewegung von Gott zum Menschen und vom Menschen zu Gott. Das religiöse Urphänomen ist eine doppelte Offenbarung: die Offenbarung Gottes im Menschen und die Offenbarung des Menschen in Gott. Darum ist die wahre, vollständige und vollkommene Religion die Religion des Gottmenschen und des Gottmenschentums. Im Menschen offenbart sich Gott und das Göttliche. Dieser Art sind alle Religionen: sie alle verkündeten dieses große Ereignis. Die ganze Kompliziertheit und die ganze Tragik des religiösen Schicksals der Menschheit wird dadurch bestimmt, daß es auch eine andere Seite im religiösen Prozeß gibt. Nicht nur Gott muß sich im Menschen offenbaren, sondern auch der Mensch in Gott. Die Offenbarung Gottes gegenüber dem Menschen muß die Offenbarung des Menschen gegenüber Gott zur Antwort haben. Es gibt eine menschliche Sehnsucht nach Gott, aber es gibt auch eine göttliche Sehnsucht nach dem Menschen. Gott ist die größte Idee, das größte Thema, die größte Sehnsucht des Menschen. Der Mensch ist die größte Idee, das größte Thema, die größte Sehnsucht Gottes. Das Problem Gottes ist ein menschliches Problem. Das Problem des Menschen ist ein göttliches Problem. In seiner Offenbarung offenbart Gott dem Menschen nicht alles; er läßt im Verborgenen, was der Mensch selbst Gott offenbaren soll. Gott erwartet vom Menschen unerläßlich viel mehr als die Erfüllung des von ihm offenbarten Willens, als den Gehorsam gegenüber diesem Willen, — er erwartet die Offenbarung des schöpferischen Willens, die Offenbarung der schöpferischen Freiheit des Menschen selbst. Der Mensch soll Gott aus Liebe zu Ihm, in Beantwortung der göttlichen Liebe, den ganzen Überfluß seiner schöpferischen Kräfte geben. Es gibt eine göttliche Sehnsucht nach dem Menschen, nach seinem Anderen, die Sehnsucht des Liebenden, welcher nach der Erwiderung der Liebe dürstet. Darin liegt das göttliche Mysterium.

Das Herz

Blaise Pascal

Es ist das Herz, das Gott spürt, und nicht die Vernunft. Das ist der Glaube: Gott spürbar im Herzen und nicht in der Vernunft.

Gott ist das Leben

Leo Tolstoi

An einem Vorfrühlingstage war ich allein im Wald und lauschte seinem Rauschen. Ich dachte an meine Unruhe während der letzten drei Jahre, an mein Suchen nach Gott, an mein dauerndes Schwanken zwischen Freude und Verzweiflung. Und plötzlich sah ich, daß ich nur lebte, wenn ich an Gott glaubte. Wenn ich nur an ihn dachte, erhoben sich in mir die frohen Wogen des Lebens. Alles ringsum belebte sich, alles bekam einen Sinn. Aber sobald ich nicht mehr an ihn glaubte, stockte plötzlich das Leben. — „Was suche ich also noch?“ rief eine Stimme in mir. „Er ist es doch, ohne den man nicht leben kann! Gott kennen und leben ist eins. Gott ist das Leben..." Seitdem hat mich diese Leuchte nie mehr verlassen.

Ohne ein Warum

Meister Eckehart

Weiter nun sagt das Wort, welches ich vorgelesen habe: „Gott hat seinen eingeborenen Sohn in die Welt gesandt." Das dürft ihr nicht von der äußeren Welt verstehen, wie er gleich uns aß und trank: ihr müßt es verstehen von der inneren Welt! So wahr der Vater aus seiner einigen Gottnatur heraus den Sohn gebiert, so wahr gebiert er ihn in des Geistes Innigstes! Und das ist die innere Welt. Hier ist Gottes Grund mein Grund und mein Grund Gottes Grund, hier lebe ich aus meinem Eigenen, wie Gott aus seinem Eigenen lebt! Wer in diesen Grund je auch nur einen Augenblick hineingelugt hat, dem sind tausend Dukaten roten geschlagenen Goldes wie ein falscher Heller. Aus diesem innersten Grunde heraus sollst du alle deine Werke wirken, ohne ein Warum. Ich behaupte entschieden: solange du deine Werke verrichtest um des Himmelreichs, um Gottes oder um deiner Seligkeit willen, also von außen her, so bist du wirklich nicht auf dem Rechten. Man kann es ja wohl mit dir aushalten, doch das Beste ist das nicht. Denn wahrlich! wer da wähnt, in Versunkenheit, Andacht, schmelzenden Gefühlen und sonderlichem Anschmiegen mehr von Gott zu haben als beim Herdfeuer oder im Stalle: da tust du nichts anderes, als ob du Gott nähmest und wickeltest ihm einen Mantel um das Haupt und stecktest ihn unter eine Bank! Denn wer Gott unter bestimmten Formen sucht, der ergreift wohl diese Form, aber Gott, der in ihr verborgen ist, entgeht ihm. Nur wer Gott unter keinerlei Form sucht, der ergreift ihn, wie er in sich selber ist. Ein solcher Mensch „lebt mit dem Sohne" — und ist selber das Leben. Wenn man das Leben fragte tausend Jahre lang: „Warum lebst du?", wenn es überhaupt antwortete, würde es nur sagen: „Ich lebe, um zu leben!" Das rührt daher, weil das Leben aus seinem eigenen Grunde lebt, aus seinem Eignen quillt; darum lebt es ohne ein Warum: es lebt nur sich selber! Und fragte man einen wahrhaften Menschen, einen der aus seinem eigenen Grunde wirkt: „Warum wirkst du deine Werke?" wenn er recht antwortete, würde er auch nur sagen: „Ich wirke, um zu wirken!"

DIE GEBURT GOTTES IN DER SEELE

Gott wohnt in der Seele

Symeon der neue Theologe

Komm, den meine arme Seele verlangt hat und verlangt. Komm, Einsamer, zum Einsamen, denn einsam bin ich, wie du siehst. Komm, der du mich abgesondert und einsam auf Erden gemacht hast. Komm, der du mein Verlangen geworden bist, und der du gemacht hast, daß ich dich verlange, dem zuzustreben niemand vermag. Komm, mein Atem und mein Leben. Komm, Trost meiner Seele. Komm, Jubel und Herrlichkeit und mein beständiges Ergötzen. Ich sage dir Dank, da du mit mir ohne Vermischung, Umwandlung und Eintauschung ein Geist geworden bist, und der du Gott über allem bist, mir alles in allem geworden bist. Unerklärliche Speise, die unmöglich verzehrt werden kann und die den Lippen meiner Seele sich unablässig eingießt und in der Quelle meines Herzens übervoll strömt. Blitzendes Gewand, das die Dämonen versengt. Heimsuchung, die mich reinigt durch die steten und heiligen Tränen, die deine Gegenwart denen spendet, zu denen du kommst. Ich sage dir Dank, weil du mir ein Tag ohne Abend geworden bist und eine Sonne ohne Untergang: der du nicht hast, wohin du dich verbärgest, da du mit deiner Glorie die Welten füllest. Niemals hast du dich je vor irgendeinem verborgen, sondern wir selber verbergen uns vor dir, da wir zu dir nicht kommen wollen. Denn wo solltest du dich verbergen, der du nirgends einen Ort zu ruhen hast? Oder warum solltest du dich verbergen, der du von allen keinen verschmähst, keinen scheust? So schlage denn, liebreicher Herr, ein Zelt in mir auf und wohne in mir, und bis zu meinem Abscheiden trenne dich nicht und sondre dich nicht von mir, deinem Diener, daß auch ich in meinem Tode und nach meinem Tode mich in dir erfinde und mit dir herrsche, Gott, der alles beherrscht. Bleibe, Herr, und lasse mich nicht allein, daß wenn meine Feinde kommen, die unablässig suchen meine Seele zu verschlingen, sie dich in mir weilend erschauen und weit und weiter entfliehen, und mir nicht obsiegen, da sie dich, der stärker ist als alle, drinnen in der Wohnung meiner demütigen Seele ruhend erblicken. Fürwahr, wie du eingedenk warst dessen, o Herr, daß ich auf der Welt war und ohne mein Wissen mich erwählt und von der Welt weggehoben und vor das Antlitz deiner Glorie hingestellt hast, so mache mich innen gefestigt, immerdar unbewegt, und beschütze mich durch dein Wohnen in mir, daß dich täglich anschauend ich Toter lebe, dich besitzend ich Armer reich sei. So werde ich mächtiger als alle Könige sein: und dich essend und trinkend und in besonderen Stunden mich in dich hüllend unsagbarer Wonnen genießen.

Die ewige Geburt

Meister Eckehart

Wenn man mich fragt: „Warum beten, warum fasten wir, warum tun wir alle guten Werke, warum sind wir getauft, warum (was das Höchste ist) ist Gott Mensch geworden?“ — ich antworte: Darum, daß Gott in der Seele geboren werde und die Seele wiederum in Gott. Darum ist die ganze Schrift geschrieben, darum hat Gott die ganze Welt geschaffen; damit Gott in der Seele geboren werde und die Seele wiederum in Gott. Alles Kornes innerste Natur meinet Weizen und alles Metall Gold, und alle Geburt den Menschen! Darum sagt ein Meister: Man findet wohl kaum ein Tier, es sei denn irgendwie ein Gleichnis des Menschen.
„In der Zeit.“ Wenn ein Wort empfangen wird — in meiner Vernunft, da ist es zuerst etwas so Lauteres und Unkörperliches, da ist es wahrhaft: Wort! Bis es, indem ich es vorstelle, zu etwas Bildhaftem wird. Und erst drittens wird es gesprochen, äußerlich, mit dem Munde; und es ist da nur ein Offenbarmachen jenes inneren Wortes. So wird auch das ewige Wort innerlich gesprochen, in dem Herzen der Seele, in ihrem Innersten und Lautersten. In dem Haupte der Seele aber, in der Vernunft, da vollzieht sich die Geburt. — Wer auch nichts weiter als ein Ahnen, ein Hoffen hierzu hätte, der möchte gerne wissen, wie diese Geburt zustande kommt, und was dazu hilft.
Sankt Paulus sagt: „Als die Zeit erfüllt war, sandte Gott seinen Sohn.“ Sankt Augustinus erklärt es, was „Erfüllung der Zeit“ sei: Wo es Zeit nicht mehr gibt, da ist die „Erfüllung“ der Zeit. Dann ist der Tag voll, wenn vom Tage nichts mehr übrig ist. Soviel ist sicher, alle Zeit muß fort

sein, wo diese Geburt anheben soll! Denn nichts gibt es, was sie so sehr hinderte wie Zeit und Kreaturen. Kein Zweifel, Zeit hat im Wesen weder mit Gott noch mit der Seele etwas zu schaffen: vermöchte die Seele von der Zeit berührt zu werden, sie wäre nicht Seele; und vermöchte Gott von der Zeit berührt zu werden, er wäre nicht Gott. Gesetzt aber, es hätte die Zeit mit der Seele etwas zu schaffen, so könnte nimmermehr Gott in ihr geboren werden: dazu muß alle Zeit abgefallen oder sie der Zeit entfallen sein mit ihren Wünschen und Trachten.

... und sie erkannten Ihn ...

Bethlehem

Angelius Silesius

Wird Christus tausendmal zu Bethlehem geboren
Und nicht in dir, du bleibst noch ewiglich verloren.

Das Licht der Welt

François Fénelon

Jesus Christus ist das Licht, das alle Menschen erleuchtet, die in diese Welt kommen. Wie nur *eine* Sonne ist, die alle Körper in der Welt erleuchtet, so ist auch nur *ein* Licht, das alle Geister erleuchtet.
Dieses Licht ist Jesus Christus, das ewige Wort Gottes. Er ist gekommen, mitten in uns zu leuchten, und wir sind nur insoweit wahrhaftig aufgeklärt, als wir durch ihn aufgeklärt sind.
Alles andere Licht ist falsch; es ist ein blendender Schein und kein wahrhaftiges Licht.
Alle also, die sich weise dünken, und es nicht durch die Weisheit Jesu Christi sind, die sind blind und Blinde.
Sie laufen im Dunkeln eiteln Schatten nach. Sie fühlen, daß

sie nicht glücklich sind, und hoffen es zu werden durch die Dinge, die gerade sie elend machen. Was sie nicht haben, das quält sie; was sie haben, kann sie nicht befriedigen. Ihre Leiden sind wahr; ihre Freuden sind kurz, eitel und verderblich.

Sie kosten ihnen mehr, als sie ihnen einbringen; ihr ganzes Leben ist eine handgreifliche und fortgehende Bewährung und Beweisung ihrer Verirrungen, aber sie lassen sich nicht weisen.

Sie wissen und entscheiden, ihre falschen Maximen sind ihnen Göttersprüche; und sie behandeln die Kinder Gottes, die ihnen nicht folgen, als Toren.

Der Glaube scheint ihnen wie ein Traum: und hierin Schlafenden gleich, die sich einbilden, daß die da wachen und im Angesichte der Sonne leben und weben, Leute sind, die träumen.

Die Sonne breitet ihre Strahlen über den ganzen Erdboden aus; Jesus Christus breitet die großen Wahrheiten seines Evangeliums aus über die Dunkelheit und Nacht der Welt. Das Evangelium wird überall gelesen und gepredigt, selbst am Hofe; aber man begreift nichts davon. Die Weisheit wird Torheit genannt. Man schläft, man schläfert, man bringt sein ganzes Leben in einem unruhigen Traum zu und will doch für wachend gehalten werden. Man glaubt zu hören, man glaubt zu sehen, man glaubt in der Hand zu haben, aber alles ist falsch. Alles wird verschwinden an dem großen Morgen in der Ewigkeit, da das Licht Jesu Christi, das so lange verkannt worden, plötzlich hervorbrechen und den erschrockenen Menschen, die sich des nicht versehen hatten, in die Augen strahlen wird. Die ganze Welt wird wie ein Rauch zerrinnen; alle Größen und ihr Gepränge werden dahin sein wie ein Morgentraum;

alle Höhe wird geebnet, alle Gewalt vernichtet und aller Stolz gebeuget werden unter der Gewalt der ewigen Majestät. An dem Tage wird Gott allein groß sein; Gott wird alles, was in der gegenwärtigen Nacht glänzet, mit einem einzigen Blick auslöschen wie die Sonne, wenn sie aufgehet, die Sterne auslöschet.

Man wird nichts sehen als Gott, so über alles wird er groß sein; man wird umsonst suchen und nichts finden als ihn, so sehr wird Jesus Christus alles erfüllen.

Was sind sie geworden, wird man sagen, jene Gegenstände, die unser Herz bezaubert hatten? Ist noch etwas übrig von ihnen? Wo war ihre Stätte? Ach, es ist auch keine Spur der Stätte mehr zu finden, wo sie gewesen sind.

Sie sind vergangen wie ein Schatten, den die Sonne zerstreuet; man kann kaum mit Wahrheit sagen, daß sie gewesen sind; so wahr ist es, daß sie nur ein Schein, und nicht mehr, gewesen sind.

O Welt, die du so zerbrechlich und so blödsinnig bist, kannst du etwas sein und uns des bereden wollen? Mit welcher Stirne hoffest du, uns deine nichtige und hohle Gestalt, die vorübergehend ist und bald nicht mehr sein wird, für etwas auszugeben?

Du bist nur ein Traum, und du willst, daß man dir glaube und vertraue? Man fühlt, selbst wenn man dich besitzt, daß du nichts Wahres bist, das unser Herz stillen könnte.

Schämst du dich nicht, den glänzenden Nichtswürdigkeiten, dadurch du blendest, prächtige Namen beizulegen? Selbst indem du uns lächelst, machst du uns Weh und Schmerz. Noch ein Augenblick, und alles ist verschwunden; und du versprichst, uns glücklich zu machen! Der allein ist glücklich, der in dem Lichte Jesu Christi sein Nichts erkennet.

Vom dreifachen Leben Jesu

Joseph Wittig

Das Leben Jesu kann man auf dreifache Weise mitleben: erstens, indem man die Lebensgeschichte Jesu Zeile für Zeile liest, seine Worte und Schicksale ganz lebendig der betrachtenden Seele vorstellt und mit reichem Gemüt Anteil an seinen Freuden und Leiden nimmt; zweitens, indem man ihm nachfolgt als einem großen Lehrer und Meister des Lebens; drittens, indem man mit ihm zusammenwächst und aus ihm hervorwächst wie die Rebe aus dem Weinstock, indem man also mit ihm eins wird, sein heiliges Fleisch und Blut genießt und seinen Geist empfängt, indem man durch den Glauben an ihn zu einem anderen Christus neugeschaffen wird, so daß man wie Paulus sagen kann: „Nicht ich lebe, sondern Christus lebt in mir."

Nur die dritte Weise ist eigentliches Leben. Wer sie erwählt, wird auch nach der zweiten Weise leben, aber doch ganz anders, als wer nur nach der zweiten Weise leben wollte. Er wird auch, wenn es ihm möglich ist, die erste Weise pflegen, aber nur so, wie ein gereifter Mann die Erinnerungen aus längst vergangener Zeit ehrt und pflegt und treulich aufbewahrt. Jeder Tag, den er neu erlebt, ist ein neuer Tag im Leben Christi. Immer Neues wird er sagen können von seinem Zusammensein und Einssein mit Christus, wie Christus in ihm lebt und in ihm wirkt. Was er sagen kann, wird immer zusammenklingen mit den alten Evangelien. Wenn er es aber — dankbaren Herzens — sagt, wird es sein wie ein neues Evangelium: „Was wir selbst gesehen und erfahren, das bezeugen wir."

Gethsemane

Annette von Droste-Hülshoff

Als Christus lag im Hain Gethsemane
Auf seinem Antlitz mit geschloßnen Augen, —
Die Lüfte schienen Seufzer nur zu saugen,
Und eine Quelle murmelte ihr Weh,
Des Mondes blasse Scheibe widerscheinend —:
Da war die Stunde, wo ein Engel weinend
Von Gottes Throne ward herabgesandt,
Den bittern Leidenskelch in seiner Hand.

Und vor dem Heiland stieg das Kreuz empor;
Daran sah seinen eignen Leib er hangen,
Zerrissen, ausgespannt; wie Stricke drangen
Die Sehnen an den Gliedern ihm hervor.
Die Nägel sah er ragen und die Krone
Auf seinem Haupte, wo an jedem Dorn
Ein Blutestropfen hing, und wie im Zorn
Murrte der Donner mit verhaltnem Tone.
Ein Tröpflein hört' er, und am Stamme leis
Herniederglitt ein Wimmern qualverloren.
Da seufzte Christus, und aus allen Poren
Drang ihm der Schweiß.

Und dunkler ward die Nacht, im grauen Meer
Schwamm eine tote Sonne; kaum zu schauen
War noch des qualbewegten Hauptes Grauen,
Im Todeskampfe schwankend hin und her.
Am Kreuzesfuße lagen drei Gestalten;
Er sah sie grau wie Nebelwolken liegen,
Er hörte ihres schweren Odems Fliegen,
Vor Zittern rauschten ihrer Kleider Falten.
O welch ein Lieben war wie seines heiß?
Er kannte sie, er hat sie wohl erkannt;
Das Menschenblut in seinen Adern stand,
und stärker quoll der Schweiß.

Die Sonnenleiche schwand, nur schwarzer Rauch,
In ihm versunken Kreuz und Seufzerhauch;
Ein Schweigen, grauser als des Donners Toben,
Schwamm durch des Äthers sternenleere Gassen;
Kein Lebenshauch auf weiter Erde mehr,
Ringsum ein Krater, ausgebrannt und leer;
Und eine hohle Stimme rief von oben:
„Mein Gott, mein Gott, wie hast du mich verlassen!“
Da faßten den Erlöser Todeswehn,
Da weinte Christus mit gebrochnem Munde:
„Herr, ist es möglich, so laß diese Stunde
an mir vorübergehn!“

Ein Blitz durchfuhr die Nacht; im Lichte schwamm
Das Kreuz, o strahlend mit den Marterzeichen!
Und Millionen Hände sah er reichen,
Sich angstvoll klammernd um den blutgen Stamm,
O Händ und Händchen aus den fernsten Zonen!
Und um die Krone schwebten Millionen
Noch ungeborner Seelen, Funken gleichend;
Ein leiser Nebelhauch, dem Grund entschleichend,
Stieg aus den Gräbern der Verstorbnen Flehn.
Da hob sich Christus in der Liebe Fülle,
Und: „Vater, Vater!" rief er, „nicht mein Wille,
Der deine mag geschehn!"

Still schwamm der Mond im Blau, ein Lilienstengel
Stand vor dem Heiland im betauten Grün;
Und aus dem Lilienkelche trat der Engel
und stärkte ihn.

Der einsame Kampf

Blaise Pascal

Jesus leidet in der Passion die Qualen, die ihm Menschen bereiten; in der Agonie aber leidet er die Qualen, die er sich selbst schafft: turbare semet ipsum (und betrübte sich selbst. Johannes II, 33). Das ist eine Pein, nicht von menschlicher, sondern allmächtiger Hand, denn allmächtig muß sein, wer sie erträgt.

Etwas Trost wenigstens sucht Jesus bei seinen drei treuesten Freunden, doch sie schlafen; er bittet sie, ihm nur ein wenig beizustehen, doch völlig leichtfertig lassen sie ihn im Stich;

so wenig leiden sie mit ihm, daß es sie nicht einmal einen Augenblick am Schlafen zu hindern vermag. Und so war Jesus einsam dem Zorn Gottes ausgeliefert.
Einsam ist Jesus auf Erden. Nicht nur, daß niemand seine Qualen mitfühlt und teilt, sondern niemand weiß auch nur von ihnen: der Himmel und er allein wissen darum.
In einem Garten ist Jesus, nicht in einem der Wonne, wie der erste Adam, der dort sich und das ganze Geschlecht der Menschen verdarb, sondern in einem der Qualen, in dem er sich und das ganze Menschengeschlecht erlöst hat. Diese Qual und diese Verlassenheit leidet er in den Schrekken dieser Nacht.
Ich glaube, außer diesem einen Mal beklagte sich Jesus niemals, nun aber klagt er, als hätte er seinen übergroßen Schmerz nicht ertragen können: Meine Seele ist betrübt bis in den Tod.
Gemeinschaft und Linderung sucht Jesus bei den Menschen. Das, scheint mir, ist einmalig in seinem Leben. Aber er findet sie nicht, denn seine Jünger schlafen.
Bis an das Ende der Welt wird die Agonie Jesu dauern, nicht schlafen darf man bis dahin.
Als Jesus inmitten dieser allgemeinen Verlassenheit und verlassen von seinen Freunden, die er, mit ihm zu wachen, erwählte, sie schlafend findet, erzürnt er sich, nicht wegen der Gefahr, der sie ihn, sondern der, der sie selbst sich aussetzen; und er belehrt sie voller Freundschaft und Sanftmut trotz ihres Undanks über ihr eigenes Heil und belehrt sie, daß der Geist willig und das Fleisch schwach sei.
Als Jesus sie wieder schlafend findet, ohne daß seine noch ihre eigne Mahnung sie hätte hindern können, ist er so gütig, sie nicht zu wecken, und er läßt sie schlummern.
In der Ungewißheit über den Willen des Vaters betet Jesus,

und er fürchtet den Tod; als er ihn aber erkannt hat, geht er hinaus, sich ihm zu stellen: Eamus. Processit (Laßt uns gehen — Ging er hinaus).

Jesus hat die Menschen gebeten, und sie haben ihn nicht erhört. Während seine Jünger schliefen, hat Jesus ihr Heil gewirkt. Einen jeden der Gerechten schuf er, während sie schliefen, sowohl in dem Nichts vor ihrer Geburt, als in den Sünden seit ihrer Geburt.

Nur einmal bittet er, daß der Kelch an ihm vorübergehe, und das voller Ergebenheit, und zweimal, daß es geschehe, wie es sein müsse. Jesus in Trübsal.

Als Jesus sieht, daß alle seine Freunde schlafen und all seine Feinde wach sind, überantwortet er sich völlig seinem Vater.

Jesus sieht in Judas, da er ihn Freund nennt, nicht die Feindschaft, sondern die Anordnung Gottes, den er liebt und bekennt.

Jesus entreißt sich seinen Jüngern, um in den Todeskampf einzugehen; den Nächsten und Vertrautesten muß man sich entreißen, um ihm nachzuleben.

Jesus war in der Agonie und den größten Qualen — beten wir länger.

Der Gang nach Emmaus

L u k a s 24, 13—35

Und siehe, zwei von ihnen wanderten an eben dem Tage nach einem Dorf, das von Jerusalem sechzig Stadien entfernt ist, namens Emmaus, und sie redeten miteinander über alle diese Ereignisse. Und es begab sich, während sie miteinander redeten und sich besprachen, da nahte sich Jesus selbst und ging mit ihnen. Ihre Augen jedoch wurden gehalten, damit sie ihn nicht erkannten. Er sprach aber zu ihnen: Was sind das für Reden, die ihr unterwegs miteinander wechselt? Und sie blieben traurigen Blickes stehen. Einer aber, mit Namen Kleopas, antwortete und sprach zu ihm: Bist du der einzige, der in Jerusalem weilt und nicht erfahren hat, was daselbst in diesen Tagen geschehen ist? Und er sagte zu ihnen: Was? Sie antworteten ihm: Das mit Jesus von Nazareth, der ein Prophet war, mächtig in Tat und Wort vor Gott und allem Volke, und wie ihn unsre Hohenpriester und Oberen zum Todesurteil ausgeliefert und ihn gekreuzigt haben. Wir aber hofften, er sei es, der Israel erlösen sollte. Aber bei dem allem ist es schon der dritte Tag, seit dies geschehen ist. Aber auch einige Frauen aus unsrer Mitte haben uns in Bestürzung versetzt. Nachdem sie früh am Morgen bei der Gruft gewesen waren und seinen Leib nicht gefunden hatten, kamen sie und sagten, sie hätten gar eine Erscheinung von Engeln gesehen, die sagten, er lebe. Und einige der Unsrigen gingen hin zur Gruft und fanden es so, wie es die Frauen gesagt hatten: ihn selbst aber haben sie nicht gesehen. Und er sprach zu ihnen: O ihr, die ihr unverständig und zu trägen Herzens seid, um zu glauben an alles, was die Propheten geredet haben! Mußte nicht der Christus dies leiden und dann in seine Herrlichkeit eingehen? Und er begann bei Mose und bei allen Propheten und legte ihnen in allen Schriften aus, was über ihn handelt.

Und sie näherten sich dem Dorf, wohin sie wanderten, und er stellte sich, als wolle er weitergehen. Und sie nötigten ihn und sagten: Bleibe bei uns, denn es will Abend werden, und der Tag hat sich schon geneigt! Und er ging hinein, um bei ihnen zu bleiben. Und es begab sich, als er mit ihnen zu Tische saß, nahm er das Brot, sprach das Dankgebet darüber, brach es und gab es ihnen. Da wurden ihnen die Augen aufgetan, und sie erkannten ihn, und er entschwand ihren Blicken. Und sie sagten zueinander: Brannte nicht unser Herz in uns, wie er auf dem Wege mit uns redete, wie er uns die Schriften erschloß? Und sie standen in ebender Stunde auf und kehrten nach Jerusalem zurück und fanden die Elf und ihre Genossen versammelt, die sagten: Der Herr ist wirklich auferweckt worden und dem Simon erschienen. Und sie selbst erzählten, was auf dem Wege geschehen und wie er von ihnen beim Brechen des Brotes erkannt worden war.

In Christo sein

Pierre de Bérulle

Es ist ein Geheimnis, das Gott mit dem Menschen und den Menschen mit Gott verbindet, und man muß sich in Verbindung bringen mit diesem Geheimnis. Es ist ein Geheimnis, das den Menschen von der Sünde trennt durch die Gnade, und von sich selbst durch eine verborgene, erhabene und diesem Geheimnis eigene Gnade; man muß sich trennen von sich selbst und allem, was uns auf uns selber stellt, auf Adam, statt auf Jesus, der unser Adam und unser alles ist... Ein jeder muß in sich selbst entblößt und zunichte werden, um Jesus zu eigen zu sein, in Jesus seinen Grund haben, in Jesus sein Wesen, in Jesus sein Leben, in Jesus sein Wirken, in Jesus seine Frucht.
Darum sollen wir Jesus ansehen als unseres Wesens Er-

gänzung. Denn er ist es und will es sein, wie das Wort die Ergänzung ist der menschlichen Natur, die in ihm ihren Bestand hat. Darum müssen wir Jesus uns verbinden als dem, der unseres Wesens Grund ist durch seine Gottheit und das Band unseres Wesens mit Gott durch seine Menschheit, der Geist unseres Geistes, das Leben unseres Lebens, die Fülle unserer wartenden Leere. Unsere erste Kenntnis muß sein, daß wir Stückwerk sind und unvollendet, und unsere erste Bewegung muß sein zu Jesus hin, der unser Wesen erfülle. Und dieses Suchen und dieses Anhangen an Jesus und dieses tiefe und stete Abhängigsein von Jesus ist unser Leben und unsere Ruhe und unsere Kraft und unser Vermögen. Nie sollen wir handeln, es sei denn mit ihm geeint, von ihm geführt, von ihm belebt... in der Gewißheit, daß wir ohne ihn weder sein noch handeln können, daß es zu unserem Heile ist.

DIE FROHE BOTSCHAFT

Die notwendige Entscheidung

Carl Hilty

Lies einmal die Rede, welche man jetzt die „Bergpredigt“ nennt, deren Resumé auf uns gelangt ist, aufmerksam durch und sieh, ob du dich auch darüber „entsetzest“, oder das alles für „ideale“Vorschriften hältst, die man in diesem Sinne annehmen und verstehen müsse, aber nicht auszuführen brauche. Von dieser Prüfung und Antwort hängt dein innerer Fortschritt ab. Willst du nicht wenigstens lebhaft wünschen, dies alles befolgen zu können, dann ist das Christentum nichts für dich, sondern mußt du dich mit etwas Kirchenwesen oder Philosophie begnügen.

Man hat, wenn man solche Kapitel der Evangelien ganz unbefangen liest, das Gefühl, das Christentum müsse von einzelnen Menschen ganz von neuem angefangen und von dem ungeheuren Ballast von oberflächlicher Kirchlichkeit befreit werden, mit dem es Jahrhunderte, die ihm geistig nicht gewachsen waren, überschüttet haben.

Eine solche Zeit, in welcher die einen ihm rundweg den Gehorsam aufkünden, der mit keinem bürgerlichen Rechtsnachteil mehr erzwungen werden kann, die andern aber ihm, um seiner inneren Vorzüglichkeit willen, nur um so vertrauensvoller und fester sich zuwenden, kommt jetzt heran. Alle anderen, kirchlichen oder gesetzgeberischen Reaktionen gegen den Geist der dermaligen Zeit werden nichts helfen.

Eine Erweckung

Sören Kierkegaard

Ein Theologe, aber nicht angestellt. Er hat eine Reihe von Jahren so gearbeitet, daß er eine Berühmtheit erlangt hat, so daß er unbedingt sicher sein kann, daß alles, besonders alles, was vornehm ist, in die Kirche stürmt, um ihn zu hören...

Er läßt anzeigen, daß er predigen will, und wählt dazu die vornehmste und prachtvollste Kirche in der Hauptstadt des Landes.

Alles ist in der Kirche, inklusive König und Königin.

Er steigt auf die Kanzel, hält ein Gebet, liest vor, daß Christus die, welche im Tempel Handel trieben, hinausjagte. Unmittelbar darauf beginnt er folgendermaßen:

So sei denn das Wort ausgesprochen, das Wort, das ich in der Welt zu sagen habe, und auf das ich mich mein ganzes Leben vorbereitet habe, so sei das Wort ausgesprochen: Christentum in dieser Umgebung zu predigen, ist kein Christentum, auch wenn es noch so christlich wäre, das ist kein Christentum; Christentum kann nur in der Wirklichkeit gepredigt werden. Und hiermit verwandle ich dieses Haus in Wirklichkeit. Ich bin jetzt in eurer Macht, ich, ein einzelner Mensch, aber jetzt will ich reden — und dann ist es Wirklichkeit. Ich will davon reden, daß Christentum nur in der Wirklichkeit gepredigt werden kann.

Angriff auf die ganze schmuckvolle Kirche und auf die schmuckvolle Gemeinde. Christus war kein schmuckvoller Mann, der in einer schmuckvollen Kirche vor einer schmuckvollen Versammlung davon predigte, daß die Wahrheit leiden muß — es war wirklich, daß auf ihn gespien wurde.

Nun erhebt sich ein Aufruhr in der ganzen Kirche, man ruft: Nieder mit ihm, raus aus der Kirche! Aber er erhebt eine Donnerstimme, die alles still macht, und sagt: Seht, jetzt ist es richtig, jetzt predige ich Christentum. Hätte man diese meine Absicht geahnt, so hätte man mich verhindert, diesen Platz zu betreten, oder alle wären zu Hause geblieben. Aber jetzt stehe ich hier, jetzt rede ich, und ich mache euch vor Gott dafür verantwortlich, mich zu hören, denn es ist Wahrheit, was ich rede.

Sieh, das war eine Erweckung.

Jesus schwieg

Origenes

Unser Heiland und Herr Jesus Christus schwieg, als man falsches Zeugnis wider ihn ablegte, und antwortete nichts, als man ihn anklagte. Denn er war überzeugt, daß sein ganzes Leben und die unter den Juden vollbrachten Taten gewaltiger für ihn sprächen als eine Rede, die das falsche Zeugnis widerlegt hätte, und als Worte der Verteidigung gegen die Anklage. Ich weiß nun nicht, mein Gott liebender Ambrosius, wie du wünschen konntest, daß wir uns gegen die von Celsus schriftlich gegen die Christen vorgebrachten falschen Zeugnisse und gegen die von ihm in seinem Buche gegen den Glauben der Gemeinde erhobenen Anklagen verteidigen sollten. Liegt nicht ein schlagender Beweis in der Sache selbst, und ist nicht die Lehre, welche die falschen Zeugnisse vernichtet und den Anklagen selbst den Schein der Wahrheit und damit alle Bedeutung nimmt, kräftiger als alle Schriften? Daß aber „Jesus schwieg", als man falsches Zeugnis wider ihn ablegte, dafür genügt hier die Anführung der Worte des Matthäus, denn was Markus aufgezeichnet hat, ist wesentlich dasselbe.

Ich wage daher zu behaupten, daß die Verteidigungsschrift, deren Abfassung du von uns begehrst, die in den Tatsachen selbst liegende Verteidigung etwas abschwäche und den Glanz der Macht Jesu verdunkele, die allen, die nicht blind sind, in die Augen fallen muß.

Gericht über das Christentum

Christoph Blumhardt

Wenn die Zeit Gottes kommt, die Zeit des Endes und die Zeit des neuen Anfangs, so wird das, was im Christentum verdorben und menschlich geworden ist, ebenso ohne alle Schonung zerfallen wie seinerzeit das Judentum. Nur das Gute und Göttliche desselben, soweit es in redlichen Herzen verborgen ist, kann feste Gestalt gewinnen und soll vollendet werden in dem, der da ist, und der da war, und der da sein wird, und den man auch schauen wird auf Erden. Wir können nicht genug auf der Hut sein namentlich bezüglich dessen was wir sind, uns auf allerlei Gericht gefaßt zu machen. Es stehen viele falsche Balken im ganzen Christentum, wir mögen eine Art desselben nehmen, welche wir wollen, und wir empfinden es tief, daß wir trotz allen Bestrebens, richtig zu bauen auf dem Grunde, der Christus ist, in der Abhängigkeit von Zeit und Welt eine Menge Dinge gutheißen und lieblich finden, die, wenn das Auge Gottes sie trifft, vor der Wahrheit und Gerechtigkeit nicht bestehen können. Wir müssen uns eben gewöhnen, nicht das Christentum selbst das Gute und Göttliche zu nennen und unsere Dogmatik und Lehrformen für das Wahre zu halten, sondern das Gute und Göttliche, das Wahre und Gerechte allein ist Christus. So muß denn wohl auch noch das ganze Christentum zerfallen, damit sein Gutes und Göttliches, nämlich Christus, als der Vollender und Erfüller sich offenbaren kann unter allen Völkern auf Erden.

Das lange Studium

Novalis

In jedem Menschen kann mir Gott erscheinen. Am Christentum hat man Ewigkeiten zu studieren. Es wird einem immer höher und mannigfaltiger und herrlicher.

NACHFOLGE CHRISTI

Du aber folge mir nach

Albert Schweitzer

Als ein Unbekannter und Namenloser kommt er zu uns, wie er am Gestade des Sees an jene Männer, die nicht wußten, wer er war, herantrat. Er sagt dasselbe Wort: Du aber folge mir nach! und stellt uns vor die Aufgaben, die er in unserer Zeit lösen muß. Er gebietet. Und denjenigen, welche ihm gehorchen, Weisen und Unweisen, wird er sich offenbaren in dem, was sie in seiner Gemeinschaft am Frieden, Wirken, Kämpfen und Leiden erleben dürfen, und als ein unaussprechliches Geheimnis werden sie erfahren, wer er ist...

Eine zeitgemäße Franziskanerpredigt

Georges Bernanos

„Schlimm, meine Kinder, sehr schlimm", würde der Heilige sagen, „es steht immer schlimmer um euch. Ich wollte, ich könnte euch über eueren Gesundheitszustand beruhigen. Aber wenn ihr nur ein bißchen Kräutertee brauchtet, wäre ich ruhig daheim geblieben. Denn ich liebte meine

Freunde zärtlich und sang ihnen zur Laute provenzalische Verse vor. Das Heil ist immer in eurer Reichweite. Mühet euch nicht, es in allen vier Winden zu suchen: es gibt nur eines, das der Armut. Ich gehe nicht hinter euch her, meine Kinder, sondern euch voraus; ich stürme vor, fürchtet euch nicht. Wenn ich ganz allein leiden könnte, dürft ihr wohl glauben, daß ich euch in euren Vergnügungen nicht gestört hätte. Doch leider hat es der Liebe Gott nicht erlaubt. Ihr habt die Armut erzürnt, ich muß es euch schon sagen, ihr habt sie bis zum äußersten getrieben. Weil sie geduldig ist, habt ihr ihr allmählich alle euere Last aufgebürdet. Nun liegt sie da, das Gesicht zur Erde gekehrt, immer noch schweigend und weint in den Staub. Ihr sagt: jetzt stört mich nichts mehr, wir können nun tanzen. Ihr geht nicht zum Tanz, meine Kinder, ihr geht zum Sterben. Wenn die Armut euch flucht, dann seid ihr tot. Zieht nicht auf diese Welt den Fluch der Armut herab! Nun vorwärts!“

Die Nachprüfung

Wladimir Solowjow

Bevor wir uns zu irgend einer Tat entscheiden, der Bedeutung zukommt für unser persönliches und unser gemeinschaftliches Leben, sollten wir das sittliche Vorbild Christi wachrufen in unserer Seele, und uns in es versenken und uns fragen: Hätte er diese Tat vollbringen können oder — mit andern Worten: Wird er sie billigen oder nicht, wird er mich segnen zur Vollendung dieser Tat oder nicht?

Allen Menschen ohne jede Ausnahme möchte ich diese

Nachprüfung ans Herz legen — und sie wird nicht trügen: in jedem zweifelhaften Falle, wenn euch nur die Möglichkeit blieb, in euch zu schauen und nachzudenken, erinnert euch Christi, stellt ihn euch lebendig vor, so wie er ist, und legt auf ihn die ganze Last eurer Zweifel!
Schon im voraus hat er sich bereit erklärt, auch diese Bürde zu allen anderen auf sich zu nehmen — natürlich nicht, um euch die Hände freizugeben für jede Missetat, vielmehr damit ihr, indem ihr euch an ihn wendet und euch auf ihn stützt, euch des Übels zu enthalten vermöget und so imstande seid, Führer zu sein zu seiner zweifellosen Wahrheit.
Würden alle Menschen von gutem Willen, Einzelpersonen, führende Persönlichkeiten und die Leiter der christlichen Völker sich von jetzt an in allen zweifelhaften Fällen dieser nie trügenden Nachprüfung unterziehen, so wäre das der Anfang für das zweite Kommen des Herrn und die Vorbereitung auf das Jüngste Gericht — denn die Zeit ist nahe.

Ihm ähnlich werden

Jakob Böhme

Christus ward in der Wüste versucht; willst du ihn anziehen, so mußt du durch seinen ganzen Prozeß, von seiner Menschwerdung an bis zu seiner Himmelfahrt gehen. Ob du wohl nicht kannst noch darfst das thun, was er gethan hat; so mußt du doch gänzlich in seinen Prozeß eingehen, und der Seele Eitelkeit in seinem Prozeß immerdar absterben.

Der kleine Weg

Therese vom Kinde Jesu

Leider mußte ich stets, wenn ich mich mit den Heiligen verglich, die Wahrnehmung machen, daß zwischen ihnen und mir derselbe Unterschied besteht wie zwischen einem Berg, dessen Gipfel bis in die Wolken ragt, und einem Sandkorn, über das die Leute achtlos hinweggehen.
Mich vergrößern ist unmöglich. Ich muß mich ertragen, so wie ich bin, mit meinen zahllosen Unvollkommenheiten; aber ich will nach einem Mittel suchen, um den Himmel zu erreichen auf einem recht geraden, recht kurzen Weg, auf einem ganz neuen kleinen Weg. Wir leben ja im Jahrhundert der Erfindungen; man nimmt sich jetzt nicht mehr die Mühe, eine Treppe stufenweise zu erklimmen; bei den Reichen ersetzt ein Fahrstuhl die Stiegen aufs vorteilhafteste. So möchte auch ich gerne einen Aufzug finden, um zu Jesus empor zu gelangen; denn ich bin zu klein für die steile Treppe der Vollkommenheit.
Ich suchte also in der Heiligen Schrift nach einem Hinweis auf den ersehnten Fahrstuhl, und ich fand die Worte, ausgegangen aus dem Munde der ewigen Weisheit: „Ist jemand ganz klein, so komme er zu mir".
Ich begreife so gut, daß nur die Liebe imstande ist, uns dem lieben Gott wohlgefällig zu machen; diese Liebe ist der einzige Schatz, den ich begehre. Es gefällt dem Herrn, mir den einzigen Weg zu zeigen, der zu dieser göttlichen Glut führt. Dieser Weg ist die Hingabe des kleinen Kindes, das sorglos im Arme seines Vaters einschläft. „Ist jemand ganz klein, so komme er zu mir", hat der Heilige Geist durch den Mund Salomos gesprochen; und an einer anderen Stelle

sagt dieser gleiche Geist der Liebe: „Den Kleinen wird Barmherzigkeit gewährt“. In seinem Namen spricht der Prophet Isaias, da er vom Jüngsten Tage redet: „Der Herr wird seine Herde weiden; er wird die jungen Lämmer sammeln und an seiner Brust liebkosen“. Und als wäre dies alles noch nicht genug, fügt der gleiche Prophet, bereits in die weiten Fernen der Ewigkeit schauend, im Namen des Herrn hinzu: „Wie eine Mutter ihr Kind liebkost, werde ich euch trösten, an meinem Herzen euch tragen und auf meinen Knien euch wiegen“. Wenn doch die Seelen, die schwach und unvollkommen sind wie die meine, empfänden, was ich fühle, keine würde verzweifeln, den Gipfel des Berges der Liebe zu erreichen; denn der Herr verlangt keine Großtaten, sondern nur Hingabe und Dankbarkeit. Das und nichts anderes ist es, was Jesus von uns verlangt! Er braucht unsere Werke nicht, sondern allein unsere Liebe. Dieser gleiche Gott, der sagt, er brauche es uns nicht zu sagen, wenn er hungere, hat sich nicht gescheut, ein wenig Wasser von der Samariterin zu erbetteln... Es dürstete ihn!! Als er aber sprach: „Gib mir zu trinken“, da war es die Liebe seines armseligen Geschöpfes, nach welcher der Schöpfer des Weltalls verlangte. Er dürstete nach Liebe!

Klein bleiben heißt, sein Nichts anerkennen, alles vom lieben Gott erwarten, sich nicht zu sehr über seine Fehler betrüben, schließlich: sich keine besonderen Verdienste aufspeichern wollen, sich über nichts beunruhigen. Sogar bei den armen Leuten gibt man dem kleinen Kinde alles Notwendige; ist es aber erwachsen, dann will der Vater es nicht mehr ernähren, sondern sagt ihm: „Arbeite jetzt, du kannst für dich selber sorgen“. Nun wohl, um das nie hören zu müssen, wollte ich nie größer werden, da ich mich

unfähig fühle, mir mein Leben, mein ewiges Leben, zu verdienen. Ich bin also immer klein geblieben und kenne keine andere Beschäftigung als jene, die Blumen der Liebe und des Opfers zu pflücken und sie dem lieben Gott zu seinem Vergnügen anzubieten.
Klein bleiben heißt ferner, die Tugenden, die man übt, sich nicht selbst zuschreiben, als wäre man selber zu irgend etwas Gutem fähig, sondern erkennen, daß sie ein Schatz sind, den der liebe Gott in die Hand seines kleinen Kindes legt, um sich seiner zu bedienen, wann er dessen bedarf.

Wer mir dienen will, der folge mir nach

Johann Arndt

Was für ein großer und schändlicher Mißbrauch des heiligen Evangeliums in dieser letzten Welt sei, christlicher lieber Leser, bezeuget genugsam das gottlose, unbußfertige Leben derer, die sich Christi und seines Wortes mit vollem Munde rühmen und doch ein ganz unchristliches Leben führen, gleich als wenn sie nicht im Christentum, sondern im Heidentum lebten. Das wahre Christentum besteht in Erweisung des wahren, lebendigen, tätigen Glaubens, durch rechtschaffene Gottseligkeit, durch Früchte der Gerechtigkeit, wie wir darum nach Christi Namen genannt sind, daß wir nicht allein an Christum glauben, sondern auch in Christo leben sollen und Christus in uns, wie die wahre Buße aus dem innersten Grund des Herzens geben müssen, wie Herz, Sinn und Mut müssen geändert werden, daß wir Christo und seinem heiligen Evangelium gleichförmig werden, wie wir durchs Wort Gottes müssen täglich erneuert werden zu neuen Kreaturen.

Viele meinen, die Theologie sei nur eine bloße Wissenschaft und Wortkunst, da sie doch eine lebendige Erfahrung und Übung ist. Jedermann studiert jetzo, wie er hoch und berühmt in der Welt werden möge, aber fromm sein will niemand lernen. Jedermann sucht jetzo hochgelahrte Leute, von denen er Kunst, Sprachen und Weisheit lernen möge. Aber von unserem einigen Doctore, Jesu Christo, will niemand lernen Sanftmut und herzliche Demut, da doch sein heiliges, lebendiges Exempel die rechte Regel und Richtschnur unseres Lebens ist. Jedermann wollte gern Christi Diener sein, aber Christi Nachfolger will niemand sein. Er spricht aber: Wer mir dienen will, der folge mir nach. Darum muß ein rechter Diener und Liebhaber Christi auch ein Nachfolger Christi sein. Wer Christum liebhat, der hat auch lieb das Exempel seines heiligen Lebens, seine Demut, Sanftmut, Geduld, Kreuz, Schmach und Verachtung, obsgleich dem Fleisch wehe tut. Und ob wir gleich die Nachfolge des heiligen und edlen Lebens Christi in dieser Schwachheit vollkommen nicht erreichen können, dahin auch mein Büchlein nicht gemeinet, so sollen wir's doch liebhaben und darnach seufzen, denn also leben wir in Christo und Christus in uns.
Dieses Büchlein werde dir, lieber Christ, Anleitung geben, wie du nicht allein durch den Glauben an Christum Vergebung deiner Sünden erlangen sollst, sondern auch wie du die Gnade Gottes recht sollst gebrauchen zu einem heiligen Leben und deinen Glauben mit einem christlichen Wandel zieren und beweisen. Denn das wahre Christentum stehet nicht in Worten oder in äußerlichem Schein, sondern im lebendigen Glauben, aus welchem rechtschaffene Früchte und allerlei christliche Tugenden entsprießen als auch Christo selbst.

Komm, Schöpfer Geist

DAS FEUER, DAS DIE WELT DURCHSTRAHLT

Der Heilige Geist

Meister Eckehart

Innerhalb des Zeitlichen kann uns der Heilige Geist nicht gegeben werden. Wenn der Mensch sich abkehrt von den vergänglichen Dingen und in sich selber einkehrt, da erst versteht er den Sinn des Lichtes: Es ist unter dem Himmel und stammt doch vom Himmel! Im Lichte fühlt sich der Mensch zufrieden. Und doch ist das noch etwas Körperliches: sie sagen, es sei Materie. Aber ein Stück Eisen selbst, dessen Natur es doch ist zu fallen, das hebt sich wider seine Natur empor und hängt sich an den Magnetstein vermöge der edlen Kraft, die dem Steine vom Himmel eingeflößt ist: wo sich der Stein hinkehrt, da kehrt sich auch das Eisen hin. Ebenso tut der Geist! Der gibt sich nicht einfach bei dem irdischen Lichte zufrieden: er dringt immer vorwärts, durch das Firmament, er dringt durch den Himmel, bis er hingelangt zu dem Geiste, der den Himmel umtreibt, wo nun von des Himmels Umlauf alles grünt und blüht, was auf Erden ist. Dennoch gibt dieser Geist sich auch damit nicht zufrieden, er dringt immer weiter bis in den Wirbel und Urquell, aus dem er seinen Ursprung genommen. Da erkennt der Geist jenseits aller Zahl —

Zahl gibt es nur in der Welt der Zeit und der Unvollkommenheit! Niemand hat anders ein Wurzeln in der Ewigkeit, nur als Zahlentnommener gehört man ihr an. — Der Geist muß also hinaustreten über alle Zahl und durch alle Vielheit hindurchdringen: dann wird er von Gott durchdrungen. Und wie er mich durchdringt, so dringe ich wiederum durch ihn: Gott leitet diesen Geist in seine Wüste, in seine eigene Einheit, wo er ein schlechthin Einiges ist und nur in sich selber lebt und quillt. Da hat der Geist kein Warum mehr; sollte er irgend ein Warum haben, so müßte auch die Einheit ihr Warum haben. Da steht der Geist in der Einheit — und in der Freiheit.

DIE GESEGNETEN KRÄFTE DES GEISTES

Die Früchte des Geistes

Augustinus

Niemand kann also auf die rechte Weise Weisheit und Verstand gebrauchen, niemand auf die rechte Weise durch Rat und Stärke sich auszeichnen, niemand Frömmigkeit und Wissenschaft miteinander verbinden, niemand mit keuscher Furcht Gott fürchten, wenn er nicht den Geist der Weisheit und des Verstandes, des Rates und der Stärke der Wissenschaft und Frömmigkeit und Gottesfurcht empfangen hat. Niemand kann ferner wahre Tugend, aufrichtige Liebe, gottesfürchtige Enthaltsamkeit besitzen außer durch den Geist der Tugend, der Liebe und Enthaltsamkeit. Ebenso wird auch niemand ohne den Geist des Glaubens in rechter Weise glauben, noch ihn den Geist des Gebetes zu seinem Heile beten. Doch ist hierbei nicht etwa eine Vielheit von Geistern anzunehmen, „sondern dies alles wirket ein und derselbe Geist, indem er jedem, wie er will, Eigentümliches mitteilt“. „Denn der Geist wirkt wie er will“, aber freilich — das muß man zugestehen — in anderer Weise steht er bei, wenn er noch nicht in der Seele wohnt, in anderer, wenn er bereits darin wohnt. Denn wenn er noch nicht in der Seele wohnt, so hilft er, daß man zum Glauben gelangt, wohnt er aber bereits in der Seele, so unterstützt er solche, die bereits gläubig sind.

Glaube

Credo

Das apostolische Glaubensbekenntnis

Ich glaube an Gott Vater den Allmächtigen Schöpfer Himmels und der Erden.
Und an Jesum Christum, seinen einigen Sohn, unseren Herrn. Der empfangen ist vom Heiligen Geist. Geboren von der Jungfrauen Maria. Gelitten unter Pontio Pilato, gekreuzigt, gestorben und begraben. Niedergefahren zur Höllen. Am dritten Tage auferstanden von den Toten. Aufgefahren gen Himmel. Sitzend zur Rechten Gottes, des allmächtigen Vaters. Von dannen er kommen wird zu richten die Lebendigen und die Toten.
Ich glaube an den Heiligen Geist. Eine Heilige christliche Kirche. Die Gemeine der Heiligen. Vergebung der Sünden. Auferstehung des Fleisches. Und ein ewiges Leben. Amen.

Der Glaube ist ein göttlich Werk

Martin Luther

Der Glaube ist ein göttliches Werk in uns, das uns wandelt und neu gebiert aus Gott, und den alten Adam tötet, uns zu ganz anderen Menschen macht, von Herzen, Mut, Sinn und allen Kräften und bringt den Heiligen Geist mit sich. Oh, es ist ein lebendiges, geschäftiges, tätiges, mächtiges Ding um den Glauben, daß es unmöglich ist, daß er nicht ohne Unterlaß Gutes wirken sollte. Er frägt auch nicht, ob gute Werke zu tun sind, sondern bevor man fraget, hat er sie getan und ist immer im Tun. Wer aber nicht solche Werke tut, der ist ein glaubensloser Mensch, tappt und sieht sich um nach dem Glauben und guten Werken und weiß weder was Glaube noch gute Werke sind, wäscht und schwatzt doch viele Worte vom Glauben und guten Werken.

Glaube ist eine lebendige, verwegene Zuversicht auf Gottes Gnade, so gewiß, daß er tausendmal darüber sterben würde. Und eine solche Zuversicht und Erkenntnis göttlicher Gnade macht fröhlich, trotzig und lüstig gegen Gott und alle Kreaturen, welches der Heilige Geist tut im Glauben. Daher wird jedermann willig, ohne Zwang Gutes zu tun, jedermann zu dienen, allerlei zu leiden, Gott zu Liebe und zu Lob, der ihm solche Gnade erzeigt hat, also daß es unmöglich ist, Werke vom Glauben zu scheiden, ja so unmöglich, als Brennen und Leuchten mag vom Feuer geschieden werden. Darum hüte dich vor deinen eigenen falschen Gedanken und unnützen Schwätzern, die vom Glauben und guten Werken klug urteilen wollen und doch die größten Narren sind. Bitte Gott, daß er den Glauben in dir wirke; sonst bleibst du ewiglich ohne Glauben, du dichtest und tust, was du willst oder kannst.

Die Kraft des Lebens

Leo Tolstoi

Der Glaube ist die Kraft des Lebens. Man kann ohne den Glauben nicht leben. Die religiösen Ideen sind in entschwundenen Zeiten vom menschlichen Geist verarbeitet worden. Die Antworten, die der Sphinx des Lebens vom Glauben gegeben werden, enthalten die tiefste Weisheit der Menschheit.

Ich glaube, damit ich erkenne

Anselm von Canterbury

Erlaube mir, daß ich von weitem oder doch aus der Tiefe dein Licht anschaue. Herr, lehre mich, dich suchen, und zeige dich dem Suchenden; denn ich kann dich ja nicht suchen, wenn du es nicht lehrst, und ich kann dich ja nicht finden, wenn du dich mir nicht zeigst. Sehnsüchtig will ich dich suchen und im Suchen die Sehnsucht steigern; liebend will ich dich finden und beim Finden noch mehr dich lieben.

Herr, ich bekenne und sage dir Dank: du hast mich geschaffen nach deinem Ebenbild, damit ich deiner gedenke, dich erkenne und liebe. Aber das Bild ist so übel zugerichtet durch die Fußtritte des Lasters und so geschwärzt durch den Rauch der Sünden, daß es nicht das tun kann, wozu es geschaffen ist, es sei denn, daß du es erneuerst und wiederherstellst.

Herr, ich vermesse mich nicht, einzudringen in deine Tiefe; denn mein Verstand hält keineswegs einen Vergleich damit aus. Aber ich wünsche doch ein wenig deine Wahrheit zu erkennen, jene Wahrheit, die mein Herz glaubt und liebt. Ich strebe ja nicht danach, Erkenntnis zu gewinnen, damit ich glauben könne, sondern ich glaube, um Erkenntnis zu gewinnen.

Wahrlich, Herr, das Licht, worin du wohnst, ist unzugänglich. Wahrlich, es gibt nichts, was dort eindringen könnte, um dich dort zu sehen. Wahrlich, ich sehe dieses Licht deshalb nicht, weil es zu stark ist. Und doch, was ich auch sehe, das sehe ich durch dieses Licht. Das schwache Auge kann nicht in die Sonne selbst sehen; aber was es sieht, das sieht es nur durch das Sonnenlicht. Mein Verstand kann nicht hintreten zu jenem Lichte; es glänzt zu stark. Darum kann das Auge meiner Seele es nicht fassen und ist unfähig, lange Zeit dort hineinzuschauen. Die Seele prallt zurück vor dem Glanze, sie wird überwältigt von der Fülle, sie wird begraben von dem Übermaß, sie wird außer Fassung gebracht durch die Unfaßbarkeit.

O höchstes, unzugängliches Licht! O heilige, glückselige Wahrheit! Wie weit bist du weg von mir, und doch bin ich dir so nahe! Wie weit weggerückt bist du aus meinem Gesichtskreis, und doch bin ich deinem Gesichtskreis so gegenwärtig! Überall bist du ganz gegenwärtig, aber ich sehe dich nicht. In dir bewege ich mich, in dir bin ich, und doch kann ich nicht zu dir kommen. In mir und um mich bist du, und doch fühle ich dich nicht.

Liebe

Das Hohelied der Liebe

1. Kor. 13, 1—13

Wenn ich in den Zungen der Menschen und der Engel rede, habe aber die Liebe nicht, so bin ich ein tönendes Erz oder eine klingende Schelle. Und wenn ich die Gabe der Rede aus Eingebung habe und alle Geheimnisse weiß und alle Erkenntnis, und wenn ich allen Glauben habe, so daß ich Berge versetze, habe ich aber die Liebe nicht, so bin ich nichts. Und wenn ich alle meine Habe zur Speisung der Armen austeile, und wenn ich meinen Leib hingebe, damit ich verbrannt werde, habe aber die Liebe nicht, so nützt es mir nichts.

Die Liebe ist langmütig, sie ist gütig; die Liebe eifert nicht, die Liebe prahlt nicht, sie bläht sich nicht auf, sie tut nichts Unschickliches, sie sucht nicht das Ihre, sie läßt sich nicht verbittern, sie rechnet das Böse nicht an, sie freut sich nicht über die Ungerechtigkeit, sie freut sich aber mit der Wahrheit; sie erträgt alles, sie glaubt alles, sie hofft alles, sie erduldet alles.

Die Liebe vergeht niemals. Seien es aber Reden aus Eingebung, sie werden abgetan werden; seien es Zungenreden, sie werden aufhören, sei es Erkenntnis, sie wird abgetan werden. Denn unser Erkennen ist Stückwerk, und unser Reden aus Eingebung ist Stückwerk. Wenn aber das Vollkommene kommen wird, dann wird das Stückwerk abgetan werden. Als ich ein Kind war, redete ich wie ein Kind, sann wie ein Kind, urteilte wie ein Kind, als ich ein Mann wurde, tat ich ab, was kindisch war. Denn wir sehen jetzt nur wie mittels eines Spiegels in rätselhafter Gestalt, dann aber von Angesicht zu Angesicht. Jetzt ist mein Erkennen Stückwerk, dann aber werde ich völlig erkennen, wie ich auch völlig erkannt worden bin. Nun aber bleibt Glaube, Hoffnung, Liebe, diese drei; am größten aber unter diesen ist die Liebe.

Von der Nächstenliebe

F. M. Dostojewski

Brüder, vor der Sünde der Menschen schreckt nicht zurück, liebet den Menschen auch in seiner Sünde, denn das ist das Ebenbild der göttlichen Liebe und das Höchste der Liebe. Liebet die ganze Schöpfung Gottes, das ganze All, wie jedes Sandkörnchen. Jedes Blättchen, jeden Strahl Gottes liebet. Liebet die Tiere, liebet jegliches Gewächs und jegliches Ding. Wenn du jedes Ding lieben wirst, so wird sich dir das Geheimnis Gottes in den Dingen offenbaren. Ist dir dies offenbar geworden, so wirst du jeden Tag immer mehr und mehr die Wahrheit erkennen. Und schließlich wirst du die ganze Welt mit allumfassender Liebe umspannen. Liebet die Tiere, denn Gott hat ihnen den Urgrund des Denkens und harmlose Freudigkeit verliehen. Stört sie nicht, quält sie nicht, nehmt ihnen nicht die Freude, handelt dem Gedanken Gottes nicht zuwider. Der Mensch überhebe sich nicht den Tieren gegenüber, sie sind sündlos, du aber, Mensch, mit deiner Größe, du versetzest mit deinem Erscheinen die Erde in Fäulnis und läßt Spuren der Verwesung hinter dir, und leider tut das fast jeder von uns! Besonders aber liebet die Kinder, denn sie sind sündlos wie Engel. Sie leben zu unserer Freude, zur Reinigung unserer Herzen als Hinweis und Beispiel für uns. Wehe dem, der ein Kind kränkt. Mich lehrte der Pater Anfim die Kinder lieben; er ist gut und schweigsam. Auf unserer Wanderschaft kaufte er ihnen für die wenigen Kopeken, die man ihm schenkte, Pfefferkuchen und Zukkerwerk; er konnte an ihnen nicht vorübergehen, ohne daß sein Herz erbebte. So ist der Mensch. Vor gar manchem

Gedanken bleibt man im Zweifel befangen stehen, besonders wenn man die Sünden der Menschen sieht, und man fragt sich: „Soll man es mit Gewalt anfassen oder mit demütiger Liebe?" Wenn du dich ein für allemal dazu entschlossen hast, so wirst du die ganze Welt bezwingen. Die „demütige Liebe" ist eine furchtbare Kraft; sie ist die allergrößte Kraft, und ihresgleichen gibt es nicht. Jeden Tag, jede Stunde und jede Minute gib acht auf dich, damit dein Antlitz rein sei. Wenn du böse mit einem schlechten Wort und haßerfüllter Seele an einem Kinde vorübergehst, das du vielleicht nicht einmal beachtet hast, und es sieht dein häßliches und verzerrtes Antlitz — siehe, so prägt es sich in sein schuldloses Herzchen ein. Du weißt es nicht einmal und hast doch Schlechtes in sein Herz gesät, und der schlechte Same wird aufgehen, und das alles nur, weil du in der Gegenwart des Kindes nicht auf dich acht gegeben hast, und weil du keine umsichtige und tatkräftige Liebe in deinem Herzen hegtest. Brüder, die Liebe ist eine große Lehrerin, man muß verstehen, sie zu erwerben; das aber ist sehr schwer, man muß sie teuer erkaufen durch lange andauernde Arbeit, denn nicht zufällig und auf einen Augenblick muß man lieben, sondern fortwährend und ewig.

... und hätte der Liebe nicht ...

Hugues de Lamennais

Ihr habt nur einen Tag auf dieser Erde zu weilen; trachtet, daß ihr ihn in Frieden zubringet.
Der Friede ist die Frucht der Liebe; denn um in Frieden zu leben, muß man vieles ertragen können.

Keiner ist vollkommen. Alle haben ihre Fehler; jeder Mensch drückt auf die andern, und die Liebe allein macht dieses Gewicht leicht.

Wenn ihr eure Brüder nicht ertragen könnt, wie sollen eure Brüder euch ertragen?

Es steht von dem Sohne Mariens geschrieben: Wie er seine Brüder geliebt hatte, die in der Welt waren, so liebte er sie bis an sein Ende.

Die Liebe ist unermüdlich, sie kennt keine Beschwerde.

Die Liebe ist unerschöpflich, sie lebt und erneuert sich von selbst, und je mehr sie überströmt, je voller wird sie.

Wer sich mehr liebt als seinen Bruder, ist nicht Christi wert, der für seine Brüder gestorben. Habt ihr eure Güter hingegeben, gebt auch euer Leben hin, und die Liebe wird euch alles erstatten.

Ich sage euch die Wahrheit, wer liebt, dessen Herz ist ein Paradies auf Erden. Er hat Gott in sich, denn Gott ist die Liebe.

Der lasterhafte Mensch liebt nicht, er begehrt; er hat Hunger und Durst nach allem; sein Auge, wie das Auge der Schlange, verzaubert und lockt, um zu verschlingen.

Die Liebe ruht in der Tiefe der reinen Seelen wie ein Tautropfen in dem Kelche einer Blume.

Ach, wenn ihr wüßtet, was lieben heißt!

Ihr sagt, daß ihr liebet, und viele eurer Brüder ermangeln des Brotes, ihr Leben zu fristen, der Kleider, ihre nackten Glieder zu bedecken, eines Daches, um sich zu schützen, eines Häufchens Stroh, darauf zu schlafen, und ihr habt alle Dinge im Überflusse.

Ihr sagt, daß ihr liebet, und es gibt in großer Zahl Kranke, die, aller Hilfe beraubt, auf ihrem armseligen Lager verschmachten, Unglückliche, die weinen, ohne daß jemand

mit ihnen weinet, kleine Kinder, die vor Kälte erstarrt, von Türe zu Türe gehend, bei den Reichen einen Abfall ihres Tisches fordern, und die ihn nicht erhalten.
Ihr sagt, daß ihr eure Brüder liebet: Und was tätet ihr denn, wenn ihr sie haßtet?
Und ich, ich sage euch, jeder, der, es vermögend, seinem leidenden Bruder nicht beisteht, ist der Feind seines Bruders; und jeder, der, es vermögend, seinen hungrigen Bruder nicht ernährt, ist der Mörder seines Bruders.

Wovon die Menschen leben

Leo Tolstoi

Ich erfuhr, daß der Mensch nicht durch die Sorgen um sich selbst, sondern von der Liebe lebt.
Der Mutter war es nicht gegeben, zu begreifen, was ihren Kindern für das Leben not tut. Dem Reichen war es nicht gegeben, zu wissen, was er selber brauchte, und nicht einem einzigen Menschen ist es gegeben, zu wissen, ob er die Stiefel als Lebender oder am Abend Leichenschuhe als Toter brauchen wird.
Ich lebte, solange ich ein Mensch war, nicht dadurch, daß ich selbst für mich gesorgt hatte, sondern nur dadurch, daß ich einem vorbeigehenden Menschen und seiner Frau die Liebe war, daß sie sich meiner erbarmten und mich liebgewannen. Die Waisen leben nicht dadurch, daß andere für sie sorgten, sondern dadurch, daß die Liebe in dem Herzen einer fremden Frau lebte, sie sich der Kinder erbarmte und sie liebgewann. Und alle Menschen leben nicht

dadurch, daß sie selber für sich sorgen, sondern dadurch, daß in den Menschen die Liebe wohnt.
Früher wußte ich wohl, daß Gott den Menschen das Leben gibt und will, daß sie leben; jetzt begriff ich auch das andere: Ich begriff, Gott wünscht nicht, daß die Menschen jeder für sich selbst leben, und daher hat er ihnen nicht offenbart, was jeder für sich selber braucht; er will aber, daß die Menschen in Gemeinschaft leben, und daher hat er ihnen offenbart, was ihnen allen für sich selbst und für alle anderen not tut.
Jetzt begriff ich, daß es den Menschen nur scheint, als ob sie von der Sorge um sich leben, daß sie in Wirklichkeit aber nur durch die Liebe allein leben.
Wer in Liebe lebt, der lebt in Gott, und
Gott lebt in ihm, denn Gott ist die Liebe.

Der Weg zu Gott

Theresia von Jesu

Nur daran möchte ich noch erinnern, daß es, um auf diesem Wege weit voranzuschreiten und zu den ersehnten Wohnungen zu gelangen, nicht darauf ankommt, daß wir viel denken, sondern darauf, daß wir viel lieben, und darum sollt ihr das tun, was euch mehr zum Lieben anregt. Vielleicht wissen wir nicht, was Lieben ist, und ich würde mich auch nicht sonderlich darüber wundern. Die Liebe besteht nämlich nicht in wonnigen Gefühlen der Andacht, sondern in dem festen Entschlusse, in allen Stücken Gott gefallen zu wollen, sowie darin, daß wir uns nach Möglichkeit vor jeder Beleidigung Gottes hüten.

Auch viele Wasser können sie nicht löschen

Hugo von Sankt Viktor

Die Liebe verfällt nie. Dieses Wort hatte ich gehört, und ich wußte, daß es wahr ist. Nun aber, teuerster Bruder, habe ich die Erfahrung davon selbst gemacht und weiß vollkommen, daß die Liebe niemals verfällt. Ich war von fernher gewandert und kam zu euch in ein fremdes Land. Aber es war für mich gleichsam nicht fremd, denn ich fand hier Freunde. Freilich weiß ich nicht, ob ich zuerst Freunde gewann, oder ob ich zuerst Freund wurde. Jedennoch, ich fand die Liebe und liebte sie. Ich konnte ihrer nicht überdrüssig werden, denn sie war mir süß. Ich füllte mein ganzes Herz mit ihr voll, und es tat mir leid, daß es zu enge befunden wurde und nicht alles fassen konnte. Aber ich füllte es so voll, als ich nur konnte. Ich erfüllte den ganzen Raum meines Herzens, aber es konnte nicht all die Liebe fassen, die ich fand. Ich nahm also, soviel ich konnte, und, beladen mit kostbarem Schatze, fühlte ich doch keine Last; denn meine Bürde trug mich. Und jetzt, wo ich einen langen Lebensweg hinter mir habe, finde ich meinen Schatz an Liebe noch immer vollgefüllt. Nichts davon ist verfallen, denn die Liebe verfällt niemals. In diesem Liebesschatze, teuerster Bruder, ist neben allem übrigen die Erinnerung an dich als erstes zu finden. In diesem Gedenken versiegle ich meinen Brief und wünsche dir Gesundheit und Heil im Herrn. Vergilt mir Du meine Liebe und bete für mich! Der Herr Jesus Christus sei mit Dir! Amen.

Wer in der Liebe bleibt, der bleibt in Gott

Hans Denck

Gott ist nichts als Liebe. Dieser Lieb' spüret man in etlichen Menschen je ein Fünklein, in einem mehr, im andern minder; wiewohl es leider fast in allen Menschen zu unsern Zeiten erloschen ist, doch so ist es gewiß, dieweil die Liebe geistlich ist, und die Menschen alle fleischlich sind, daß dies Fünklein, wie klein es in dem Menschen ist, nicht von dem Menschen, sondern von der vollkommenen Liebe hergekommen ist. Diese Liebe ist Gott. — Diese Liebe möchte Fleisch und Blut nicht begreifen, wo es Gott nicht sonderlich in etlichen Menschen bewiese, die man nennet „göttliche Menschen" und „Gottes Kinder", darum daß sie Gott nachschlagen als ihrem geistlichen Vater. Je höher sie nun bewiesen wird, je höher mag sie von den Menschen erkannt werden; je mehr sie erkannt wird, so viel mehr wird sie geliebt; je mehr die Liebe geliebt wird, so viel näher ist die Seligkeit. Darum hat es der ewigen Liebe gefallen, daß der Mensch (Jesus Christus), in dem die Liebe am höchsten bewiesen wurde, ein Seligmacher seines Volks genannt wurde. Nicht daß es der Menschheit möglich wäre, jemand selig zu machen, sondern daß Gott so völliglich in der Liebe mit ihm vereiniget wäre, daß alles Tun Gottes dieses Menschen Tun wäre, und alles Leiden dieses Menschen Gottes Leiden geachtet würde. Dieser Mensch ist Jesus von Nazareth, der von dem wahrhaftigen Gott in der Schrift verheißen und zu seiner Zeit geleistet worden ist, wie sich's dann öffentlich in Israel bewiesen hat durch die Kraft des heiligen Geistes mit allem Tun und Lassen, so der Liebe zugebühret und eignet. Und dabei erkennen wir's in dieser lieblosen Zeit, daß es wahrlich schon geleistet ist, daß wir die Liebe etlicher Maß aufs höchste erkennen, und sind gewiß durch Gottes Geist, daß sich die Liebe Gottes gegen den Menschen und des Menschen gegen Gott nicht höher beweisen mag, als es in diesem Jesu geschehen ist. — Darum, welcher die wahre Liebe begehrt zu erkennen und zu erlangen, mag es nicht näher und leichter bekommen als durch diesen Jesum Christum. Ja, es kann und mag anders nicht erkannt werden als durch ihn. Nicht daß die Seligkeit an Fleisch und Blut, Zeit und Statt gebunden sei, sondern daß es anders nicht möglich ist. Denn wie kein Mensch selig werden möchte ohne Gott, also mag auch Gott keinen Menschen selig machen außerhalb des Menschen (Jesu Christi). Alle, die selig werden, sind eines Geistes mit Gott. Welcher aber vollkommen ist in dieser Liebe, dieser ist ja ein Vorgänger aller derer, so selig werden sollen, nicht daß er von ihm selbst hie sei, sondern daß es Gott allzeit also gefallen hat, daß man allen denen folgen und gehorchen soll in seinem Namen, die seinen Willen lehren. Je besser solchen (den Willen Gottes) einer lehret, je billiger man ihm folgen soll. Niemand aber hat diesen vollkommener und besser gelehrt, als der solchen auch am vollkommensten vollstreckt hat, der ist Jesus Christus, welchen Gott darum gesandt hat, daß er Juden und Heiden miteinander aus geistlichem Gefängnis führet. Welchem aber jetzt zu dieser letzten Zeit nicht allein Juden und Heiden, sondern auch die ihn angenommen haben, widersprechen. Alle, so den Weg Gottes gesucht und gefunden haben, sind eins mit Gott geworden; aber dieser, so in Gottes Weg nie gestrauchelt hat, ist auch mit Gott nie uneins worden, sondern nach dem Geist von Anbeginn eins mit Gott gewesen, ob er wohl nach dem Fleisch in der Zeit geboren und aller

Menschen Gebrechen außer der Sünde unterworfen gewesen ist. Dies ist die Ursach, daß geschrieben ist, und man sagt: alle, so selig werden, müssen durch diesen Jesum selig werden.

Hoffnung

Das Wunder der Hoffnung

Charles Péguy

Aber die Hoffnung, sagt Gott, das verwundert mich wirklich.
Mich selber.
Das ist wirklich erstaunlich.
Daß diese armen Kinder sehen, wie das alles geschieht, und daß sie glauben, morgen ginge es besser.
Daß sie sehen, wie das alles heute geschieht, und daß sie glauben, morgen früh ginge es besser.
Das ist verwunderlich, und das ist entschieden das größte Wunder unserer Gnade.
So daß es mich selber verwundert.
In der Tat muß meine Gnade doch eine unglaubliche Stärke besitzen.
Und einer unerschöpflichen Quelle entfließen, breit wie ein Strom.
Seitdem sie zum erstenmal strömte, und seit sie von Ewigkeit strömt.
In meiner natürlichen und übernatürlichen Schöpfung.
In meiner geistigen Schöpfung, in der fleischlichen und wiederum geistigen.

In meiner ewigen Schöpfung, in der zeitlichen und wiederum ewigen. Sterblichen und unsterblichen.

Und damals, o damals, seitdem sie ausfloß wie ein Strom von Blut aus der durchbohrten Seite meines Sohnes.

Wie groß muß da nicht meine Gnade und die Kraft meiner Gnade gewesen sein, damit diese kleine Hoffnung, flackernd unter dem Atem der Sünde, zitternd in allen Winden, ängstlich beim kleinsten Hauch.

So unveränderlich sei, so treu sich halte, so aufrecht, so rein; und unbesieglich und unsterblich, und gar nicht auszulöschen; wie die kleine Flamme des Heiligtums.

Die immerdar brennt in der getreuen Lampe.

Ein schlotterndes Flämmchen hat alle Widerstände der Welten durchschritten.

Ein flackerndes Flämmchen hat alle Widerstände der Zeiten durchschritten.

Ein angstvolles Flämmchen hat alle Widerstände der Nächte durchschritten.

Seit jenem ersten Mal, da meine Gnade zu strömen begann für die Schöpfung der Welt.

Seit unvordenklich, da meine Gnade strömte für die Erhaltung der Welt.

Seit damals, da das Blut meines Sohnes zu strömen begann für das Heil dieser Welt.

Ein Flämmchen, unversehrbar, unauslöschlich dem Hauch des Todes.

Was mich wundert, sagt Gott, das ist die Hoffnung.

Da komme ich nicht mit.

Diese kleine Hoffnung, die nach gar nichts aussieht.

Dies kleine Mägdlein Hoffnung.

Unsterblich.

Freude

Die vollkommene Freude

Franziskus von Assisi

Einst zur Winterszeit, kam St. Franziskus mit Bruder Leo hinab von Perugia gen Santa Maria degli Angeli, und beide quälte arg die bittere Kälte. Da rief St. Franziskus Bruder Leo, der ein Stück vorneweg ging und sagte also: „O Bruder Leo, mögen auch die Brüder allerorten ein großes Beispiel der Erbauung geben, so schreibe und merke dir's genau, daß da noch nicht vollkommene Glückseligkeit ist."

Und als St. Franziskus eine Strecke weiter gegangen war, rief er ihn zum andern Male: „O Bruder Leo, mag auch der Bruder Blinde sehend machen und Krumme gerade und Teufel austreiben und Tauben das Gehör und Lahmen den Gang und Stummen die Rede wiedergeben und — was mehr ist denn dieses alles — auferwecken die, so vier Tage lang tot waren, so schreibe, daß da noch nicht vollkommene Glückseligkeit ist." Und abermals, etwas weiter, rief er laut: „O Bruder Leo, wüßte der Bruder auch die Sprachen aller Völker und alle Wissenschaften und alle Schriften, und könnte er prophezeien und nicht nur die Zukunft offenbaren, sondern auch aller Seelen und Gewissen Heimlichkeit, so schreibe, daß da noch nicht vollkommene Glückseligkeit ist."

Und als sie ein wenig weiter gegangen waren, rief St. Franziskus abermals laut: „O Bruder Leo, du Lamm des Herren, könnte der Bruder auch mit Engelszungen reden und wüßte die Bahn der Sterne und die Kräfte der Pflanzen und wären ihm alle Schätze der Erde offenbar, und würde er die Gaben der Vögel kennen und der Fische und aller Tiere und der Menschen und der Bäume und der Steine und der Wurzeln und der Wasser, so schreibe, daß da noch nicht vollkommene Glückseligkeit ist."

Und, als sie noch ein Stück gegangen waren, rief St. Franziskus laut: „O Bruder Leo, und wüßte der Bruder so zu predigen, daß er alle Heiden zu Christi Glauben bekehrte, so schreibe, daß da noch nicht vollkommene Glückseligkeit ist."

Indessen er also redete, war er wohl zwei Meilen gegangen. Da fragte ihn Bruder Leo, den das alles höchlichst wunderte: „Vater, ich bitte dich um Gottes willen, sage mir, wo ist denn vollkommene Glückseligkeit?" Und St. Franziskus antwortete ihm also: „Wenn wir in Santa Maria degli Angeli angelangt sein werden, so ganz vom Regen durchnäßt und von Kälte durchschauert, wenn wir, schwer von dem Kote der Straße und von Hunger gequält an die Pforte klopfen werden und der Pförtner zornig herauskommen wird und uns sagen wird: ‚Wer seid ihr?' und wenn wir dann sagen werden: ‚Wir sind zwei von euern Brüdern', — er aber sagen wird: ‚Ihr lügt, Landstreicher seid ihr, die ihr die Welt betrügt und den Armen die Almosen wegnehmt, geht ihr nur fort!' Und wenn er uns nicht auftun wird und uns wird draußen stehen lassen in Schnee und Regen, in Frost und Hunger bis in die Nacht hinein; dann, wenn wir solche Unbill und solche Grausamkeit und so harten Bescheid geduldig entgegennehmen, ohne uns zu entrüsten oder zu murren: dann, wenn wir demütig und liebevoll erwägen, daß jener Pförtner uns wohl kennt, daß ihn aber Gott wider uns reden heißt: da, Bruder Leo, schreibe, ist vollkommene Glückseligkeit. Und wenn wir weiterklopfen werden, und er ganz außer sich herauskommen wird und uns wie lästige Kunden mit Schimpf und Schlägen fortjagen und uns sagen wird: ‚Macht euch davon, elende Spitzbuben, gehet zum Spital! Hier sollt ihr weder Essen noch Herberge bekommen'; und wenn wir das geduldig tragen werden in Heiterkeit und Liebe: da, Bruder Leo, schreibe, ist vollkommene Glückseligkeit. Und wenn wir dennoch in den Ängsten des Hungers, der Kälte und der Nacht noch mehr klopfen und rufen und um Gottes willen mit Tränen bitten werden, daß man uns doch öffnen möchte und uns hineinlassen, und wenn jener in noch größerer Wut sagen wird: ‚Das sind unverschämte Kerle; ich werde ihnen heimleuchten, wie sie es verdienen'; wenn er dann mit einem Knotenstocke kommen, uns an der Kapuze packen und zu Boden werfen wird, daß wir uns in dem Schnee werden wälzen müssen, wenn er uns dann Schlag auf Schlag mit dem Knotenstocke versetzen wird, dann, wenn wir das alles geduldig und mit Heiterkeit ertragen werden im Gedanken an die Leiden Christi, die wir um seiner Liebe willen dulden müssen: da, Bruder Leo schreibe, ist vollkommene Glückseligkeit. Und vernimm das Ende, Bruder Leo: Über alle Gnaden, über alle Gaben des Heiligen Geistes, die Christus seinen Freunden gewährt, geht es, sich selbst zu besiegen und um Christi willen gerne Pein, Unrecht und Schimpf und Mühsal zu tragen; denn aller andren Gaben Gottes können wir uns nicht rühmen; denn sie sind nicht unser, sondern Gottes. Darum sagt euch der Apostel: ‚Was hast du, das du nicht von Gott empfangen hast? Und wenn du es von ihm empfangen hast, was rühmst du dich dessen, als wenn du es von dir hättest?' Aber des Kreuzes und der Bedrängnis und der Trübsal dürfen wir uns rühmen; denn der Apostel sagt: ‚Ich will mich nicht rühmen, denn allein des Kreuzes unseres Herren, Jesu Christi.'

Vom Jubel des Herzens

Jacopone da Todi

O Jubel, der erwacht
Vor Lieb' mich singen macht!

Wenn Jubel glühend steigt,
macht er den Menschen singen,
stockend die Zunge schweigt,
kein Wort will ihr gelingen,
darinnen sich ergieße
die unermeßne Süße.

Wenn Jubel sich entzündet,
macht er den Menschen klagen.
Wenn Lieb' so eng dich bindet,
daß du's nicht kannst ertragen,
bricht sie in Jubelschreie
und ist dann sonder Scheue.

Wenn Jubel ganz bezwungen
dein liebgefangnes Herz,
folgt dem, was es gesungen,
der Menge Hohn und Scherz;
denn nie wird sie es fassen
dein Feuer ohne Maßen.

O Jubel, süß Entzücken,
das meinen Geist durchdrang,
es birgt vor fremden Blicken
das Herz den Überschwang,
den es nicht kann ertragen
in wilden Liebesklagen.

Wer nicht erfuhr solch' Minne,
schilt dich wohl einen Narren,
sieht er, beraubt der Sinne,
in Ohnmacht dich erstarren,
denn von des Herzens Wunde,
der tiefen, gibt nichts Kunde.

Seligkeit

Joseph Foubert

Das Vergessen der irdischen Dinge und die Hinwendung zu den himmlischen; die Freiheit von allem Brand, aller Sorge, aller Verwirrung und allem Krampf; die Fülle eines von keiner Unrast gestörten Lebens; die Wonnen eines von keiner Mühsal des Gedankens getrübten Gefühls; die Entzückung einer von keiner Meditation vorbereiteten Ekstase, mit einem Wort: die reine Geistigkeit im Schoß der Welt, mitten im Tumult der Sinne: sie sind nur die Seligkeit einer Minute, eines Augenblicks; aber dieser Augenblick der Frömmigkeit gießt seine Süße über unsere Monate und Jahre.

Jubilatio

Jan van Ruisbroeck

Ein guter und inbrünstiger Mensch, der Einkehr hält bei sich selbst und los und ledig ist von allen irdischen Dingen, und der sich im Herzen demütiglich hinauf zu Gottes ewiger Güte öffnet, vor diesem schließen die verborgenen Himmel sich auf, und aus dem Antlitz der göttlichen Liebe fällt ein jähes Licht, als wie ein Blitzstrahl in das offenstehende Menschenherz; und in dem Lichte spricht der Geist unseres Herren zu dem liebegeöffneten Herzen: „Siehe, ich bin dein, und du bist mein. Ich wohne in dir, und du lebst in mir."

Beim Zusammenstoße des Lichtes aber mit der inwendigen Bereitschaft überkommt das erhobene Herz eine so große Wonne und Wollust des Leibes und der Seele, daß der Mensch nicht weiß, wie ihm geschieht, noch wie er es ertragen soll. Und den Zustand heißt man Jubilus, was keiner wortbar machen, und wovon keiner wissen kann, er habe es denn gefühlt.

Dieses begibt sich in dem liebenden Herzen, das zu Gott geöffnet ist und abgeschlossen gegen alle irdischen Dinge. Und hieraus entsteht die Jubilatio, was eine herzinnige Liebe und eine brennende Flamme bedeutet, mit Demut und Lob und Dank und mit ewiger Würdigkeit gegenüber Gott.

Der diese Süßigkeit aber fühlt und in ihr verweilt und darin sein Genügen sucht, ohne Gott dafür weder zu loben noch zu danken, der betrügt am meisten sich selber.

Und dieses ist die erste und die schwächste Art, mit der Gott im schauenden Erleben sich offenbaret. Denen, die es nicht gefühlt haben, will ich es deshalb noch mit einem groben Vergleiche schildern.

Nehmt einen Spiegel, der hohl ist wie eine Schüssel, und legt darein Dinge, die von trocknem Stoffe und leichtentzündlich sind, und haltet den hohlen Spiegel gegen die Strahlen der Sonne: sogleich werden die gedörrten Dinge Feuer fangen und brennen aus Anlaß der Sonnenhitze und wegen der Hohlheit des Spiegels.

Gleicherweise, sobald nur das Leben deines Herzens geöffnet und andachtsvoll zu Gott erhoben ist, scheint in dein Inneres das Licht seines göttlichen Erbarmens und reinigt das Bewußtsein deines emporgeöffneten Herzens und verbrennt, im Feuer der göttlichen Liebe, alle Gebrechen, die dem Menschen innehaften.

Siehe, das ist die niederste Art von schauendem Erleben; es verrichtet sich mit der Läuterung des Herzens, mit emporgewendetem Angesichte, mit inbrünstiger Liebe, in Dank und in Lobpreisung und mit Demut und mit Sehnsucht vor der Allgegenwart unseres Gottes.

Die innere Freude

Johann Amos Comenius

Das Herz der Frommen ist von beständiger Freude erfüllt. In ihrem Herzen wohnt jedoch nicht bloß der Friede, sondern auch Freude und Frohlocken ohne Ende, da sie die Gegenwart und die lebendige Wirksamkeit der Liebe Gottes in sich empfinden. Denn wo Gott ist, da ist der Himmel, wo der Himmel, da ist ewige Freude, wo aber ewige Freude ist, da bleibt dem Menschen nichts zu wünschen übrig. Ein

bloßer Schatten, ein schlechter Scherz, ein Nichts sind alle Freuden der Welt gegen diese Freude; ich kann nicht genug Worte finden, dies auszudrücken oder auch nur anzudeuten. Gesehen, ja gesehen und begriffen hab' ich, daß es etwas Herrlicheres ist, Gott mit allen seinen himmlischen Schätzen in sich zu tragen, als daß man damit allen Ruhm, alle Pracht und allen Glanz der Welt vergleichen, etwas Freudenvolleres, als daß die ganze Welt nur das Geringste hinwegnehmen oder hinzufügen, etwas Größeres und Erhabeneres, als daß die ganze Welt es je erfassen und begreifen könnte.
Denn wie sollte auch ein Mensch nicht von den süßesten und freudigsten Empfindungen erfüllt sein, der in seiner Brust das Licht Gottes leuchten, in seinem Herzen den Heiligen Geist so trefflich walten sieht, und der eine so vollkommene Befreiung von der Welt und ihrer Knechtschaft, eine so treue und mächtige Fürsorge Gottes, eine solche Sicherheit vor Feinden und Gefahren, kurz auf allen Seiten einen so tiefen Frieden fühlt? Das ist die Seligkeit, welche die Welt nicht kennt; das ist die Seligkeit, die derjenige, welcher sie einmal gekostet hat, nie mehr entbehren kann; das ist die Seligkeit, die sich durch keine andere Seligkeit ersetzen läßt, die keine Bitterkeit entschädigen, auf die der Mensch selbst um den Preis der höchsten Drangsal und sogar des Todes nicht verzichten kann.
Da habe ich begriffen, was so viele von den Heiligen Gottes dazu getrieben hat, daß sie die Ehre, Menschengunst und irdischen Besitz so willig von sich warfen und ebenso die ganze Welt, wenn sie ihr Eigentum gewesen wäre, von sich gestoßen hätten; und warum andere dem Kerker, den Martern, ja sogar dem Tode so freudig entgegengingen, bereit, selbst tausende Tode zu erleiden, wenn es nur möglich wäre, und noch unter Henkershand begeisterte Loblieder

sangen. O mein Herr Jesu, wie süß bist du den Herzen, die dich gekostet haben! Glückselig, wer begreift, welch Tröster du den Deinen bist.

Wahrheit

Vom Weg zur Wahrheit

Der Frankfurter

Niemand denke, daß er zu diesem wahren Licht und vollkommenen Erkennen (und damit zum Christusleben) komme mit viel Fragen, oder vom Hörensagen, oder durch Lesen und Studieren, noch mit großen, hohen Künsten und Meisterschaft, oder mit hoher natürlicher Vernunft! Ich sage: noch mehr! Solange der Mensch überhaupt etwas werthält, sich zum Gegenstand seiner Liebe und Sehnsucht setzt und Hand daran legt, das ein Dies oder Das ist (sei er das nun selber oder was es wolle): so kommt er hierzu nicht. Christus selber hat dies gesagt; er spricht: „Willst du mit mir kommen, so verzichte auf dich selbst und folg mir nach; wer nicht sich und alles verläßt, verleugnet und verliert, der ist meiner nicht wert und mag mein Jünger nicht sein!" Darin liegt: wer nicht alles lässet und verliert, der kann nimmer weder mich wahrhaft erkennen noch zu meinem Leben kommen. Und wär's auch nie durch Menschenmund gesprochen, so spricht es doch die Wahrheit selber, denn es ist in Wahrheit also. Aber solange der Mensch nur die Teile und Stücke und zu allermeist sich selber lieb hat, damit sich abgibt, davon etwas hält, so ist er betroffen und wird so blind, daß er von keinem Guten weiß, denn das für sein liebes Ich am förderlichsten, bequemsten und lustigsten ist: das hat er für das Beste und ist ihm das Köstlichste. So kommt er zu der Wahrheit nimmer ... Nun möchte man fragen: „Wie aber steht es um den Menschen, der (nach Möglichkeit) diesem wahren Lichte etwann nahe kommt?" So sag' ich fürwahr: es wird nimmer recht gesagt! — „Warum?" — Wer's nicht ist, der kann's nicht sagen, denn er weiß davon nichts; und wer es ist und weiß, der kann es auch nicht „verworten" oder sagen! Darum, wer es wissen will, der warte, wie er's werde! Immerhin denk' ich mir, daß es mit seinem äußern Wandel und Weite also stehe: Was wirklich sein muß, das mag gut damit bestehn; was aber nicht sein muß, sondern bloße Willkür ist, das mag damit nicht bestehn! Aber der Mensch macht sich selber manch Muß und Soll, das doch falsch ist. Treibt ihn seine Hoffart, Geiz und andere Untugend und Bösheit, etwas zu tun oder zu lassen, so heißt's, es muß sein! Treibt ihn der Leute Gunst und Freundschaft oder seines Leibes Lust irgend wozu oder wovon ab, so heißt's: es muß sein! Sieh, das ist alles falsch. Hätte der Mensch kein ander Muß und Soll, denn darzu ihn Gott und die Wahrheit weist und treibt, er hätte wohl etwas weniger zu tun und zu schicken, denn nun! Denn gar viele Unruhe und Anfechtung macht sich der Mensch selber, der er gut und gerne überhoben wäre.

Alle Wahrheit ist von Gott

Ulrich Zwingli

Wenn ich nun auch ein nichtbiblisches Zeugnis anführe, so lasse ich mich dadurch nicht schrecken, wenn mich auch Leute verdammen, die es noch nicht gelernt haben, daß eine Schrift nur dann mit Recht eine heilige genannt wird, wenn sie verkündigt, was des heiligen, reinen, ewigen und untrüglichen Verstandes Willensmeinung und Gesinnung ist. Findest du also bei Plato oder Pythagoras etwas, welchem du es anmerkst, daß es aus dem Quell des göttlichen Verstandes herfließe, so darfst du es darum nicht verachten, weil ein Sterblicher es in Schrift verfaßt hat; sondern du sollst gerade um so mehr suchen, mit der Gottheit vertraut zu werden, damit du das Licht der Wahrheit immer heller und heller schauest, da wir sehen, daß selbst die, welche den Glauben an einen Gott nicht öffentlich zu bekennen wagten, ihn doch in ihrem Innern hatten. Wo immer dieser Glaube sich findet, da ist er von Gott, selbst wenn jemand unter den Tieren wohnte. Darum gelüstete mich, die Worte Senecas oder Platos Meinung hier anzuführen, hauptsächlich aus dem Grunde, weil alles, was ich bisher gesagt und in dieser Schrift noch weiter sagen werde, aus einer Quelle hergeleitet ist, nämlich von der Natur und Art des höchsten Wesens. Eine Quelle, aus welcher auch Plato trank und Seneca schöpfte.

Demut

Die Fußwaschung

Johannes 13, 1—17

Vor dem Passafest aber, als Jesus wußte, daß seine Stunde gekommen sei, aus dieser Welt zum Vater zu gehen, erwies er den Seinigen in der Welt, wie er sie bisher geliebt hatte, seine Liebe bis zum Ende. Und während eines Mahles, als der Teufel in seinem Herzen schon den Plan gefaßt hatte, daß Judas Ischarioth, Simons Sohn, ihn verraten sollte, steht Jesus — er wußte ja, daß ihm der Vater alles in die Hände gegeben habe, und daß er von Gott ausgegangen sei und zu Gott hingehe — vom Mahle auf und legt die Kleider ab, nimmt ein leinenes Tuch und umgürtet sich. Darauf gießt er Wasser in das Becken und fängt an, den Jüngern die Füße zu waschen und mit dem leinenen Tuch abzutrocknen, mit dem er umgürtet war. Er kommt nun an Simon Petrus. Der sagt zu ihm: Herr, du willst mir die Füße waschen. Jesus antwortet und sagt zu ihm: Was ich tue, weißt du jetzt nicht, du wirst es aber nachher verstehen. Petrus sagt zu ihm: Nimmermehr sollst du mir die Füße waschen. Jesus antwortet ihm: Wenn ich dich nicht wasche, hast du keine Gemeinschaft mit mir. Simon Petrus sagt zu ihm: Herr, nicht meine Füße nur, sondern auch die Hände und das Haupt. Jesus sagt zu ihm: Wer gewaschen ist, bedarf weiter keiner Waschung, sondern er ist ganz rein. Und ihr seid rein, aber nicht alle. Denn er kannte seinen Verräter; deshalb sagte er: Ihr seid nicht alle rein.

Als er ihnen nun die Füße gewaschen und seine Kleider genommen und sich wieder zu Tische gesetzt hatte, sprach er zu ihnen: Versteht ihr, was ich euch getan habe? Ihr nennt mich Meister und Herr, und ihr sagt es mit Recht, denn ich bin es. Wenn nun ich der Herr und Meister euch die Füße gewaschen habe, ist es auch eure Pflicht, einander die Füße zu waschen. Denn ein Vorbild habe ich euch gegeben, damit auch ihr tut, wie ich euch getan habe. Wahrlich, wahrlich, ich sage euch: Ein Knecht ist nicht größer als sein Herr, noch ein Gesandter größer als der, welcher ihn gesandt hat. Wenn ihr dies wißt — selig seid ihr, wenn ihr es tut.

Wer sich selbst erniedrigt

Franziskus von Assisi

Einstmals weilte St. Franziskus in dem Kloster der Portiuncula mit Bruder Masseo von Marignano, der sehr heilig war und schön und verständig von Gott zu reden wußte; darum liebte ihn St. Franziskus sehr. Eines Tages nun kehrte St. Franziskus aus dem Walde zurück, wo er gebetet hatte, und gerade wie er aus dem Walde treten wollte, kam ihm Bruder Masseo entgegen; dieser wünschte nämlich zu erkunden, wie groß St. Franziski Demut war, und darum sprach er: „Warum dir, warum dir, warum dir?" St. Franziskus entgegnete: „Was willst du denn eigentlich sagen?" Bruder Masseo erwiderte: „Ich frage, warum alle Welt dir nachläuft und warum jedermann dich sehen will und auf dich horchen und dir gehorchen. Du bist kein schöner Mann; du bist nicht sehr gelehrt; du bist nicht edel. Was ist es denn, daß alle Welt dir nachläuft?" Wie das St. Franziskus hörte, ward er sehr froh im Gemüte, und er hob sein Antlitz gen Himmel und blieb lange unbeweglich stehen;

denn sein Geist war zu Gott erhoben. Als er aber wieder zu sich kam, warf er sich auf die Knie, pries und dankte Gott und wandte sich dann voller Inbrunst zu Bruder Masseo und sprach: „Willst du wissen, warum mir? Willst du wissen, warum mir? Willst du wissen, warum mir? Warum mir alle nachfolgen? Das hat mir der Blick des allmächtigen Gottes ersehen, der allerorten auf Guten und Bösen weilt: Denn seine heiligen Augen sahen unter den Sündern keinen, der elender war denn ich, keinen, der untüchtiger war denn ich, keinen, der ein größerer Sünder war denn ich; und um das wundersame Werk zu vollbringen, das er sich vorgenommen, fand er kein Geschöpf auf Erden, das armseliger war; darum hat er mich auserwählt, um die Welt zu beschämen mit ihrem Adel und ihrem Stolz und ihrer Stärke und ihrer Schönheit und ihrer Weisheit; auf daß da kund werde, daß alle Kraft und alles Gute von ihm ausgehe und nicht von der Kreatur, und niemand sich vor seinem Angesicht rühme; wer sich aber rühmt, rühme sich in dem Herren, dessen alle Ehre ist und alle Herrlichkeit in Ewigkeit." Da erschrak Bruder Masseo über diese Antwort, die so demütig war und mit soviel Inbrunst gesprochen. Und nun erkannte er gewiß, daß St. Franziskus unerschütterlich in Demut war.

Das Eingeständnis

Leo Tolstoi

Ich sterbe vor Scham, ich bin schuldig, ich verdiene Verachtung... und trotzdem, vergleicht mein ehemaliges Leben mit meinem jetzigen! Dann werdet ihr sehen, daß ich nach dem göttlichen Gesetz zu leben trachte. Ich habe nicht den tausendsten Teil von dem getan, was not tut, und ich schäme mich dessen, aber ich habe es nicht unterlassen, weil ich es nicht gewollt, sondern weil ich es nicht gekonnt habe... Klagt mich an, aber klagt den Weg nicht an, dem ich folge. Wenn ich die Straße kenne, die mich nach Hause führt, und wenn ich ihr taumelnd wie ein Trunkener folge, ist damit gesagt, daß die Straße schlecht ist? Oder zeigt mir eine andere, oder stützt mich auf der richtigen Straße, so wie ich willens bin, euch zu stützen. Aber stoßt mich nicht von euch, ergötzt euch nicht an meiner Verzweiflung, ruft nicht voller Begeisterung aus: „Seht! Er sagt, daß er nach Hause geht und fällt in den Morast!" Nein, ergötzt euch nicht, sondern helft mir, stützt mich!... Helft mir! Mein Herz blutet aus Verzweiflung darüber, daß wir uns alle verirrt haben; und wenn ich mich aus allen Kräften bemühe, um mich herauszufinden, deutet ihr, statt Mitleid mit mir zu haben, mit dem Finger auf mich und ruft: „Seht, er fällt mit uns in den Morast!"

Sanftmut

Das sanfte Gesetz

Adalbert Stifter

So wie es in der äußeren Natur ist, so ist es auch in der inneren, in der des menschlichen Geschlechtes. Ein ganzes Leben voll Gerechtigkeit, Einfachheit, Bezwingung seiner selbst, Verstandesgemäßigkeit, Wirksamkeit in seinem Kreise, Bewunderung des Schönen, verbunden mit einem heiteren, gelassenen Sterben, halte ich für groß: mächtige Bewegungen des Gemütes, furchtbar einherrollender Zorn, die Begier nach Rache, den entzündeten Geist, der nach Tätigkeit strebt, umreißt, ändert, zerstört und in der Erregung oft das eigene Leben hinwirft, halte ich nicht für größer, sondern für kleiner, da diese Dinge so gut nur Hervorbringungen einzelner und einseitiger Kräfte sind, wie Stürme, feuerspeiende Berge, Erdbeben. Wir wollen das sanfte Gesetz zu erblicken suchen, wodurch das menschliche Geschlecht geleitet wird. Es gibt Kräfte, die nach dem Bestehen des einzelnen zielen. Sie nehmen alles und verwenden es, was zum Bestehen und zum Entwickeln desselben notwendig ist. Sie sichern den Bestand des einen und dadurch den aller. Wenn aber jemand jedes Ding unbedingt an sich reißt, was sein Wesen braucht, wenn er die Bedingungen des Daseins eines andern zerstört, so ergrimmt etwas Höheres in uns, wir helfen dem Schwachen und Unterdrückten, wir stellen den Stand wieder her, daß er ein Mensch neben dem andern bestehe und seine menschliche Bahn gehen könne, und wenn wir das getan haben, so fühlen wir uns befriedigt, wir fühlen uns noch viel höher und inniger, als wir uns als einzelne fühlen, wir fühlen uns als ganze Menschheit. Es gibt daher Kräfte, die nach dem Bestehen der gesamten Menschheit hinwirken, die durch die Einzelkräfte nicht beschränkt werden dürfen, ja im Gegenteil beschränkend auf sie selber einwirken. Es ist das Gesetz dieser Kräfte, das Gesetz der Gerechtigkeit, das Gesetz der Sitte, das Gesetz, das will, daß jeder geachtet, geehrt, ungefährdet neben dem anderen bestehe, daß er seine höhere menschliche Laufbahn gehen könne, sich Liebe und Bewunderung seiner Mitmenschen erwerbe, daß er als Kleinod gehütet werde, wie jeder Mensch ein Kleinod für alle anderen Menschen ist. Dieses Gesetz liegt überall, wo Menschen neben Menschen wohnen, und es zeigt sich, wenn Menschen gegen Menschen wirken. Es liegt in der Liebe der Ehegatten zu einander, in der Liebe der Eltern zu den Kindern, der Kinder zu den Eltern, in der Liebe der Geschwister, der Freunde zu einander, in der süßen Neigung beider Geschlechter, in der Arbeitsamkeit, wodurch wir erhalten werden, in der Tätigkeit, wodurch man für seinen Kreis, für die Ferne, für die Menschheit wirkt, und endlich in der Ordnung und Gestalt, womit ganze Gesellschaften und Staaten ihr Dasein umgeben und zum Abschlusse bringen. Darum haben alte und neue Dichter vielfach diese Gegenstände benützt, um ihre Dichtungen dem Mitgefühl naher und ferner Geschlechter anheimzugeben. Darum sieht der Menschenforscher, wohin er seinen Fuß setzt, überall nur dieses Gesetz allein, weil es das einzige Allgemeine, das einzige Erhaltende und nie Endende ist. Er sieht es ebensogut in der niedersten Hütte wie in dem höchsten Palaste, er sieht es in der Hingabe eines armen Weibes und in der ruhigen Todesverachtung des Helden für das Vaterland und die Menschheit. Es hat Bewegungen in dem menschlichen Geschlechte gegeben, wodurch den Gemütern eine Richtung nach einem Ziele hin eingeprägt worden ist, wodurch ganze Zeiträume auf die Dauer eine andere Gestalt gewonnen haben. Wenn in diesen Bewegungen das Gesetz der Gerechtigkeit und Sitte erkennbar ist, wenn sie von demselben eingeleitet und fortgeführt worden sind, so fühlen wir uns in der ganzen Menschheit erhoben, wir fühlen uns menschlich verallgemeinert, wir empfinden das Erhabene, wie es sich überall in die Seele senkt, wo durch unmeßbar große Kräfte in der Zeit oder im Raume auf ein gestaltvolles vernunftgemäßes Ganzes zusammengewirkt wird. Wenn aber in diesen Bewegungen das Gesetz des Rechtes und der Sitte nicht ersichtlich ist, wenn sie nach Einseitigem und Selbstsüchtigem ringen, dann wendet sich der Menschenforscher, wie gewaltig und furchtbar sie auch sein mögen, mit Ekel von ihnen ab und betrachtet sie als ein Kleines, als ein des Menschen Unwürdiges. So groß ist die Gewalt dieses Rechts- und Sittengesetzes, daß es überall, wo es immer bekämpft worden ist, doch endlich allezeit siegreich und herrlich aus dem Kampfe hervorgegangen ist. Ja wenn sogar der einzelne oder ganze Geschlechter für Recht und Sitte untergegangen sind, so fühlen wir sie nicht als besiegt, wir fühlen sie als triumphierend, in unser Mitleid mischt sich ein Jauchzen und Entzücken, weil das Ganze höher steht als der Teil, weil das Gute größer ist als der Tod, wir sagen da, wir empfinden das Tragische und werden mit Schauern in den reineren Äther des Sittengesetzes emporgehoben. Wenn wir die Menschheit in der Geschichte wie einen ruhigen Silberstrom einem großen ewigen Ziele entgegengehen sehen, so empfinden wir das Erhabene, das vorzugsweise Epische. Aber wie gewaltig und in großen Zügen auch das Tragische und Epische wirken, wie ausgezeichnete Hebel sie auch in der Kunst sind, so sind es hauptsächlich doch immer die gewöhnlichen, alltäglichen, in Unzahl wiederkehrenden Handlungen der Menschen, in denen dieses Gesetz am sichersten als Schwerpunkt liegt, weil diese Handlungen die dauernden, die gründenden sind, gleichsam die Millionen Wurzelfasern des Baumes des Lebens. So wie in der Natur die allgemeinen Gesetze still und unaufhörlich wirken, und das Auffällige nur eine einzelne Äußerung dieser Gesetze ist, so wirkt das Sittengesetz still und seelenbelebend durch den unendlichen Verkehr der Menschen mit

Menschen, und die Wunder des Augenblickes bei vorgefallenen Taten sind nur kleine Merkmale dieser allgemeinen Kraft. So ist dieses Gesetz, so wie das der Natur das welterhaltende ist, das menschenerhaltende.

Geduld

Ein Geduldiger ist mehr wert denn ein Starker

Franz von Sales

„Ihr bedürft der Geduld", sagt der Apostel, „damit ihr durch Erfüllung des göttlichen Willens die Verheißung empfangt." Und Christus sagt: „In Geduld werdet ihr eure Seele besitzen."

O Philothea, erfasse es! Der Besitz unserer Seele ist das große Glück des Menschen. Je vollkommener aber unsere Geduld ist, um so vollkommener besitzen wir auch unsere Seele. Bedenke auch oft und oft, daß das Leben und Leiden des Heilandes nichts anderes war als Geduld, als Dulden. Unsere Aufgabe ist ähnlich der seinigen: in Leiden und Trübsal müssen wir unser Heil wirken. Was heißt das anderes als: Beleidigungen, Widersprüche und alles Unangenehme mit möglicher Sanftmut ertragen?

Deine Geduld beschränke sich aber nicht auf einzelne Leiden und Kränkungen, sondern erstrecke sich auf alles Widerwärtige, das Gott dir sendet. Es gibt Menschen, die nur das ertragen wollen, was ihnen zur Ehre gereicht, z. B. in einer Schlacht verwundet werden, in Gefangenschaft geraten, um des Glaubens willen Mißhandlungen erleiden, durch einen Rechtshandel verarmen, den sie gewonnen hätten. Wie ihr euch selbst belügt! Ihr liebt nicht die Trübsal, sondern die Ehre, die daraus entspringt. Der echte Diener und Dulder Gottes aber erträgt jede Drangsal mit Gleichmut, mag Ehre oder Schmach damit verknüpft sein. Von bösen Menschen verachtet, getadelt oder angeklagt zu werden, ist eine Art Befriedigung für einen charaktervollen Menschen; aber von guten Menschen, von Freunden und Verwandten Tadel, Anklagen oder Mißhandlungen zu ertragen, dazu gehört standhafte Geduld.

Ich schätze daher die Sanftmut, mit welcher der heilige Karl Borromäus lange Zeit die Schmähungen erduldete, die ein berühmter Prediger öffentlich von der Kanzel wider ihn sprach, weit höher als die Geduld seinen übrigen Feinden gegenüber. Hast du es noch nicht empfunden, daß Bienenstiche weit schmerzlicher sind als Mückenstiche? So kränken uns auch die Beleidigungen und Widersprüche guter Menschen weit mehr als die der Bösen. — Wie bedauerlich ist es auch, wenn zwei Menschen, von denen jeder gut und ehrenhaft ist, wegen einer vielleicht belanglosen Meinungsverschiedenheit sich verfeinden!

Unsere Geduld muß sich auf alles ausdehnen, was mit unserer Drangsal zusammenhängt. Manche möchten gerne leiden, aber sie scheuen die Unbequemlichkeit, die damit verbunden ist. „Ich würde die Armut gerne ertragen", sagt der eine, „wenn sie mich nicht hinderte, meinen Freunden Gutes zu tun, meine Kinder zu erziehen und anständig zu leben." Ein anderer: „Ich ertrüge dieses Unglück gern, wenn nur die Welt nicht dächte, daß ich es selbst verschuldet habe!" Und ein Dritter wollte eine Ehrenerkränkung gern hinnehmen, wenn der Verleumder nur keinen Glauben fände.

Andere möchten wohl gern einen Teil des Übels tragen, aber

ja nicht das Übel in seiner Ganzheit. Nicht die Krankheit, sagen sie, bedrücke sie, sondern der Gedanke, daß sie anderen damit zur Last fallen, oder daß sie nicht die nötigen Mittel zur Erholung haben usw.
Ich sage dir, Philothea, wir müssen nicht nur in der Krankheit überhaupt, sondern in der Krankheit, die Gott will, an dem Ort, wo er will, unter den Verhältnissen, unter welchen er will, und mit allen Unbequemlichkeiten, die er will, geduldig sein. Dasselbe gilt auch von allen anderen Widerwärtigkeiten.

Friede

Die Friedfertigen

Johannes vom Kreuz

Wer seine Sinne, diese Pforten der Seele, behütet, ist wohl bewacht und vermehrt seinen Frieden und seine Reinheit.
Nie wird der Mensch den Frieden der Seele verlieren, wenn er seine Erkenntnisse von sich weist, von seinen eigenen Gedanken sich losmacht und darauf verzichtet, etwas zu sehen, zu hören oder mit andern zu verkehren, soweit er es, ohne den Anstand zu verletzen, vermag.
Hat man alle erschaffenen Dinge aus dem Gedächtnis verloren, dann wird nichts mehr den Frieden stören, nichts mehr die Gelüste in Aufregung bringen, so daß sie Verwirrung in die Seele hineintragen. Denn ein Sprichwort sagt: Was das Auge nicht sieht, darnach hat das Herz kein Verlangen.
Eine unruhige und verwirrte Seele, die bei der Ertötung

ihrer Begierden und Leidenschaften nicht mit Entschiedenheit zu Werke geht, ist infolge dieser Verfassung nicht empfänglich für ein geistiges Gut; damit wird nur eine Seele begnadigt, deren Inneres wohlgeordnet und im Frieden gefestigt ist.

Suche dein Herz im Frieden zu erhalten, so daß kein Vorkommnis dieser Welt Verwirrung in dasselbe hineinträgt. Bedenke, daß alles hier auf Erden ein Ende nimmt!

In allen Vorfällen, so unangenehm sie auch sein mögen, sollen wir uns eher freuen als betrüben; denn sonst laufen wir Gefahr, ein weit größeres Gut zu verlieren, nämlich den Frieden und die Ruhe der Seele.

Ginge auch alles zugrunde und würde jede Hoffnung vereitelt, so wäre es doch töricht, sich verwirren zu lassen; denn diese Verwirrung würde uns eher schaden als nützen. Erträgt die Seele alles mit ruhiger Gelassenheit, so gelangt sie nicht nur in den Besitz vieler Güter, sie erwirbt sich auch diese Fähigkeit, viel vernünftiger über diese Widerwärtigkeiten zu urteilen und das entsprechende Heilmittel dagegen in Anwendung zu bringen.

Der Himmel ist unveränderlich und keiner Neuschöpfung unterworfen. So ist es auch mit den Auserwählten; sie sind infolge ihrer himmlischen Natur unveränderlich und kennen keine Regung ihres Begehrens oder irgendeine andere Unordnung; sie gleichen in dieser Beziehung Gott, der in alle Ewigkeit derselbe bleibt.

Heiligkeit

Moderne Heiligkeit

Carl Hilty

Heiligkeit ist also nichts anderes als ein so erheblicher Grad dieser Liebe zu Gott, die übrigens einer unendlichen Steigerung über dieses Leben hinaus fähig ist, daß dieses Gefühl jedes andere in dem Menschen überwiegt. Moderne Heiligkeit ist diese Liebe, unabhängig von den Formen vergangener Zeiten, soweit möglich unabhängig sogar von Form überhaupt. Aber nicht mit Widerwillen und Auflehnung gegen dieselbe, sondern mit Einsicht, daß diese Formen als Ausdruck der Liebe ganzer Generationen ehrwürdig sind und bis auf einen gewissen Grad stets bestehen werden. Erst in einer künftigen Welt wird kein Tempel mehr sein, sagt die Offenbarung 21, 22.

So sind übrigens alle vollkommenen Heiligen stets gesinnt gewesen. Die stürmischen Reformatoren des Glaubens und Gottesdienstes, welche die Aufgabe hatten, tote Formen aus dem Wege zu räumen, gehörten nicht in diese Kategorie und sind sich dessen wahrscheinlich selbst bewußt gewesen.

Freiheit

Von der Freiheit eines Christenmenschen

Martin Luther

Zum ersten, daß wir gründlich erkennen mögen, was ein Christenmensch sei, und wie es getan sei um die Freiheit, die ihm Christus erworben und gegeben hat, wovon Paulus viel schreibt, will ich diese zwei Beschlüsse setzen:

Ein Christenmensch ist ein freier Herr über alle Dinge und niemandem untertan.

Ein Christenmensch ist ein dienstbarer Knecht aller Dinge und jedermann untertan.

Diese zwei Beschlüsse erklären sich aus Paulus: Ich bin frei in allen Dingen und habe mich zu einem Knecht für jedermann gemacht. Ferner: Ihr sollt niemandem etwas verpflichtet sein, denn daß ihr euch untereinander liebet. Liebe aber ist dienstbar und untertan dem, das sie lieb hat. Also auch von Christo: Gott hat seinen Sohn ausgesandt, von einem Weib geboren und dem Gesetz untertan gemacht.

Um diese zwei gegenständigen Reden von der Freiheit und Dienstbarkeit nochmals vorzunehmen, sollen wir gedenken, daß ein jeglicher Christenmensch zweierlei Natur ist, geistlicher und leiblicher. Nach der Seele wird ein geistlicher, neu-innerlicher Mensch genannt; nach dem Fleisch und Blut wird er ein leiblicher, alt-äußerlicher Mensch genannt. Und um dieses Unterschiedes willen wird von ihm in der Schrift gesagt, was so gegensätzlich ist, wie das, was ich soeben von der Freiheit und Dienstbarkeit sagte.

So wollen wir für uns den inwendigen geistlichen Menschen

nehmen, um zu sehen, was dazu gehöre, daß er ein frommer, freier Christenmensch sei und heiße. So wird es offenbar, daß kein äußerliches Ding ihn frei, noch fromm machen kann, wie immer es mag genannt werden. Denn seine Frömmigkeit und Freiheit, wie auch seine Bosheit und sein Gefängnis sind weder leiblich noch äußerlich. Was hilft es den Seelen, wenn der Leib ungefangen, frisch und gesund ist, ißt, trinkt, lebt, wie er will? Was schadet das den Seelen, wenn der Leib gefangen, krank und matt ist, hungert, dürstet und leidet, wie er nicht gerne will? Diese Dinge reichen nicht bis an die Seelen, um sie zu befreien oder fangen, sie fromm oder böse zu machen.

Also hilft es der Seele nichts, ob der Leib heilige Kleider anzieht, wie die Priester und Geistlichen es tun; auch nicht, ob er in den Kirchen und heiligen Stätten sei, auch nicht, ob er mit heiligen Dingen umgehe, auch nicht, ob er leiblich bete, faste, walle und alle guten Werke tue, die durch und in dem Leib geschehen mögen ewiglich. Es muß alles noch etwas anderes sein, das den Seelen Frömmigkeit und Freiheit bringe und gebe. Denn alle diese obgenannten Dinge, Werke und Weisen kann auch ein böser Mensch an sich haben und üben, ein Gleißner und Heuchler. Auch kann durch ein solches Wesen kein Volk anders werden als gleißnerisch. Anderseits schadet es den Seelen nichts, wenn der Leib auch unheilige Kleider trägt, an unheiligen Orten ist, ißt, trinkt, nicht wallet und nicht betet und alle die Werke sein läßt, die die obgenannten Gleißner tun.

Christliche Freiheit

Johann Georg Hamann

Ein natürlicher Hang zur Freiheit ist mir gewissermaßen... natürlich...; ich liebe also auch in dieser Hinsicht das Christentum als eine Lehre, die meinen Leidenschaften angemessen ist, die nicht eine Salzsäule, sondern einen neuen Menschen verlangt und verspricht. Wo der Geist Gottes ist, da ist Freiheit. Und die Wahrheit macht uns frei. Die Gerechtigkeit in Christo ist kein Schnürleib, sondern ein Harnisch, an den sich ein Streiter, wie ein Mäcenas an seine lose Tracht, gewöhnt.

Stationen auf dem Wege zur Freiheit

Dietrich Bonhoeffer

Zucht

Ziehst du aus, die Freiheit zu suchen, so lerne vor allem, Zucht der Sinne und deiner Seele, daß die Begierden und deine Glieder dich nicht bald hierhin, bald dorthin führen. Keusch sei dein Geist und dein Leib, gänzlich dir selbst unterworfen und gehorsam, das Ziel zu suchen, das ihm gesetzt ist. Niemand erfährt das Geheimnis der Freiheit, es sei denn durch Zucht.

Tat

Nicht das Beliebige, sondern das Rechte tun und wagen, nicht im Möglichen schweben, das Wirkliche tapfer ergreifen, nicht in der Flucht der Gedanken, allein in der Tat ist die Freiheit.

Tritt aus ängstlichem Zögern heraus in den Sturm des Geschehens, nur von Gottes Gebot und deinem Glauben getragen, und die Freiheit wird deinen Geist jauchzend empfangen.

Leiden

Wunderbare Verwandlung. Die starken, tätigen Hände sind dir gebunden. Ohnmächtig, einsam siehst du das Ende deiner Tat. Doch atmest du auf und legst das Rechte still und getrost in stärkere Hand und gibst dich zufrieden. Nur einen Augenblick berührtest du selig die Freiheit, dann übergabst du sie Gott, damit er sie herrlich vollende.

Tod

Komm nun, höchstes Fest auf dem Wege zur ewigen Freiheit, Tod, leg nieder beschwerliche Ketten und Martern unseres vergänglichen Leibes und unserer verblendeten Seele, daß wir endlich erblicken, was hier uns zu sehen mißgönnt ist. Freiheit, dich suchten wir lange in Zucht und in Tat und in Leiden. Sterbend erkennen wir nun im Angesicht Gottes dich selbst.

Freiheit in Ketten

Alfred Delp

In diesen Wochen der Gebundenheit habe ich dies erkannt, daß die Menschen immer dann verloren sind und dem Gesetz ihrer Umwelt, ihrer Verhältnisse, ihrer Vergewaltigungen verfallen, wenn sie nicht einer großen inneren Weite und Freiheit fähig sind. Wer nicht in einer Atmos-

phäre der Freiheit zu Hause ist, die unantastbar und unberührbar bleibt, allen äußeren Mächten und Zuständen zum Trotz, der ist verloren.
Dieser Freiheit wird der Mensch nur teilhaft, wenn er seine eigenen Grenzen überschreitet. Die Geburtsstunde der menschlichen Freiheit ist die Stunde der Begegnung mit Gott. Übermacht von Not und Leid, ob er ihn aus sich herauslockt durch die Bilder der Schönheit und Wahrheit, ob er ihn aus sich selbst herausquält durch die unendliche Sehnsucht, durch den Hunger und Durst nach Gerechtigkeit, das ist ja eigentlich gleichgültig. Wenn der Mensch nur gerufen wird und wenn er sich nur rufen läßt!
Das allgemeine Schicksal, meine persönliche Lage, die Entscheidung der nächsten Tage, die Botschaft des Festes: alles sammelt sich in das Eine: Mensch, laß dich los zu deinem Gott hin, und du wirst dich selbst wieder haben. Jetzt haben dich andere, sie quälen dich und erschrecken dich und jagen dich von einer Not in die andere. Das ist dann die Freiheit, die singt: ... uns kann kein Tod nicht töten. Das ist dann das Leben, das da ausfährt in die grenzenlose Weite. Adoro und suscipe: ihr Urworte des Lebens, ihr geraden und steilen Wege zu Gott, ihr Tore in die Fülle, ihr Wege des Menschen zu sich.

Weisheit

Das wissende Nichtwissen

Nikolaus von Cues

Es ist unmöglich, daß der Affekt in Bewegung gesetzt wird, außer durch die Liebe. Und alles, was geliebt wird, kann nur als Gut geliebt werden. Niemand aber ist gut außer Gott, wie die Wahrheit selbst sagt. Und ferner: Alles, was als Gut geliebt oder erwählt wird, wird nicht ohne alle Erkenntnis des Guten geliebt, weil es ja als gut eingeschätzt und so geliebt wird. Es ist also in jeder solchen Liebe, durch die jemand in Gott geführt wird, irgendeine Erkenntnis, wenn er auch nicht weiß, was das ist, was er liebt. Es ist also ein Zusammentreffen von Wissen und Nichtwissen, oder ein wissendes Nichtwissen. Denn wenn man nicht wüßte, was ein Gut ist, würde man nicht das Gute lieben; aber doch weiß der, der es liebt, nicht eigentlich, was dieses Gut ist. Die Liebe zu einem Gut zeigt nämlich dieses Gut als noch nicht wahrgenommen. Die Bewegung des Gemütes, das ist eben die Liebe, würde aufhören, wenn sie ihr Ziel erreicht hätte. Der gottliebende Geist bleibt immer in Bewegung, damit er mehr erreiche; und weil Gott ein unendliches Gut ist, läßt der Geist niemals ab von seiner Bewegung. Der liebende Geist kann also nicht aufhören, weil die Liebenswürdigkeit des Geliebten unerreichbar ist. Der Liebende wird also nicht ohne jede Erkenntnis entrückt, und diese Erkenntnis schöpft er aus seinem Anhangen an Gott, wie der Prophet spricht: „Es hanget meine Seele an dir.“ Das Evangelium lehrt, Gott in dieser Welt durch den Glauben zu erreichen, und deshalb gibt es keine Gottesliebe, die den Liebenden in Gott entrücke, außer wenn an Christus geglaubt wird, der das offenbarte, was er beim Vater sah, nämlich, daß es ein unsterbliches Leben gibt, zu dem wir gelangen können durch das Anhangen an das göttliche Leben in unserer Menschennatur — im Sohne Gottes, dem Menschensohn.

Dieser Glaube nämlich, daß der Mensch so zur Gottheit gelangen könne, ist in dieser Welt die höchste Wissenschaft, die jede Wissenschaft dieser Welt übertrifft. Und die Welt wird durch diesen Glauben überwunden: „Dies ist der Sieg, welcher die Welt besiegt, unser Glaube." Und da die Einfältigen durch das Wort zum Glauben geführt werden können, werden sie in dieser höchsten Wissenschaft dieser Welt, in der sie Gott glauben, entrückt in die Freundschaft Gottes. „Die Ungelehrten erheben sich und werden entrückt." Dies ist die Offenbarung, die sehr vielen zuteil wird, aber vor den Weisen dieser Welt verborgen wird, die nur das lieben, was sie in ihrer Weisheit erfassen, und die göttliche Weisheit verachten, d. h. Gott nicht glauben. Die Gläubigen also kommen zur Erfahrung dessen, was sie glauben, wie der heilige Johannes der Täufer sagt: „Wer das Zeugnis Christi angenommen hat, der hat besiegelt, daß Gott wahrhaftig ist." Und der Evangelist Johannes sagt: „Allen aber, die ihn aufnahmen, gab er die Macht, Kinder Gottes zu werden." Und deshalb gelangen die Weisen dieser Welt nicht zu Gott, der das Leben ist, wie der Täufer sagt: „Wer an den Sohn glaubt, hat das Leben; wer aber dem Sohne nicht glaubt, wird das Leben nicht sehen."

Darum ist zu jeglicher Schauung notwendigerweise der Glaube erforderlich; Glaubenserfahrung aber gewinnen wir in der Beobachtung der Gebote. Wenn wir also einen einfältigen Mann finden, der eifrig die Gebote Gottes beobachtet und ein gläubiger Christ ist, so glauben wir, daß er wie Paulus in Schauung entrückt werden kann. Freilich, in der Entrückung täuschen sich viele, die an Bildern festhalten und Phantasie als Wahrheit nehmen. Die Wahrheit jedoch ist Objekt des Intellektes und wird nur unsichtbar geschaut. Davon wäre vieles zu sagen, und es wäre wohl niemals genügend erklärt.

Was ist der Mensch, daß Du seiner gedenkst?

DES MENSCHEN ELEND UND GRÖSSE

Das Gleichnis vom verlorenen Sohn

Lukas 15, 11—32

Er sprach aber: Ein Mann hatte zwei Söhne. Und der jüngere von ihnen sagte zum Vater: Vater, gib mir den Teil des Vermögens, der mir zukommt. Der aber verteilte seine Habe unter sie. Und nicht viele Tage darnach nahm der jüngere Sohn alles mit sich und zog hinweg in ein fernes Land, und dort vergeudete er sein Vermögen durch ein zügelloses Leben. Nachdem er aber alles durchgebracht hatte, kam eine gewaltige Hungersnot über jenes Land, und er fing an, Mangel zu leiden. Und er ging hin und hängte sich an einen der Bürger jenes Landes; der schickte ihn auf seine Felder, Schweine zu hüten. Und er begehrte, seinen Bauch mit den Schoten zu füllen, die die Schweine fraßen; und niemand gab sie ihm. Da ging er in sich und sprach: Wie viele Taglöhner meines Vaters haben Brot im Überfluß, ich aber komme hier vor Hunger um. Ich will mich aufmachen und zu meinem Vater gehen und zu ihm sagen: Vater, ich habe gesündigt gegen den Himmel und vor dir; ich bin nicht mehr wert, dein Sohn zu heißen; stelle mich wie einen deiner Tagelöhner. Und er machte sich auf und ging zu seinem Vater. Als er aber noch fern war, sah ihn sein Vater und fühlte Erbarmen, lief hin, fiel ihm

um den Hals und küßte ihn. Der Sohn aber sprach zu ihm: Vater, ich habe gesündigt gegen den Himmel und vor dir, ich bin nicht mehr wert, dein Sohn zu heißen. Doch der Vater sagte zu seinen Knechten: Bringet schnell das beste Kleid heraus und ziehet es ihm an und gebet ihm einen Ring an die Hand und Schuhe an die Füße und holet das gemästete Kalb, schlachtet es und lasset uns essen und fröhlich sein. Denn dieser mein Sohn war tot und ist wieder lebendig geworden, er war verloren und ist wieder gefunden worden. Und sie fingen an fröhlich zu sein.
Sein älterer Sohn aber war auf dem Felde, und als er kam und sich dem Hause näherte, hörte er Musik und Reigentanz. Und er rief einen der Knechte herbei und erkundigte sich, was das sei. Der aber sagte ihm: Dein Bruder ist gekommen, und dein Vater hat das gemästete Kalb geschlachtet, weil er ihn gesund erhalten hat. Da wurde er zornig und wollte nicht hineingehen. Doch sein Vater kam heraus und redete ihm zu. Er aber antwortete und sagte zum Vater: Siehe, so viele Jahre diene ich dir und habe nie ein Gebot von dir übertreten, und mir hast du nie einen Bock gegeben, damit ich mit meinen Freunden fröhlich wäre. Nun aber dieser dein Sohn gekommen ist, der deine Habe mit Dirnen aufgezehrt hat, hast du ihm das gemästete Kalb geschlachtet. Da sagte er zu ihm: Kind, du bist allezeit bei mir, und alles, was mein ist, ist dein. Du solltest aber fröhlich sein und dich freuen: denn dieser dein Bruder war tot und ist lebendig geworden und war verloren und ist wiedergefunden worden.

Qual des Menschen

Blaise Pascal

Die Hauptstärke des Skeptizismus — das Unwichtige lasse ich fort — liegt darin, daß es keinerlei Gewißheit, den Glauben und die Offenbarung ausgenommen, für die Wahrheit der Grundlagen gibt, soweit wir sie nicht natürlich in uns fühlen. Das natürliche Gefühl aber ist kein überzeugender Beweis für die Wahrheit; denn, abgesehen vom Glauben, gibt es keinerlei Gewißheit, ob der Mensch von einem guten Gott, von einem bösen Dämon oder vom Zufall geschaffen wurde, und deshalb sind wir je nach dem, welches Herkommen wir annehmen, im Zweifel, ob die Grundlagen gestiftet, ob sie wahr oder falsch oder ungewiß seien. Und das um so mehr, als niemand, außerhalb des Glaubens, Sicherheit hat, ob er wacht oder schläft, da man weiß, daß man während des Schlafens ebenso fest zu wachen meint, wie wir es tun, wenn wir wach sind. Man glaubt Raum, Gestalten, Bewegung zu sehen, man spürt die Zeit verfließen und man mißt sie, und endlich handelt man, wie man im Wachen handelt; so daß, wenn man die Hälfte des Lebens im Schlaf verbringt, wo wir nach eigenem Eingeständnis trotz allem gegenteiligen Anschein keinerlei Vorstellung von der Wahrheit haben, da hier all unsere Empfindungen Täuschung sind, niemand wissen kann, ob die andere Hälfte des Lebens, wenn wir zu wachen meinen, nicht nur ein etwas von dem anderen verschiedener Schlummer sei, von dem wir erwachen, wenn wir zu schlafen meinen.

(Und kann man zweifeln, daß, wenn man sich Gesellschaft erträumte, und die Träume sich zufällig dem, was häufig geschieht, anpassen, man alles auf den Kopf gestellt glauben wird, wenn man beim Erwachen einsam ist? Und ist das Leben nicht selbst nur ein Traum, da man oft träumt, daß man träumt und einen Traum auf den anderen baut, nur ein Traum, in den die andern gebunden sind, aus dem wir im Tode erwachen; ein Traum, in dem wir so wenig Kenntnis über die Grundlagen des Wahren und Guten haben, wie während des natürlichen Schlafes: sind diese vielfältigen Gedanken, die uns hier beschäftigen, vielleicht nur Täuschung, ähnlich dem Entfließen der Zeit und den vagen Bildern unserer Träume?)

Das sind die wichtigsten Argumente dieser und jener Seite. Die unwichtigeren lasse ich fort, zum Beispiel, was die Skeptiker über die Bedeutung der Gewohnheit, der Erziehung, der Sitten des Landes zu sagen haben und ähnliches; Lehren, denen gewiß die Mehrzahl der Menschen anhängen, die nichts tun als diese brüchigen Grundlagen zu dogmatisieren, die aber dem geringsten skeptischen Anhauch nicht standhalten können. Man braucht nur ihre Bücher einzusehen; wenn man noch nicht genug überzeugt ist, so wird man es bald sein und vielleicht zu sehr.

Ich wende mich der einzigen Feste der Dogmatiker zu, die darin besteht, daß man, wenn man ehrlich und aufrichtig spricht, nicht an den natürlichen Grundlagen zweifeln kann. Dagegen setzen die Skeptiker in einem Wort die Ungewißheit unseres Ursprungs, die die unserer Natur einschließt, worauf die Dogmatiker, solange die Welt steht, zu erwidern haben.

Damit ist der Krieg zwischen den Menschen ausgebrochen, in ihm muß jeder Partei nehmen und sich notwendig einreihen, sei es bei den Dogmatikern, sei es bei den Skeptikern. Denn wer meint, er könne neutral bleiben, der ist

Skeptiker par excellence; diese Neutralität ist das Wesen der Verschwörung, wer nicht ihr Gegner ist, der ist ausdrücklich für sie (worin ihr Vorteil besteht). Die Neutralen sind nicht heraus; sie sind neutral, unbeteiligt, sie bleiben in allem in der Schwebe, ohne sich auszunehmen.

Was wird der Mensch in solcher Lage tun? Wird er an allem zweifeln? Zweifeln, ob er wacht, ob man ihn sticht, ob man ihn brennt? Wird er zweifeln, ob er zweifelt; wird er zweifeln, daß er lebt? So weit kann man nicht gehen, und ich stehe nicht an zu behaupten, daß es nie einen wirklichen und vollkommenen Skeptiker gegeben habe. Die Natur hilft der Unfähigkeit der Vernunft und hindert sie, sich so weit zu verirren.

Kann man dann im Gegenteil sagen, der Mensch besäße die Wahrheit gewiß, er, der, sobald man ihn anrührt, die Beute fahren lassen muß und keinerlei Rechtstitel vorweisen kann?

Was für ein Hirngespinst ist dann der Mensch? Welche Neuerung, was für ein Unbild, welche Wirrnis, was für ein Ding des Widerspruchs, was für ein Wunder! Beurteiler von allem, törichter Erdenwurm, Verwalter der Wahrheit, Schlammfang der Ungewißheit und der Irrheit, Ruhm und Auswurf des Universums. Wer könnte diese Verwirrung entwirren? Die Natur verwirrt die Skeptiker, und die Vernunft verwirrt die Dogmatiker. Was soll aus euch Menschen werden, die ihr durch eure natürliche Einsicht erkennen wollt, was eure wirkliche Seinslage ist?

Erkennet, Hochmütige, was für ein Widerspruch ihr euch selbst seid. Demütige dich, mächtige Vernunft, schweige still, törichte Natur, begreife: der Mensch übersteigt unendlich den Menschen, und lerne von deinem Herrn deine wirkliche Lage, von der du nichts weißt. Hört auf Gott.

Denn wäre der Mensch nicht verderbt, so würde er sich seiner Unschuld, der Wahrheit und Glückseligkeit in Gewißheit erfreuen; und wäre der Mensch seit je verderbt, würde er keine Vorstellung, weder von der Wahrheit noch von der Glückseligkeit haben. Aber so unglücklich sind wir, und unglücklicher selbst, als wenn es Größe in unserer Lage nie gegeben, daß wir eine Ahnung vom Glück haben und nicht dahin gelangen können, wir tragen ein Bild der Wahrheit in uns und besitzen nur Irrheit. Wir sind unfähig, wahrhaft nicht zu wissen und etwas gewiß zu wissen, so offensichtlich ist, daß wir an einer Vollkommenheit teilhatten, aus der wir zu unserm Unglück verstoßen sind.

Das Erstaunlichste indessen ist, daß das Geheimnis, das unser Begreifen am meisten übersteigt, das von der Vererbung der Sünde, ein Ding ist, ohne das wir keine Kenntnis von uns selbst haben können. Denn fraglos, nichts gibt es, was unsere Vernunft mehr empört als die Aussage, daß die Sünde des ersten Menschen alle die schuldig gemacht haben solle, die, da sie so entfernt von diesem Ursprung sind, unfähig zu sein scheinen, daran teilzuhaben. Diese Fortzeugung scheint uns nicht nur unmöglich, sondern im höchsten Maße sogar ungerecht, denn was könnte den Gesetzen unserer elenden Gerechtigkeit mehr widersprechen, als daß ein Kind, unfähig zur Willensäußerung, für eine Sünde ewig verdammt ist, an der es so wenig teilzuhaben scheint und die sechstausend Jahre vor seiner Geburt begangen wurde? Fraglos, nichts erregt heftigeren Anstoß, und indessen sind wir uns selbst ohne dies unverständlichste Mysterium unbegreifbar. In diesem Abgrund findet das Band unserer Lage Einschlag und Knoten, so daß der Mensch ohne dies Mysterium unbegreifbarer ist als dies Mysterium dem Menschen unbegreifbar ist. Woraus deutlich wird, daß Gott, da er die Schwierigkeit unseres Wesens für uns selbst unlösbar haben wollte, den Knoten so hoch, oder besser so tief verborgen hat, daß wir unfähig sein sollten, dahin zu gelangen, derart, daß wir nicht durch hochmütige Anstrengungen der Vernunft uns wahrhaft kennen können, sondern nur durch einfache Unterwerfung der Vernunft.

Die zerbrochene Krone

Matthias Claudius

Man ist nur einmal in der Welt und ist nicht darin, ihr nach dem Sinn zu reden und Häckerlinge zu schneiden. Es schafft nicht, daß der Mensch mit niedergeschlagenen Augen sitze und sich räuspere und seufze; er soll die Augen frei aufschlagen und frisch und fröhlich um sich sehen. Aber man kleinmeistert und lacht sich nicht durch die Welt, und die sind übel berichtet, die da glauben und lehren, daß die Menschen hier nichts anderes zu tun hätten, und daß sie hier so recht à leur aise wären.
Sehe doch einer nur an, wie sie in die Welt hereinkommen und wie sie wieder hinausgehen, wes Standes und Ehren sie sind! — Wer dazu lachen und sich das aus dem Sinn schlagen oder sich darüber mit den Kategorien usw. trösten kann, der mag ein Philosoph sein; aber ein vernünftiger Mensch ist er nicht.
Und auch zwischen dem Herein und Hinaus, selbst wenn es am besten geht, was ist denn der Mensch, und was hat er? — Er hat Himmel und Erde, Meer und Land, Berg und Tal, Sonne und Mond usw., und die sind groß und herrlich; aber recht beim Lichte besehen ist alles, was man sieht,

doch nur äußere Rinde und Kruste, schöne Kisten und Kasten mit Kleinodien, zwischen denen der Mensch herumgeht wie ein Knecht, vor dem der Herr sie verschlossen hat. Er fühlt wohl, daß es anders sein könnte; denn was sind seine kühnen Vermutungen und seine Träume über den inwendigen Zusammenhang und die verborgenen Triebfedern der Natur anders als Zeichen und Beweise seines Anrechts auf ihre Erkenntnis? — Aber sein Anrecht ist sequestriert, und er geht neben dem Born des Lichts hungrig und durstig nach Erkenntnis und muß es sich kalt und warm um die Nase wehen lassen und mit allen Elementen kämpfen, bis sie ihn wieder verschlungen haben. Man tröstet sich mit der innerlichen Größe des Menschen und gloriiert über das Hohe und Göttliche seines Verstandes und seiner Vernunft. Ja, wohl ist der Mensch groß und göttlich; aber gerade hier ist es, wo einem das Gloriieren vergeht, und die Tränen in die Augen treten, wenn man sieht und gewahr wird, daß das Große und Göttliche wider seine Natur in uns gehemmt ist; und es sollte walten. Der Weg, den der Mensch in dem, was Künste und Wissenschaften heißt, dazu einschlägt, ist lobenswert und edel; aber sie sind höchstens, wofür sie auch in alten Zeiten nur gegolten haben, ein Weg, und nicht das Ziel; und wer sie für das Ziel nimmt und darin hängen bleibt, der verkauft seine Erstgeburt um ein Linsengericht, der sattelt in der Wüste ab, um das Pferd zu bewundern und bewundern zu lassen, mit dem er weiter und ins gelobte Land reiten sollte, wo der Almosenpfleger wohnt.

Der ewige Kreis

Blaise Pascal

Das Elend des Menschen folgt aus der Größe und die Größe aus dem Elend. Die einen haben das Elend um so deutlicher erschlossen, als sie es als Beweis der Größe nahmen, und die anderen erschlossen die Größe um so überzeugender, als sie sie aus der Nichtigkeit selbst ableiteten; alles, was die einen sagen konnten, um die Größe zu beweisen, diente den andern nur als Argument, um das Elend zu folgern; denn man ist um so elender, je höher der Ort war, von dem man gestürzt ist; und die andern schlossen hieraus auf das Gegenteil. So hat einer den andern endlos im Kreis geführt; denn sicher ist, daß in dem Maße, in dem den Menschen Einsicht wird, sie Größe und Elend im Menschen finden. Kurzum, der Mensch weiß, daß er elend ist, also ist er elend, da er es ist; groß aber ist er, weil er es weiß.

Der wesentliche Mensch

Angelus Silesius

Ein wesentlicher Mensch ist wie die Ewigkeit,
Die unverändert bleibt von aller Äußerheit.

Die Aufgabe

J. H. Kardinal Newman

Gott war ganz vollkommen und ganz selig in sich selbst; aber es war sein Wille, eine Welt zu schaffen zu seiner Ehre. Er ist die Allmacht und hätte alles selbst vollbringen können, doch er wollte seine Pläne durch geschaffene Wesen ausführen lassen. Wir alle sind zu seiner Ehre erschaffen — wir sind da, seinen Willen zu tun. Ich bin berufen, etwas zu tun oder zu sein, wofür kein anderer berufen ist; ich habe einen Platz in Gottes Ratschluß, auf Gottes Erde, den kein anderer hat. Ob ich reich oder arm bin, verachtet oder geehrt bei den Menschen, Gott kennt mich und ruft mich bei meinem Namen.

Gott hat mich erschaffen, daß ich ihm auf eine besondere Weise diene. Er hat ein bestimmtes Werk mir übertragen und keinem andern. Ich habe meine Aufgabe, meine Mission — und wenn ich sie in diesem Leben nie erfahre, im künftigen wird sie mir kund. Irgendwie bin ich zur Ausführung seiner Pläne nötig; ich bin an meinem Platz so nötig wie ein Erzengel am seinigen; freilich, wenn ich versage, kann er einen anderen an meine Stelle setzen, wie er aus Steinen Kinder Abrahams erwecken kann. Aber ich habe meinen Teil in diesem großen Werk, ich bin ein Glied in der Kette, ein Band zwischen Persönlichkeiten. Gott hat mich nicht umsonst erschaffen. Ich soll auf meinem Posten ein Engel des Friedens, ein Prediger der Wahrheit sein, ohne es zu wollen, wenn ich nur seine Gebote halte und ihm in meinem Beruf diene.

Darum will ich ihm vertrauen. Was immer oder wo immer ich bin, habe ich Gottes Willen zu erfüllen. Wenn ich krank bin, soll meine Krankheit ihm dienen, wenn Drangsal über mich kommt, soll sie seinen Willen tun, und wenn ich traurig bin, soll mein Leid ihm dienstbar sein. Meine Krankheit, meine Ratlosigkeit und Not sind die notwendigen Ursachen irgendeines großen Zweckes, der außerhalb unseres Sehkreises liegt. Gott tut nichts vergeblich. Er mag mir ein langes Leben schenken, oder es bald enden, er weiß, wozu es dient. Er mag mich meiner Freunde berauben und mich in die Fremde schicken, mir die Einsamkeit zur Gefährtin geben, mir den Mut nehmen, die Zukunft vor mir verhüllen — er weiß, wozu es gut ist.

Auch Heiden kommen in den Himmel

Ulrich Zwingli

Dies habe ich dazu angeführt, um zu zeigen, daß diejenigen, wie berühmt oder alt auch immer ihre Namen sein mögen, höchlich irren, welche teils die Christenkinder, wenn sie nicht getauft werden, teils alle diejenigen, welche wir Heiden nennen, der ewigen Verdammnis überliefern. Denn Heil und ewiges Leben hängt von der Erwählung ab, und Gottes Hand ist nicht so verschlossen oder verkürzt, daß er niemand aus den Heiden selig mache. Denn Gott kann den Glauben in das Herz der Heiden gießen, den sie dann durch Werke beweisen und zutage legen, wie ich es nicht ohne Grund von Sokrates, Seneca und vielen anderen denke. — Wer bewundert nicht den Glauben eines so frommen Mannes, wie Seneca war, wenn er denselben in seinem 83. Briefe an Lucilius folgendermaßen ausspricht: „Man muß auf jeden Fall so leben, als ob wir vor jedermanns Augen lebten; und so denken, als ob uns jemand ins Innerste des Herzens hineinblicken könnte. Und es kann's auch einer. Denn was hilft es, daß vor Menschen etwas geheim ist? Nichts ist vor Gott verborgen. Er ist unsern Seelen nahe und kommt dazwischen, wenn wir mitten in unsern Gedanken begriffen sind." So weit Seneca. Wer hat nun wohl diesen Glauben diesem Menschen ins Herz geschrieben? Glaube übrigens niemand, daß dies darauf abziele, Christum zu verkleinern oder entbehrlich zu machen, wie mir einige andichten; im Gegenteil, es verherrlicht nur seinen Ruhm. Denn durch Christum muß zu Gott kommen, wer zu ihm kommen will. — Und wenn jenen auch das äußerliche Evangelium nicht gepredigt wird, so kann Gott sie dennoch durch Christum selig machen. Denn wer je selig wird, der wird durch Christum selig, d. i. durch die Barmherzigkeit Gottes, die er der Welt in Christo erzeigt hat.

Dort darfst du also hoffen zu sehen die Gesellschaft, den Verein und das Beisammensein aller Heiligen, Weisen, Gläubigen, Tapferen, Standhaften und Tugendreichen, die seit Anfang der Welt gelebt haben. Da die beiden Adam, den Erlösten und den Erlöser, da den Abel, Enoch, Noah, Abraham, Isaak, Jakob, Juda, Moses, Josua, Gideon, Samuel, Pinehas, Elias, Elisa, Jesajas und die Gottesgebärerin, von der er geweissagt; David, Ezechias, Josias, Johannes den Täufer, Petrus, Paulus; da einen Herkules, Theseus, Sokrates, Aristides, Antigones, Numa, Camillus, die Catonen, die Scipionen; da wirst du sehen deine Vorfahren und alle deine Voreltern, die im Glauben von hinnen geschieden sind. In Summa: Kein tugendhafter Mann hat je gelebt, und kein heiliges Gemüt, keine gläubige Seele wird sein von Anfang der Welt bis zu ihrem Ende, die du nicht dort bei Gott antreffen wirst. Und was für ein froheres, was für ein lieblicheres und ehrenvolleres Schauspiel läßt sich auch nur denken als dieses? Oder zu welchem würdigen Zwecke könnten wir alle Kräfte unserer Seele anstrengen, als um den Preis eines solchen Lebens zu erlangen?

Die endliche Seligkeit aller Menschen

Johann Caspar Lavater

Werden diese Strafen unaufhörlich fortdauern? Es wäre meines Bedünkens äußerst ungereimt, ja, wenn ich es frei heraussagen soll, lästerlich, zu sagen oder zu denken, daß Gott, der sich in alle Ewigkeiten der Ewigkeiten gleich ist, der nicht nur sechs oder zehntausend Jahre, sondern ewig die höchste Weisheit und Liebe ist, bei diesen Strafen, die sich die Verdammten freilich selbst zugezogen und bereitet haben, keinen Zweck hätte, der auch sie selbst betreffen würde. Solange die Verdammten Geschöpfe bleiben, so lang ist Gott ihr Schöpfer. Der Schöpfer kann sein Geschöpf als Geschöpfe nicht hassen. „Gott ist die Liebe", ruft die ganze Natur von Ewigkeit zu Ewigkeit. „Gott ist die Liebe", dies ist die Summe aller Anstalten und aller Offenbarungen Gottes. „Gott will, daß alle Menschen selig werden und zur Erkenntnis der Wahrheit kommen." Er ist nicht gnädig in der Zeit und grausam in der Ewigkeit. Er kann nicht in der Zeit sagen: „So wahr ich lebe, ich begehre nicht den Tod des Sünders, sondern daß er sich bekehre und lebe" und in der Ewigkeit ohne diese Absicht strafen. Sein Zweck kann auf nichts anders als die Verbesserung und Herstellung aller seiner Werke zielen.

Lasset uns nicht kleiner von Gott als von einem weisen Gesetzgeber denken! Laßt uns nicht glauben, Gott zu ehren, wenn wir ihm Weisheit und Güte, die Verdammten zu sich selber zurückzuführen, absprechen! Laßt uns nicht einigen blöden Menschen zulieb, die Gott nach ihrem engen hypochondrischen Herzen messen, behaupten, was uns an jedem menschlichen Richter als Mangel an Weisheit oder Güte vorkommen würde, daß er die Absicht habe, die Verdammten nur zu quälen, um sie zu quälen. Er, der in der Zeit „nicht von Herzen" straft, straft in der Ewigkeit nicht als Tyrann.

Allein, o wichtige Frage, werden die Verdammten diesen immer gütigen und wohlmeinenden Absichten Gottes entsprechen? Werden sie sich bessern? Werden sie sich unter der Last ihres Elendes, unter immer neuen Reizungen zum Laster, entblößt von allen Beispielen der Tugend, zur Tugend emporheben und zu ihrem Schöpfer sagen können: „Vater, ich habe vor dir gesündigt, und ich bin nicht mehr wert, daß ich dein Kind genannt werde; mach mich zu einem deiner Taglöhner." Werden ihre Strafen und Qualen einmal ein Ende nehmen?

Ach! Was soll ich Ihnen und mir hierauf sagen? Nichts! Ich will Gott bitten, mich zu erleuchten und mich zu lehren, was ich bei den Worten seiner Offenbarung denken soll: „Ihr Wurm stirbt nicht, und ihr Feuer verlöscht nicht", was ich dabei erwarten und hoffen soll, wenn der Geist der Wahrheit, der nie mehr verheißt, als er hält, nie mehr hoffen läßt, als er wirklich gibt, schon zu den Zeiten, da Gott noch nicht als die ewige Liebe und als der Heiland Aller in Jesu Christo erschienen war, wenn dieser heilige Geist sagt: „Gott hadert nicht ewiglich, er behält auch den Zorn nicht allezeit." „Ich strafe nicht ewiglich; denn die

Seelen, welche ich gemacht habe, würden vor mir verschmachten."

Genug, mein Schöpfer, du bist die Liebe, du Heiland und Richter Aller, du bist die Liebe! „Liebe sucht nicht das Ihrige." Du suchst die Seligkeit Aller. Solltest du nicht finden, was du suchest, nicht können, was du willst? Ich bete dich an! Du bist die Liebe von Ewigkeit zu Ewigkeit. Amen.

Die ewige Frage

Negro Spiritual

Rettete mein Gott nicht Daniel,
Rettete Daniel,
Rettete Daniel,
Rettete mein Gott nicht Daniel
Und warum nicht jeden Menschen?

Er rettete Daniel aus der Höhle des Löwen,
Jonas aus dem Bauch des Wales,
Und die Hebräerkinder aus dem Feuerofen
Und warum nicht jeden Menschen?

Rettete mein Gott nicht Daniel,
Rettete Daniel,
Rettete Daniel,
Rettete mein Gott nicht Daniel
Und warum nicht jeden Menschen?

Tränen

Ernst Hello

Hagar irrte in der Wüste von Beerseba umher. Ihr Reisevorrat bestand aus einem Brot und einem gefüllten Wasserschlauch. Aber das Wasser ging zu Ende. Sie legte Ismael unter einem Baume nieder, entfernte sich einen Bogenschuß weit, setzte sich nieder, erhob ihre Stimme und weinte.
Wir können ein wenig von den Gefühlen ahnen, von denen sie bewegt war. Wenn ich mich nicht täusche, werden in der Geschichte Hagars die Tränen zum ersten Male in der Schrift genannt.
Ich glaube nicht, daß sie im Bericht der ersten Weltkatastrophe genannt werden.
Adam ist aus dem Paradiese verjagt. Die Schrift sagt nichts von seinen Tränen.
Die Sintflut vertilgte fast sein ganzes Geschlecht. Ich sehe nicht, daß die heiligen Bücher in diesem Augenblicke von Tränen berichten.
Hagar sieht ihren Sohn in der Wüste vor Durst sterben.
Sie setzt sich nieder und weint.
Diese Einweihung der Tränen, oder doch wenigstens ihrer geschriebenen Geschichte, hat etwas Feierliches. Sie weint, und siehe, der Engel erscheint.

Gott öffnet die Augen der Hagar und zeigt ihr einen mit Wasser gefüllten Brunnen. Sie füllt den Schlauch und gibt dem Kinde zu trinken. Zwischen den großen Augenblicken der Hilfe Gottes und den Wasserquellen, die mit einem Male aufspringen oder mit einem Male entdeckt werden, gibt es häufig sehr eigentümliche Beziehungen. Die Quelle der Gnaden erscheint sehr oft zugleich mit ihrem Sinnbild, und die sichtbare Quelle des Wassers wird zum Zeugnis und zum Angedenken der unsichtbaren Quellen, die strömen werden.
Was bedeuten die Tränen? Sie sind zugleich ein Geheimnis des Leibes und des Geistes! Ein menschliches Geheimnis, in dem Seele und Leib sich vereinen und eine herzzerreißende Sprache sprechen!
Eine Quelle hat sich im Herzen der Hagar geöffnet, und das unsterbliche Wort, dessen unwandelbare Tugend im Strom der Zeiten weiterblüht, das Wort der Schrift heiligt ihre Tränen. Ihre Tränen sind die ersten, von denen die Schrift spricht, und nicht eine von ihnen wird verloren sein. Sie werden für immer im Gedächtnis der Geschichte weiterleben.
Und in dem Augenblick, da diese Quelle in den Augen der Hagar sich öffnet, erscheint ihr eine Quelle lebendigen Wassers, das der Erde entspringt, in einem Brunnen, den Gott, der alles weiß, dahingesetzt hatte, wo sie weinen mußte.
Der Gott der Ewigkeit hatte von aller Ewigkeit her den Durst des Kindes in der Wüste vorausgesehen, und als die Zeit begonnen hatte, grub er einen Brunnen an dem Orte, wo Ismael dürsten und seine Mutter weinen mußte.
Zuweilen machen die Tränen blind. Hier machen sie sehend. Hagar hatte den Brunnen nicht gesehen. Als sich aber ihre

Augen mit Tränen füllten, öffnete Gott ihre benetzten Augen, und sie sah, was sie vorher nicht sah.
Das Wasser erscheint hier in einem doppelten Sinne. Eine Quelle öffnet sich in dem Herzen der Hagar, das barer des Trostes ist als das Angesicht der Wüste.
Und eine Quelle öffnet sich, die aus den Eingeweiden der Erde hervorströmt.
Nein, ich will dieses Kind nicht sterben sehen! Was für ein Schmerz liegt in diesem Wort! Es ist der Schmerz einer Mutter, die zum ersten Male die Tränen in den heiligen Bericht einführt.
Wie herzzerreißend ist dieses Wort, das so kurz ist! Aber die Quelle ist nahe, und die weinende Mutter sieht sie durch die Tränen hindurch. Das Kind wird nicht sterben. Und die Wüste, die durch die berühmten Tränen der Hagar, der Dienerin und Mutter, geheiligt ist, erscheint in der Ferne der Geschichte, wunderbar eingehüllt in die Barmherzigkeit des Herrn!

Trauer

Johann Albrecht Bengel

Tränen, Tod, Leid, Geschrei, Schmerzen sind überall. Wir sind des Jammers nur zu gewohnt und wissen nicht einmal, was ein rechtes Leben ist. Wenn ein Mensch ein Gehör hätte, womit er alles, was sich in dieser Welt Trübseliges hören läßt, miteinander vernehmen könnte: welch eine Wehklage sollte das miteinander abgeben? Wo auch etwas Lustiges und Tolles mit unterliefe, so würde es nur durch anderer ihre desto stärkeren Seufzer und Klagen überstimmt. Aber alsdann wird das alles vergangen sein. Gott ist es, der die Tränen, und zwar die Tränen von den Augen der Seinigen, abwischt. Selig sind, die hier weinen und geistlicher Dinge halber nicht immerhin trockene Augen haben. In natürlichen Fällen kann es noch sein, daß man Tränen vergießt, und solche nicht nur etwa den Kindern und Weibern, sondern auch beherzten Männern zugute hält; aber Tränen, die das himmlische Liebesfeuer hervorbringt, sind zu unserer Zeit rar, da hingegen Jesus Christus selbst mehr als einmal geweint, und seine Apostel ihm mit vielen Tränen gedient haben, auch diejenigen, denen bei einer innigen Herzensrührung die Augen übergehen, viele andere neben sich gewinnen könnten, wenn sie es nicht aus Scheue verbärgen, sondern der göttlichen Rührung den Lauf ließen. Nun, es seien heilige oder natürliche und doch geheiligte Tränen: die Tränen der Seinigen wird Gott von ihren Augen abwischen. Sie werden in jener Vaterstadt nicht nur keine Tränen mehr zu vergießen haben, sondern für die vorigen Tränen reichlich getröstet werden. Wie sanft wird da die Hand Gottes tun! Unter der tiefen geistlichen Traurigkeit ist doch wegen der Übereinstimmung des Herzens mit dem Willen Gottes mehr Lieblichkeit verborgen als unter aller tobenden Weltfreude. Führen nun die Tränen so viel Süßigkeit mit sich, ei, was wird das Abwischen der Tränen sein! Da wird kein Tod mehr sein, und folglich auch kein Leid oder Trauer. Je länger einer auf der Welt lebt, je mehr Leichen erlebt er bei den Seinigen, und auf dem Weg der Pilgrimschaft verliert er seine vorigen Gefährten und bekommt immer andere dafür, in die er sich schicken muß. Es gibt auch viel Geschrei, Lärmen, Zanken, Klagen, Fluchen. Um einer Handvoll zeitlichen Vermögens gibt es oft viel Getümmel mit großer Bitterkeit und Fluchen, nicht nur über Lebendige, sondern auch sogar über Tote. Manches Geschrei steigt in die Höhe zu Gott, seine Rache zu erregen. Und wie viel Schmerzen gibt es doch in allerlei Zufällen bei Alten und Jungen, auf dem Krankenbette und sonst, da mancher in seinem Leben mehr Stunden mit Schmerzen als ohne Schmerzen zubringt. Das alles wird alsdann dahingegangen sein. Dies ist die Freiheit von allem Ungemach; wo ist aber der Genuß alles Guten? Dieser wird vor und nach beschrieben, wie er besteht in dem Genuß der Gegenwart Gottes bei seinem Volk, in der göttlichen Kindschaft usw.

Anfechtung

Marie Noël

Ich habe schwer an Gott gelitten. Ich habe an ihm gelitten ruhelos — wegen des Bösen.

Wegen der schrecklichen Frage: Wer hat es verursacht?

Es ist nicht so, daß ich es studiert hätte, im Gegenteil. Wozu wäre es auch gut, nach all den anderen? Ich fürchtete die Bücher, die davon sprachen, die mehr quälten und keine Erleichterung brachten. Wer kann antworten? Niemand. Nicht einmal die Kirche. Ich habe weder gelesen noch gesucht. Ich habe gelitten.

Und ich habe mich manchmal gezwungen, die Augen zu schließen, aber, kleines Mädchen oder alte Frau, in der Tiefe meiner geschlossenen Augen habe ich es gesehen. Und in meinen Augen werde ich daran leiden, bis sie erlöschen.

Oder wer weiß? Vielleicht noch länger...

Dennoch, mit denselben tiefen Augen habe ich das dem Bösen Entgegengesetzte, ich habe die Liebe gesehen.
Und ich glaube an die Liebe, als wären die Mathematiker unsicher, die Vernunft einäugig, so, als ob diese beiden geheimnisvollen Parallelen, das Gute, das Böse, die der Abgrund scheidet, sich im Unendlichen wieder vereinigen müßten, in diesem Punkt einzigartigen Zusammenklangs: Gott.

Verborgenes

Sören Kierkegaard

So liegt eine Muschel am Rand des Meeres; sie öffnet ihre Schale, um Nahrung zu suchen, ein Kind steckt eine Rute dazwischen, daß sie sich nicht schließen kann. Endlich wird es das Kind überdrüssig, will die Rute zurückreißen, aber es bleibt ein Splitter zurück. Und die Muschel schließt sich; aber innen drin leidet sie wieder und kann den Splitter nicht ausziehen. Daß es ein Splitter ist, kann keiner sehen, denn die Muschel hat sich ja geschlossen; aber sie weiß es, daß er da ist.

Vom Alleinsein

Franz von Sales

Vergiß nicht, dich ab und zu in die innere Einsamkeit zurückzuziehen, während du äußerlich unter den Menschen und bei den Geschäften bist. Und wärest du inmitten eines Menschengewühls, du könntest doch einsam sein, einsam mit deinem Gott. Die Menschen mögen deinen Leib umgeben — aber deine Seele kann unberührt von ihrer Nähe einsam mit Gott sein... Höre, was David sagt: „Ich habe den Herrn immerdar vor mir; zu dir erhebe ich meine Augen, der du wohnest im Himmel. Meine Augen sind allezeit auf den Herrn gerichtet."

Ich glaube kaum, daß deine Beschäftigung deine Gedanken so in Anspruch nimmt, daß du sie nicht hin und wieder zu Gott erheben könntest.

Im Leben der heiligen Katharina von Siena lesen wir, daß ihre Eltern ihr fast jede Gelegenheit zu Gebet und Betrachtung entzogen hatten. Da sie darob traurig wurde, kam der Heiland selbst zu ihr und wurde ihr Lehrer. Er zeigte ihr, wie sie in ihrem eigenen Innern sich ein „Haus Gottes" errichten könne. Dahin zog sie sich nun zurück, mitten unter den äußerlichen Geschäften, und in der Vertrautheit mit dem himmlischen Bräutigam empfand sie kaum mehr die Welt, die um sie war. Was sie der Heiland lehrte, das vermittelte sie später auch ihren geistlichen Töchtern.

Ziehe auch du dich recht oft in die Einsamkeit deines Herzens zurück! Mit Gott vereint kannst du mit dem Psalmisten sprechen: „Gebetet habe ich und bin dem Pelikan in der Wüste ähnlich geworden; einsam war ich wie die Eule in der Ruine und der Sperling auf dem Dache."

Von der Liebe zur Einsamkeit

Thomas von Kempis

Suche geeignete Zeit, dir selbst abzuwarten und denke oft an die Wohltaten Gottes. — Laß vorwitzige Dinge. — Lies solche Gegenstände, die mehr Zerknirschung als Beschäftigung gewähren. — Entziehest du dich überflüssigen Gesprächen, müßigem Umherlaufen, so wie nicht minder dem Anhören der Neuigkeiten und Gerüchte, so wirst du hinreichende und gelegene Zeit finden, guten Betrachtungen obzuliegen. — Die größten Heiligen wichen, wo sie konnten, dem Umgang mit Menschen aus und erwählten, Gott im Verborgenen zu dienen.

Es sprach einer: „So oft ich unter Menschen war, kehrte ich minder als Mensch zurück.“ Dies erfahren wir öfters, wenn wir lange miteinander plaudern. — Leichter ist es, ganz und gar zu schweigen, als im Reden nicht zu übertreiben. Leichter ist es, zu Hause verborgen zu sein, als draußen sich genugsam hüten zu können. — Wer also die Absicht hat, zu innerlichen und geistigen Dingen zu gelangen, der muß mit Jesu von der Volksmenge ablenken. — Niemand erscheint sicher, außer wer gerne verborgen ist. Niemand spricht sicher, außer wer gerne schweigt. Niemand steht sicher vor, außer wer gern unter dem Gehorsam steht. Niemand befiehlt sicher, außer wer gelernt hat, wohl zu gehorchen.

Niemand erfreut sich sicher, außer wer das Zeugnis eines guten Gewissens in sich hat. — Immer jedoch bestand die Sicherheit der Heiligen vor der Furcht Gottes; auch waren sie darum nicht minder sorgsam und demütig in sich, weil sie an großen Tugenden und an Gnade glänzten. — Der

Bösen Sicherheit aber entspringt aus Hoffart und Vermessenheit und wandelt sich am Ende in Selbsttäuschung. — Verheiße dir nie Sicherheit in diesem Leben, ob du auch für einen guten Klostermann oder für einen frommen Einsiedler gehalten werdest.

Oft sind die Bessern in der Achtung der Menschen am schwersten gefährdet worden, wegen ihres übermäßigen Vertrauens. Daher ist es vielen nützlicher, daß es ihnen nicht gänzlich an Versuchungen fehle, sondern daß sie öfters angefochten werden, damit sie nicht allzu sicher seien, auf daß sie nicht etwa in Hoffart sich erheben und auch nicht zu äußerlichen Tröstungen um so freier ablenken. — Oh, wer niemals vergängliche Freuden suchte; wer nie mit der Welt sich beschäftigte: welch ein gutes Gewissen würde der bewahren! Oh, wer alle eitlen Sorgen hinwegschaffte und nur heilsamer und göttlicher Dinge gedächte und seine ganze Hoffnung auf Gott gründete: wie großen Frieden und Ruhe würde der besitzen!

Niemand ist des göttlichen Trostes wert, es sei denn, er habe sich fleißig in heiliger Zerknirschung geübt. — Willst du bis ins Herz zerknirscht werden, so geh in deine Kammer und schließe den Lärm der Welt aus, wie geschrieben steht: „In euren Kammern sollt ihr euch zerknirschen!" In der Zelle wirst du finden, was du außerhalb derselben öfters vermissen wirst. Die anhaltend bewohnte Zelle wird lieblich; die übel gehütete erzeugt Überdruß. — Wenn du im Anfang deiner Bekehrung sie wohl bewohnest und hütest, wird sie dir hernach eine geliebte Freundin und ein sehr anmutiger Trost sein.

In der Stille und Ruhe nimmt die fromme Seele zu und lernt die verborgenen Geheimnisse der Schrift. Dort findet sie Fluten der Tränen, worin sie jegliche Nacht sich waschen und reinigen mag, daß sie mit ihrem Schöpfer um so vertrauter werde, als sie von allem weltlichen Getöse entfernter lebt. — Wer also von Bekannten und Freunden sich absondert, dem wird Gott mit den heiligen Engeln nahen. — Besser ist es, verborgen zu sein und Sorge für sich zu tragen, als, sich selbst vernachlässigend, Wunder zu tun. — Löblich ist es an einem Ordensmanne, selten auszugehen, sich ungern sehen zu lassen und auch keine Leute sehen zu wollen.

Was willst du sehen, was nicht erlaubt ist zu haben? Die Welt vergeht und ihre Begierlichkeit. — Es ziehen die Begierden der Sinnlichkeit zum Lustwandeln, ist aber die Stunde vorüber, was bringst du dann anderes nach Hause zurück als Beschwernis des Gewissens und Zerstreuung des Herzens? — Ein fröhlicher Ausgang gebiert oft eine traurige Rückkehr; und ein frohes abendliches Wachen macht den Morgen traurig. Also kehrt jede fleischliche Freude schmeichelnd ein, aber am Ende beißt sie und tötet. — Was kannst du anderswo sehen, was du hier nicht siehst? Sieh da, Himmel und Erde und alle Elemente, denn aus diesen sind alle Dinge gemacht!

Was kannst du irgendwo sehen, das lange unter der Sonne bestehen kann? — Du glaubst vielleicht dich zu ersättigen; doch das wirst du nimmer erreichen können. — Wenn du alle Dinge zugegen sähest: was wäre dies anders als ein eitles Gesicht? — Erhebe deine Augen zu Gott in den Höhen und bete für deine Sünden und Versäumnisse! Überlasse eitle Dinge den Eitlen; du aber merke auf jene, die Gott dir befiehlt. — Schließ deine Türe hinter dir ab und rufe Jesum, deinen Geliebten, zu dir! Bleibe bei ihm in der Zelle; denn nicht finden wirst du anderswo so großen Frieden. — Wärest du nicht ausgegangen und hättest nichts von den Gerüchten gehört, so wärest du besser in gutem Frieden verblieben. Seit es dich ergötzt, zuweilen Neuigkeiten zu hören, seitdem mußt du auch Beunruhigung des Herzens ertragen.

Wider den Zweifel

Gerhard Tersteegen

Mein liebster Bruder! Sie ästimieren die in den Kopf kommenden Zweifel an der Wahrheit der Heiligen Schrift und über Ihren Zustand die einfallenden lästerlichen, spöttischen Gedanken viel zu hoch. Verachten und vergessen Sie doch in Gottes Namen solche Dinge, welche Ihnen zur Last und nicht zur Lust sind; es ist nicht der Mühe wert, daß Sie darnach umsehen. Wehren Sie sich gar nicht dawider und untersuchen Sie nicht einmal, wie weit dieser oder jener Zweifel begründet sei. Durch ein solches Untersuchen würden Sie einer nicht wichtigen Sache einiges Gewicht geben. Der Glaube liegt im Grunde; wir haben's, wir wissen's schon, und haben längst geglaubt.
Ein politisches Gleichnis beizubringen: Man weiß und glaubt in England, daß Georg rechtmäßiger König ist; man ästimiert es nicht, wenn auch ein armer Bergschotte daran zweifeln möchte; man versammelt kein Parlament, solchen Zweifel zu untersuchen; man sieht des Prätendenten Protestatum nicht an; man würde ihm eben dadurch ein Gewicht geben, so es sonst nicht hat. Die Atheisten in uns und außer uns werden nur dadurch gesteifet und gestärket, wenn man so sorgfältig ihre Skrupeln untersuchet und beantwortet. Lasset uns antworten, was jener Bursche

seinem Prediger in der Katechisation zur Antwort gab, wie selbiger fragte: „Wie machst du's, wenn du in der Bibel was findest, das du nicht verstehest?" „Ich denke", sagte der Junge, „in solchem Fall, daß Gott weiser ist, als ich bin; der wird's schon verstehen." Wir wollen denn nur fortfahren zu glauben, was wir glauben, ohne das Widerfechten der Vernunft zu achten. Wer relegiert ist in die schottischen Hochländer (damit ich bei obigem Gleichnis bleibe), der möchte wohl manchmal widerspenstige Reden hören müssen. Geduld! Wenn wir wieder nach London kommen, dann werden wir nicht länger fragen, sondern mit Augen sehen, wer König in England ist. —

Jetzt denket der liebe Bruder, er habe keinen Glauben. Nein, was ist es denn, das Sie so unzufrieden macht mit Ihrem eigenen Zustande? Daß Ihnen alles, was sich wider Gott in Ihnen reget, so zur Marter ist? Daß Sie sich alles Guten so unwürdig schätzen? Was ist es dann, daß Sie so unaufhörlich und mit vieltausend Tränen seufzen macht? Was ist es, das Sie so verlegen und bekümmert macht, ob Ihr Gebet aufrichtig, ob Ihr Tun auch Gott gefalle? Ob Sie auch den Glauben haben? Nichts anderes ist es, als eben der Glaube; dieser ist das Triebrad von allen diesen Dingen. Hätten Sie keinen Glauben, Sie würden so nicht zu Werk gehen. Der Glaube ist nach seinem Grund und Wesen die von Gott aus Gnaden geschenkte neue Lebensbewegung, wodurch ein armer Sünder stets zu Christo und zu allem Guten getrieben wird.

Das Leid auf sich nehmen

Johannes Tauler

Was sollst du nun leiden? Du sollst leiden die Urteile und die Verhängnisse Gottes, wo und wie sie auf dich fallen, es sei von Gott oder von den Leuten. Dir sterben deine Freunde, oder du verlierst Gut oder Ehre, Trost von Gott oder von Kreaturen, inwendig oder auswendig — die Bürden sollst du leichtiglich tragen, dazu deine eigenen Gebresten, die dir leid sind, und die du nicht überwinden kannst noch magst; lege dich unter die Bürde, zu leiden nach dem göttlichen Willen, und gib es Gott anheim. Das Pferd macht den Mist im Stalle, und obgleich der Mist einen Unflat und Stank an sich hat, so zieht dasselbe Pferd doch den Mist mit großer Mühe auf das Feld, und dann wächst daraus edler, schöner Weizen und der edle, süße Wein, der nimmer so wüchse, wäre der Mist nicht da. Also trage deinen Mist — das sind deine eigenen Gebrechen, die du nicht abtun und ablegen, noch überwinden kannst — mit Mühe und mit Fleiß auf den Acker des liebreichen Willens Gottes in rechter Gelassenheit deiner selbst. Breite deinen Mist auf das edle Feld, so wächst ohne allen Zweifel in einer demütigen Gelassenheit edle, wonnige Frucht daraus.

Wer sich unter diese Bürde beugte und unter alle Urteile und Verhängnisse Gottes mit demütiger Gelassenheit und sich in Gottes Willen litte, im Haben und im Darben, mit dauerndem Ernst und in demütiger Hoffnung, und alle Dinge von Gott nähme und sie ihm wieder hinaufträge in rechter Abgeschiedenheit und mit einem In-sich-selbst-Bleiben und sich einsenkte in den ewigen Willen Gottes in einem Vernichten seiner selbst und aller Kreaturen — wer dies täte und hierin feststünde, dem wäre die Bürde Gottes in Wahrheit leicht, ja so leicht, würden diesem Menschen alle Bürden auferlegt, die die ganze Welt trägt, sie würden ihm so leicht sein, daß sie ihm wie ein reines Nichts erschienen; ja, es wäre ihm eine Wonne, ein Genuß, eine Freude, ein Himmelreich; denn Gott trägt die Bürde, und der Mensch wäre gänzlich frei davon; er wäre ausgegangen, und zugleich ginge Gott auf alle Weise ein in alles Tun und Lassen des Menschen.

Reue

Johann von Sterngassen

Wer keine Reue zu haben vermag, der soll sich das reuen lassen, daß er keine Reue zu haben vermag. Wer Reue begehrt, der wird doch zuletzt für würdig erachtet, und Gott verläßt ihn nimmer.

VON SÜNDE UND SÜNDENVERGEBUNG

Die große Sünderin

Lukas 7, 36—50

Es bat ihn aber einer der Pharisäer, mit ihm zu essen. Und er ging in das Haus des Pharisäers und setzte sich zu Tische. Und siehe, eine Frau in der Stadt, die eine Sünderin war, hatte vernommen, daß er im Hause des Pharisäers zu Tische war, brachte eine Alabasterflasche voll Salbe und trat hinten zu seinen Füßen, weinte und fing an, seine Füße mit ihren Tränen zu benetzen und trocknete sie mit den Haaren ihres Hauptes, küßte seine Füße und salbte sie mit der Salbe. Als der Pharisäer, der ihn eingeladen hatte, das sah, sagte er bei sich selbst: Wenn dieser ein Prophet wäre, wüßte er, wer es ist und was für eine Frau, die ihn anrührt, daß sie nämlich eine Sünderin ist. Und Jesus begann und sprach zu ihm: Simon, ich habe dir etwas zu sagen. Er erwiderte: Meister, sprich! Ein Geldverleiher hatte zwei Schuldner. Der eine war fünfhundert Denare schuldig, der andere fünfzig. Da sie nicht bezahlen konnten, schenkte er es den beiden. Welcher von ihnen wird ihn nun am meisten lieben? Simon antwortete und sagte: Ich denke der, dem er das meiste geschenkt hat. Da sprach er zu ihm: Du hast recht geurteilt. Und indem er sich zu der Frau hinwandte, sprach er zu Simon: Siehst du diese Frau? Ich bin in dein Haus gekommen: Wasser für die Füße hast du mir nicht gegeben; sie aber hat meine Füße mit ihren Tränen benetzt und mit ihren Haaren getrocknet. Einen Kuß hast du mir nicht gegeben, sie aber hat, seit sie hereingekommen ist, nicht aufgehört, meine Füße zu küssen. Mit Öl hast du mein Haupt nicht gesalbt, sie aber hat mit Salbe meine Füße gesalbt. Deshalb sage ich dir: Ihre vielen Sünden sind ihr vergeben, denn sie hat viel geliebt; wem aber wenig vergeben wird, der liebt wenig. Er sprach aber zu ihr: Deine Sünden sind dir vergeben. Da fingen die Tischgenossen an, bei sich selbst zu sagen: Wer ist dieser, der sogar Sünden vergibt? Er sprach aber zu der Frau: Dein Glaube hat dich gerettet: geh hin in Frieden!

TRÖSTET, TRÖSTET MEIN VOLK

Sehet die Vögel unter dem Himmel

Martin Luther

Da fliegen die Vöglein vor unseren Augen über uns zu kleinen Ehren, daß wir wohl möchten unsere Hütlein gegen ihn abtun und sagen: mein lieber Herr Doktor, ich muß je bekennen, daß ich die Kunst nicht kann, die du kannst. Du schläfst die Nacht über in deinem Nestlein ohn' alle Sorgen. Des Morgens stehst du wieder auf, bist fröhlich und guter Dinge, setzest dich auf ein Bäumlein und singst, lobst und dankst Gott; darnach suchst du deine Nahrung und findest sie. Pfui, was hab' ich alter Narr gelernt, daß ich es nicht auch tu', der ich doch so viel Ursach' dazu habe! Kann das Vöglein seine Sorgen lassen und hält sich in solchem Falle wie ein lebendiger Heiliger und hat dennoch weder Acker noch Scheuern, weder Kasten noch Keller; es singet, lobet Gott, ist fröhlich und guter Dinge; denn es weiß, daß es einen hat, der für uns sorgt, der heißt unser Vater im Himmel. Warum tun wir's denn nicht auch, die wir den Vorteil haben, daß wir können arbeiten, das Feld bauen, die Früchte einsammeln, aufschütteln und auf die Not behalten? Dennoch können wir das schändliche Sorgen nicht lassen. Darum sollten wir dieses Exempel von den Vöglein nicht vergessen. Sie sind ohn' alle Sorge, fröhlich und guter Dinge. Und warum wollten sie auch sorgen? Sie haben einen reichen Küchenmeister und Kellner, der heißt der Vater im Himmel, der hat eine Küche, die so weit als die Welt ist. Darum fliegen sie hin, wohin sie wollten, so finden sie die Küche wohl bestellt. Derselbige himmlische Vater, sagt Christus, wollte euer Küchenmeister und Kellner auch gern sein, wenn ihr's nur glauben könnt und haben wollt.

Sorgen und Segnen

Sebastian Franck

Darum soll ein jeder mit hingelegter Sorge allein das Seine tun, das ist: arbeiten, so wird Gott das Seine tun, das ist: sorgen und segnen. Der Mensch ist zur Arbeit erschaffen wie der Vogel zum Fliegen. Nun müßte der Vogel lange hin- und herfliegen, daß er etwas durch sein Fliegen gewinne oder finde, wenn ihm Gott nichts hingelegt hätte. Durch das Fliegen findet er den gelegten Segen. Also muß der Mensch lange sorgen oder gleich lange arbeiten, daß er etwas schaffe, wenn Gott seine Hand nicht segnet und das Gedeihen gibt. So wenig nun der Vogel seine Nahrung erfliegt und mit Fliegen gewinnt, so wenig der Mensch mit seiner Arbeit. Noch fände der Vogel lange nichts, wenn er im Nest säße, den Schnabel auftäte und nicht flöge, wenn er fliegen möchte. Also die Hand, welche nicht arbeitet in der Stille, soviel sie vermag, kann Gott nicht segnen. Wie nun der Vogel nicht ewig oder ängstlich fliegt, sondern mit Freud und Gesang, ja, Gott selbst eigentlich fliegt und in ihm singt — also soll der Mensch still und gelassen dahinarbeiten mit den Händen, und sein Herz soll für und für feiern und Gott stillhalten, den ewigen Sabbat heiligend, so wird Gott an seinem Sabbat ausgehen und selbst in ihm arbeiten, suchen und finden. Arbeiten wie Fliegen tun es nicht, und doch muß gearbeitet und geflogen sein.

Gott verdammt niemanden

Angelus Silesius

Was klagst du über Gott? Du selbst verdammest dich!
Er möcht es ja nicht tun, das glaube sicherlich.

Der wahre Trost

(Chronik der Anna von Monzingen)

Es war eine Schwester, die hieß Schwester Else von Neustadt und war wohl siebzig Jahre im Kloster gewesen, und einige Zeit vor ihrem Tode wurde sie bettlägrig und wurde so lahm, daß sie einen Schritt nicht gehen konnte. Da mußt sie in einer besonderen Kammer sein und wurde da so vereinsamt, daß sie von den Leuten wenig Zuspruch hatte, nur so viel, als sie zu ihrer Notdurft brauchte. Und daß Gott ein Freund ist aller elenden Leute und derer, die von allem leiblichen Troste abgeschieden sind, das hat er an dieser Schwester erzeigt, wie sie es einer Schwester, die oft zu ihr ging, bestätigte. Die Schwester fragte sie, ob sie noch an irgendein Ding dächte, das in der Welt wäre. Da sprach sie: „Ich habe alle Dinge vergessen, ich kann aber wohl Gottes gedenken. Ich bin auch von der ganzen Welt verlassen, allein Gott hat mich nicht verlassen, der handelt allerwegen gut und getreu an mir. Und sonderlich, da ich so siech und ohnmächtig am Leibe geworden bin, übt er an mir besondere Gnade."

Da fragte sie die Schwester, ob es sie verdrieße, daß ihr Leib in solcher Pein und Gebundenheit sei und so ganz von den Leuten vereinsamt. Da sprach sie: „Mir ist so wohl, als es einem Menschen auf Erden nur sein kann. Gott hat mir mein armes, elendes Leben vergütet und will es immer mehr tun. Wie könnte es den verdrießen, der Gott sieht? Er macht mir die Zeit kurz und wohlgefällig." Da fragte sie die Schwester, ob sie unseren Herrn mit äußerem Gesicht oder mit innerem sehe. Da sprach sie: „Ich sehe ihn beides, äußerlich und innerlich." Da fragte sie wieder die Schwester, ob das äußere Gesicht besser wäre oder das innere, und wie das innere wäre. Da sprach sie: „Das äußere Gesicht ist nichts gegen das innere, denn das innere Gesicht ist ein volles und ein gar stolzes Ding." Und sie sprach wieder: „Es ist ein göttliches Gesicht, von dem niemand sagen kann, als der es sieht und noch die, die es sehen, die können nicht recht davon sagen." Da fragte sie die Schwester, ob sie dann jemandes gedenken könnte. Da sprach sie: „Ich kann dann meiner selbst nicht gut gedenken. Wohin Sinn oder Herz komme, als allein in ihn, das weiß ich nicht. Meine Seele legt sich dann in Gott und weiß alle Dinge in ihm, und dann sehe ich die Lauterkeit meiner Seele, und daß sie ohne alle Flecken ist..."

Die frohe Botschaft

Christoph Blumhardt

Das ist das Evangelium, welches keine Religion gründen soll, gar nicht! — sondern nur jedem Menschen sagt: „Du gehörst Gott.“ Es ist ein furchtbarer Schnitzer in der Christenheit, den Leuten zu sagen: „Du bist ein Sünder.“ Wer hat euch denn das gelehrt? Das haben wir schon vorher gewußt — das weiß jeder, daß er ein Lump ist. Jesus hat das nicht getan; das wird einfach vorausgesetzt, daß man das weiß, und das weiß auch jeder, von dem braucht man keinen solchen Lebtag zu machen! Und wer's nicht weiß, dem darf man's nicht ins Gesicht schleudern — das ist eine Unverschämtheit! Darum kommt Jesus zu den Sündern und sagt: „Du gehörst Gott.“ Er kommt nicht zu den Gerechten, er sagt zu dem Mörder, Räuber, Ehebrecher: „Du gehörst Gott, was lässest du dich herunterdrücken? Auf! du bist ein Gottesmensch, du sollst Trost haben!“ Das Evangelium kommt deswegen immer nur zu den Geringen, zu den Zerschlagenen, zu den schon Gedemütigten; die Stolzen hören's gar nicht, aber sobald sie auch Sünder werden, so hören sie's auch; aber dann darf man es ihnen nicht noch sagen — sie wissen es ja vorher. Die Leute werden von selbst zum Bewußtsein ihres ungehörigen Zustandes kommen, und auf dem Bewußtsein der Menschen, daß sie arme Sünder sind, ruht das Wort Christi, das Wort im Fleisch, welches sagt: „Du Sünder, du gehörst zu Gott!“ Das ist das Evangelium.

Die schweigende Rede

Aegidius von Assisi

Als der heilige Ludwig, der König von Frankreich, beschloß, zu den Heiligtümern zu pilgern und den Ruf der Heiligkeit des Bruders Aegidius vernahm, nahm er in sein Herz auf, ihn heimzusuchen. Als er deswegen auf seiner Wanderschaft nach Perugia kam, wo, wie er gehört hatte, jener weilte, ging er an das Tor der Brüder wie ein armer Pilgrim und ungekannt, im Geleite weniger Gefährten und begehrte inständig nach dem heiligen Bruder Aegidius. Der Pförtner ging und sagte es Bruder Aegidius, daß ein Pilgrim am Tor seiner begehrte. Sogleich erkannte er durch den Geist, wer es war. Und wie trunken aus der Zelle tretend, kam er in eiligem Laufe zum Tore, und beide fielen miteinander in eine wunderbare Umarmung und gaben einander kniend Küsse großer Andacht, als ob sie einander in uralter Freundschaft kennten. Und als sie sich die Zeichen der innigen Liebe gegeben hatten, sprach keiner zum andern ein Wort, sondern in jeder Weise das Schweigen bewahrend, schieden sie voneinander.

Als aber der heilige Ludwig von dannen zog, fragten die Brüder einen von seinen Gefährten, wer dieser sei, der mit Bruder Aegidius so innige Umarmung gepflogen hatte. Er antwortete, es sei Ludwig, der König von Frankreich, der auf der Pilgerfahrt den heiligen Bruder Aegidius hätte schauen wollen. Da klagten es die Brüder dem heiligen Aegidius und sprachen: „Bruder Aegidius, warum hast du einem so großen König, der aus Frankreich gekommen ist, um dich zu sehen und ein gutes Wort von dir zu vernehmen, nichts sagen wollen?" Da antwortete Bruder

Aegidius: „Teuerste Brüder, wundert euch nicht, wenn weder er mir, noch ich ihm etwas sagen konnte; denn sobald wir einander umarmt hatten, offenbarte mir das Licht der göttlichen Weisheit sein Herz und ihm das meine. Und im ewigen Spiegel stehend, erfuhren wir mit vollkommener Tröstung, was er mir zu sagen gedacht hatte, was ich ihm, ohne Geräusch der Lippen und der Zunge und besser, als wenn wir mit den Lippen geredet hätten. Und hätten wir das, was wir innen fühlten, mit stimmlichen Klängen erklären wollen, diese Rede hätte uns eher zur Schwermut als zur Tröstung gereicht. Wisset also, daß er wunderbar getröstet von dannen ging."

Menschlicher und göttlicher Trost

Thomas von Kempis

Nicht schwer ist es, menschlichen Trost zu verschmähen, wenn göttlicher zugegen ist. Groß, ja sehr groß ist es, sowohl menschlichen als göttlichen Trostes entbehren zu können und, zu Gottes Ehre, gern Verbannung des Herzens ertragen zu wollen und in nichts sich selbst zu suchen, noch auf eigenes Verdienst zurückzusehen. — Was ist es Großes, wenn du fröhlich bist und andächtig bei Ankunft der Gnade? Erwünscht ist allen diese Stunde. Der reitet freilich sanft, den die Gnade Gottes trägt. — Und was Wunder, wenn die Last nicht fühlt, wer von dem Allmächtigen getragen und von dem höchsten Führer geführt wird?
Gern haben wir etwas zum Troste, und schwer legt der Mensch sich selbst ab. — Es überwand der heilige Laurentius die Welt mit seinem Priester, weil er alles, was in der

Welt erfreulich schien, verachtete, und er ertrug es, Christo zu Liebe, sogar sanftmütig, als der höchste Priester Gottes, Sixtus, den er aufs höchste liebte, von ihm getrennt ward. — Durch die Liebe des Schöpfers überwand er die Liebe des Menschen; und statt menschlichen Trostes wählte er vielmehr das göttliche Wohlgefallen. — Also lerne auch du, einen notwendigen und geliebten Freund Gott zuliebe zu verlassen. Auch laß es dir nicht schwer fallen, wenn du von einem Freunde verlassen wirst; da du weißt, daß wir am Ende alle von einander scheiden müssen.

Viel und lange muß der Mensch in sich selbst kämpfen, ehe er sich selbst völlig überwinden und seine ganze Neigung auf Gott beziehen lernt. — Wenn der Mensch auf sich selbst fußt, sinkt er bald zu menschlichen Tröstungen. Allein der wahre Liebhaber Christi und der fleißige Streber nach Tugenden verfällt nicht auf Tröstungen und sucht auch nicht derlei fühlbare Lieblichkeiten, sondern vielmehr starke Übungen und harte Arbeiten für Christum auszuhalten.

Wenn dir also geistiger Trost von Gott gegeben wird, so nimm denselben mit Danksagung an, aber erkenne, daß es Gottes Gabe, nicht dein Verdienst sei. — Erhebe dich ja nicht, erfreue dich ja nicht allzusehr und sei auch nicht eitler Weise vermessen; sondern sei vielmehr dieser Gabe wegen demütiger, behutsamer und gottesfürchtiger in allen deinen Handlungen; dieweil diese Stunde vorübergehen und die Versuchung folgen wird. — Wenn der Trost entzogen wird, so verzage nicht alsogleich; sondern in Demut und Geduld erwarte die himmlische Heimsuchung; denn mächtig ist Gott, dir abermals reichlicheren Trost zu schenken. — Dies ist nicht neu noch fremd denen, die den Weg Gottes erfahren haben; denn bei großen Heiligen und bei den alten Propheten war oft eine Art solcher Abwechslung.

Weshalb einer, als die Gnade eben gegenwärtig war, sagte: „Ich sprach in meinem Überfluß: Nicht wanken werde ich in Ewigkeit." Was er aber in Abwesenheit der Gnade in sich selbst erfahren hatte, fügte er hinzu und spricht: „Du hast dein Antlitz von mir gewendet, und ich bin bestürzt geworden!" Unterdessen verzagt er dennoch nicht; sondern fleht dringender zum Herrn und spricht: „Zu dir, Herr, werde ich rufen, und zu meinem Gott werde ich flehen!" — Endlich trägt er die Frucht seines Gebetes davon und bezeugt, daß er erhört worden, da er spricht: „Es hörte der Herr und erbarmte sich meiner; der Herr ist mein Helfer geworden!" — Worin aber? „Du hast, spricht er, meine Klage mir in Freude gewandelt und mich mit Fröhlichkeit umgeben!" — Wenn es also gehalten ward mit großen Heiligen, so müssen wir Kranke und Arme nicht verzagen, wenn wir zuweilen im Eifer und zuweilen in Kälte sind; denn der Geist kommt und geht hinweg nach dem Wohlgefallen seines Willens, weshalb der selige Job sagte: „Du suchest am frühen Morgen ihn heim, und plötzlich prüfest du ihn."

Worauf also kann ich hoffen, oder auf wen soll ich vertrauen, außer auf die große Barmherzigkeit Gottes und auf die alleinige Hoffnung der himmlischen Gnade? — Denn ob auch gute Menschen, oder fromme Brüder, oder treue Freunde da seien, oder heilige Bücher, oder schöne Abhandlungen, oder süße Gesänge und Hymnen, so hilft doch dies alles wenig und hat wenig Geschmack, wenn ich von der Gnade verlassen und eigner Armut überlassen bin. — Dann ist kein besseres Mittel als Geduld und Verleugnung meiner selbst in den Willen Gottes.

Niemals habe ich einen so Gottesfürchtigen und Frommen gefunden, der nicht zuweilen Entziehung der Gnade erlitten oder Verminderung des Eifers empfunden hätte. — Kein Heiliger ward so hoch entzückt und erleuchtet, der nicht früher oder hernach wäre versucht worden. — Denn nicht würdig ist der erhabenen Beschaulichkeit Gottes, wer für Gott nicht geübt ward in irgendeiner Trübsal. Es pflegt nämlich die vorangehende Versuchung ein Vorzeichen des nachfolgenden Trostes zu sein. Denn den durch Versuchungen Bewährten wird himmlischer Trost verheißen. „Wer da wird überwunden haben, spricht der Herr, dem werde ich zu essen geben vom Baume des Lebens." Es wird aber der göttliche Trost gegeben, daß der Mensch stärker sei, Widerwärtiges auszuhalten; eben so folgt die Versuchung, daß er wegen des Guten sich nicht erhebe. — Es schläft der Teufel nicht, auch ist das Fleisch noch nicht erstorben; deshalb höre nicht auf, dich vorzubereiten zum Kampfe; weil zur Rechten und zur Linken Feinde sind, die nimmermehr ruhen.

Das Unser-Vater

Matthäus 6, 9—13

Ihr sollt nun so beten:
Unser Vater, der du bist in den Himmeln.
Dein Name werde geheiligt.
Dein Reich komme.
Dein Wille geschehe
wie im Himmel, so auch auf Erden.
Gib uns heute unser tägliches Brot.
Und vergib uns unsere Schulden,
wie auch wir vergeben haben unsern Schuldnern.
Und führe uns nicht in Versuchung,
sondern erlöse uns von dem Bösen.

Abschiedswort eines christlichen Denkers

Peter Wust

Und wenn Sie mich nun noch fragen sollten, bevor ich jetzt gehe und endgültig gehe, ob ich nicht einen Zauberschlüssel kenne, der einem das letzte Tor zur Weisheit des Lebens erschließen könne, dann würde ich Ihnen antworten: „Jawohl“. — Und zwar ist dieser Zauberschlüssel nicht die Reflexion, wie Sie es von einem Philosophen vielleicht erwarten möchten, sondern das Gebet. Das Gebet, als letzte Hingabe gefaßt, macht still, macht kindlich, macht objektiv. Ein Mensch wächst für mich in dem Maße immer tiefer hinein in den Raum der Humanität — nicht des Humanismus —, wie er zu beten imstande ist, wofern nur das rechte Beten gemeint ist. Gebet kennzeichnet alle letzte „Humilitas“ des Geistes. Die großen Dinge des Daseins werden nur den betenden Geistern geschenkt. Beten lernen aber kann man am besten im Leiden.

Das Herzensgebet

Der russische Pilger

Ich schloß die Augen, blickte mit dem Geist, das heißt mit der Einbildung ins Herz hinein und versuchte mir vorzustellen, wie es da in der linken Seite der Brust eingebettet liegt, wobei ich aufmerksam auf sein Schlagen hinhorchte. Hierin übte ich mich jeweilen eine halbe Stunde lang mehrere Male im Tage. Anfangs hatte ich keine andere Empfindung, als daß es in der Brust dunkel sei; sehr bald darauf konnte ich jedoch das Herz schon genau wahrnehmen und spürte auch, wie es sich im Innern bewegte; sodann begann ich das Jesusgebet zusammen mit dem Atem ins Herz einzuführen und es wieder daraus hervorzuholen, in der Weise, wie es der heilige Gregor Sinait und ebenso Kallistus und Ignatius lehren, das heißt, ich senkte den Geist ins Herz, zog die Luft ein und vergegenwärtigte mir dabei die

Worte, die ich sprach: Herr Jesus Christus. Alsdann stieß ich die Luft wieder aus und sagte: Erbarme Dich meiner. Darin übte ich mich anfangs ein bis zwei Stunden lang, dann dehnte ich diese Übung aus, je mehr ich mich darin vervollkommnete, und endlich war es so, daß ich beinahe den ganzen Tag mit dieser Beschäftigung zubrachte. Überkamen mich Schwere, Trägheit oder Zweifel, dann las ich unverzüglich in der „Tugendliebe“ jene Stellen, die über die Tätigkeit des Herzens unterweisen, und alsbald erwachten in mir Lust und Eifer zum Gebet. Nach etwa drei Wochen begann ich einen Schmerz im Herzen zu spüren, dann eine überaus wohltuende Wärme, Freude und Beruhigung. Solches feuerte mich an, immer häufiger und mit stets größerer Hingabe im Gebet zu verharren, so daß allmählich alle meine Gedanken davon erfüllt waren und ich große Seligkeit empfand. Von dieser Zeit an konnte ich bisweilen verschiedene neue Empfindungen im Herzen und im Geist wahrnehmen. Mitunter war es, als spürte ich ein beglückendes Beben im Herzen; es war so voller Leichtigkeit, Freiheit und Trost, daß ich wie verwandelt schien und vor Wonne zu vergehen glaubte. Dann wieder fühlte ich brennende Liebe zu Jesus Christus und zu der ganzen göttlichen Schöpfung in mir aufsteigen. Manchmal wieder entströmten meinen Augen ganz von selbst milde Tränen des Dankes an Gott, der mir verruchtem Sünder solche Gnade widerfahren ließ. Zuweilen aber lichtete sich mein sonst so dumpfer Verstand, und ich vermochte mühelos Dinge zu erfassen und zu ergründen, an die ich zuvor niemals hätte denken können. Und dann überströmte mich auch jeweilen überaus mächtig süße Herzenswärme, und ich verspürte voll Rührung in mir die Gegenwart Gottes. Oder aber ich empfand die allergrößte Freude beim Anrufen des Namens Jesu

Christi und erkannte daran, was das Wort bedeutet, welches Er gesprochen hat: Das Reich Gottes ist in euch.

Während ich solche und ähnliche erquickende Tröstungen erfuhr, merkte ich, daß sich die Wirkungen des Herzensgebetes auf dreierlei Weise kundtun: im Geist, in den Gefühlen und in der Erkenntnis. Im Geiste — zum Beispiel Süße der Liebe Gottes, innere Ruhe, Verzückung des Verstandes, Reinheit der Gedanken, beseligendes Gedenken Gottes; in den Gefühlen — wonnige Erwärmung des Herzens, Überfülle der Süßigkeit in allen Gliedern, freudiges Aufwallen des Herzens, Beschwingtheit und Frische, Lebenslust, Unempfindlichkeit gegenüber Schmerz und Kummer; in der Erkenntnis — Erleuchtung der Vernunft, Erfassung der Heiligen Schrift, Verständnis für die Sprache der Schöpfung, Loslösung von allem nichtigen Tun, Bewußtsein von der Süßigkeit des innern Lebens und Gewißheit der Nähe Gottes und Seiner Liebe zu uns.

Der Sonnengesang des Franziskus

Franziskus von Assisi

Höchster, allmächtiger, gütiger Herr!
Dein ist der Preis, der Ruhm, die Ehre und jegliche
Segnung.
Dir allein, Höchster, gebühren sie,
und kein Mensch ist würdig, dich zu nennen.

Preis dir, o Herr, mit allen deinen Geschöpfen,
vornehmlich unserer edlen Schwester, der Sonne;
sie schafft den Tag, und du leuchtest uns in ihr.
Schön ist sie und strahlend in großem Glanze,
ein Sinnbild von dir, o Allerhöchster!
Preis dir, o Gott, durch unsere Geschwister, den Mond und die Sterne;
du hast sie am Himmel gebildet, so klar, so köstlich, so schön.

Preis dir, o Gott, durch unsern Bruder, den Wind,
durch die Luft, durch wolkiges, heitres und jegliches Wetter,
wodurch du deinen Geschöpfen Erhaltung gewährst.

Preis dir, o Herr, durch unsre Schwester, das Wasser,
sehr nützlich ist es, bescheiden, köstlich und rein.

Preis dir, o Herr, durch unsern Bruder, das Feuer,
durch welches du die Nacht erhellest;
schön ist es und freudebringend, kraftvoll und mächtig.

Preis dir, o Gott, durch unsre Schwester, die Allmutter Erde,
die uns erhält und heget
und allerlei Früchte hervorbringt, nebst bunten Blumen und Kräutern.

Preis dir, o Herr, durch sie, welche um deiner Liebe willen
Verzeihung üben,
und Schwäche ertragen und Anfechtung.
Selig sie, die im Frieden verharren;
denn von dir, Allerhöchster, werden sie die Krone empfahen.

Preis dir, o Herr, durch unsern Bruder,
den zeitlichen Tod,
dem kein lebendiger entrinnen kann.
Weh' denen, welche in Todsünde sterben!
selig die, welche er in deinem heiligen Willen ruhend findet;
denn der zweite Tod wird ihnen kein Übel antun.

Lobet und preiset Gott den Herrn und danket ihm
und dienet ihm mit großer Demut!

Fürbitte

F. M. Dostojewski

Jüngling, vergiß nicht das Gebet. Jedesmal, wenn dein Gebet aufrichtig ist, taucht eine neue Empfindung in dir auf und mit ihr ein neuer Gedanke, den du früher nicht gekannt hast; er wird dich von neuem stärken, und du wirst begreifen, daß Gebet Erziehung ist. Vergiß auch nicht, jeden Tag und so oft du nur kannst, also zu beten: „Herr, erbarme dich aller, die vor dich hintreten.“ Denn in jeder Stunde und in jedem Augenblick verlassen Tausende von Menschen ihr Leben auf dieser Erde, und ihre Seelen treten vor Gott — und viele von ihnen scheiden einsam von dieser

Erde, von niemand gekannt, in Kummer und Trauer, daß sich niemand um sie bekümmert, ja, nicht einmal gewußt hat, ob sie gelebt haben oder nicht. Und siehe, vom anderen Ende der Welt erhebt sich dein Gebet zu dem Herrn und bittet um die Seelenruhe des Verlassenen, obgleich du ihn nicht kanntest und er nicht dich. Wie wird es aber seiner Seele sein, wenn er in dem Augenblick, da er in Furcht vor Gott steht, fühlt, daß auch für ihn jemand betet, und daß auf der Erde ein menschliches Wesen lebt, das auch ihn lieb hat? Ja, und auch Gott wird milde auf euch beide schauen, denn hast selbst du mit ihm Mitleid, um wieviel mehr wird er Mitleid haben, der so unendlich viel mildtätiger und mitleidiger ist als du? Und er wird ihm vielleicht um deinetwillen vergeben.

Das neue Lied

Anselm von Canterbury

So hoch emporgeführt, sei nicht träge im Lobe deines Schöpfers! Heische vielmehr inständig, er möge dir in seiner Milde einen neuen Sang in den Mund legen, auf daß du mit weihevoller Andacht unserem Gott ein Lied singest. Weil du mit Gott verbunden bist durch ein neues Leben, so ist es recht, daß du widerhallest bei seinem Lobe von einem neuen Liede, und daß du, das Irdische verachtend, dich einzig nach dem Ewigen sehnest. Mögest du nicht mehr aus Furcht vor Strafe, sondern aus Liebe zur Gerechtigkeit dem Gesetze Gottes gehorchen! Ein neues Lied singen vor Gott will nämlich besagen, die Neigungen des alten Menschen niedertreten und mit des Herzens ganzem Wollen und dem einzigen Verlangen nach dem ewigen Leben dahinschreiten auf den Wegen des neuen Menschen, die der Sohn Gottes der Welt gezeigt hat. Ein neues Lied singt auch, wer die Freuden jenes himmlischen Vaterlandes im Gedächtnis eines reinen Herzens bewahrt und sich anstrengt, zu ihnen zu kommen, getragen vom Bewußtsein eines heiligen Lebens, gestützt auf die Gnade von oben.

Das innere Gebet

Gerhard Tersteegen

Damit wir in die wahre göttliche Gleichmütigkeit gelangen, müssen wir uns, dünkt mich, sehr in acht nehmen, daß wir uns keines äußeren Dinges oder Begebenheit zu sehr annehmen, als wodurch oft alles in uns so durcheinandergeworfen und verwirret werden kann, daß die Natur von der Gnade, der äußere vom inneren Menschen nicht mehr können unterschieden werden: daß man dann nicht weiß, woran man sich halten soll, wie einer, der den Schwindel im Kopf hat. Ferner, so müssen wir uns treulich üben durch Gottes Gnade im inneren Gebet oder Einkehr, und uns die dazu nötige Zeit ohne erhebliche Ursachen nicht rauben lassen. Durch das wahre innere Gebet werden wir mehr aus allem Sichtbaren und aus uns selbst gelangen, welches eben das Land der Veränderlichkeit ist, und werden nach und nach in uns entdecken einen sehr edlen stillen, lauteren Grund des Gemüts, der nicht nur mit allen Veränderlichkeiten der äußeren Welt, sondern auch mit allen Abwechslungen unseres seelischen Menschen (daß ich so rede) keine Gemeinschaft hat, da aber Gott und die stille Ewigkeit sich offenbaret. Wen Gott dahin gebracht hat, der lebet durchgehends sehr gleichmütig nach diesem Teil; ja er kann insoweit nicht anders, als ruhig sein, weil in Gott keine Unruh' Platz hat und auch nicht in einer Seele, die in Gott bleibet. Doch stille, Mund und Feder! Dies muß mehr erfahren als gesprochen werden. Daneben dünkt mich, müssen wir uns nicht so stets ansehen und uns achten nach dem, was in uns ist, wider oder ohne Willen, verändert und abwechselt; sondern wir müssen sehen auf den Grund unseres Willens, auf unsere innerste Begierde, Herz und Liebe, welches alles eins ist, und uns damit an Gott, bei Gott und in Gott halten, so gut wir durch seine Gnade vermögen, denn so siehet uns auch Gott an, wie wir nach diesem Teile sind. Endlich müssen wir uns lernen, Gott in Wahrheit lassen durch die innigste und unwiderrufliche Übergebung unseres Ganzen in seine Hand und in sein unumschränktes Wohlgefallen, wodurch wir eigentlich und endlich in einen sehr unwankelbaren Stand versetzt werden, wenn uns die göttliche Barmherzigkeit dahin führet. Ich breche kurz ab, weil ich nicht gern von Dingen schreibe, die so weit über meine Erfahrung gehen; ich weiß auch nicht, wie ich im Schreiben darauf gekommen bin. Eure Liebe und Bescheidenheit wird alles zum Besten deuten.

Wortloses Beten

Madame Guyon

Mein Gebet war immer das gleiche; nicht ein Gebet, das in mir wäre, sondern in Gott, sehr einfach, sehr rein und sehr klar. Es ist kein Gebet mehr, sondern ein Zustand, von dem ich wegen seiner großen Reinheit nichts sagen kann. Ich glaube nicht, daß es auf der Welt etwas Einfacheres und Einigeres geben kann. Es ist ein Zustand, von dem man nichts sagen kann, weil er allen Ausdruck übertrifft: ein Zustand, in dem die Kreatur so ganz verloren und versunken ist, daß sie, mag sie auch außen frei sein, innen nichts mehr besitzt. So ist denn auch ihr Glück unwandelbar. Alles ist Gott, und die Seele wird nur noch Gottes gewahr. Sie hat keine Vollkommenheit mehr zu verlangen, hat kein Streben mehr, keinen Zwischenraum, keine Vereinigung, alles ist in der Einheit vollzogen, aber in einer so freien, so leichten, so natürlichen Weise, daß die Seele in Gott und von Gott lebt, so unbefangen, wie der Körper von der Luft lebt, die er einatmet.

Die Selbstprüfung vor Gott

Christoph Blumhardt

Das Gebet ist kein Zwangsmittel, mit dem wir den lieben Gott zwingen können, uns zu bedienen. Wir sollten vielmehr schüchtern werden im Gebet, als unartige Kinder; denn was hat der liebe Gott an uns? Viele meinen, der liebe Gott müsse noch froh sein, wenn sie ihn überhaupt zur Hilfe haben wollen in ihren Wünschen, und wenige besinnen sich, ob sie auch das Recht haben, alles nur geschwind von Gott zu erwarten für sich. Es wäre aber ein viel besseres Gebet, wenn man sich besinnen würde, warum wir in soviel Not steckenbleiben. Wir haben die Schuld, und nicht Gott. Und nicht am Beten fehlt's, sondern an der rechten Haltung zu Gott. Wir tun immer, als ob alles in Ordnung wäre, wenn wir nur beten. Aber nach unserem Beten frägt Gott nichts, wenn wir nicht andere Leute werden wollen. Wo das Reich Gottes hinreicht, da ist Gottes Hilfe; stehen wir aber draußen, so haben wir nichts zu erwarten.

Ich will Dich lieben, meine Stärke

Theresia von Jesu

Mein Gott, weil du die Liebe selbst bist, so bewirke, daß diese Tugend in mir vollkommen werde, also daß das Feuer deiner Liebe alle Unvollkommenheiten der Eigenliebe in mir verzehre. Dich will ich lieben über alles Erschaffene, du mein einziger Schatz und meine ganze Seligkeit. Mich will ich lieben in dir, wegen dir und für dich und ebenso auch meinen Nächsten, tragend seine Lasten, wie auch ich wünsche, daß er die meinigen trage. Alles außer dir will ich nur insofern lieben, als es mir behilflich ist, zu dir zu gelangen. Ich freue mich, daß du dich selbst vollkommen liebst, daß deine Engel und Heiligen in der ewigen Glorie unverhüllt und in klarer Anschauung unaufhörlich dich lieben, und daß auch alle Gerechten auf Erden, wo sie dich im Lichte des Glaubens erkennen und als ihr höchstes und einziges Gut, als das Ziel und den Mittelpunkt ihrer Neigung und Liebe umfassen, dich lieben. Möchten doch alle Unvollkommenen und alle Sünder der Welt das nämliche tun. Mit deiner Gnade will ich dazu beitragen, daß dies von ihnen geschehe.

Allein den Betern

Reinhold Schneider

Allein den Betern kann es noch gelingen,
Das Schwert ob unsern Häuptern aufzuhalten
Und diese Welt den richtenden Gewalten
Durch ein geheiligt Leben abzuringen.
Denn Täter werden nie den Himmel zwingen:
Was sie vereinen, wird sich wieder spalten,
Was sie erneuern, über Nacht veralten,
Und was sie stiften, Not und Unheil bringen.
Jetzt ist die Zeit, da sich das Heil verbirgt,
Und Menschenhochmut auf dem Markte feiert,
Indes im Dom die Beter sich verhüllen.
Bis Gott aus unsern Opfern Segen wirkt
Und in den Tiefen, die kein Aug' entschleiert,
Die trocknen Brunnen sich mit Leben füllen.

Gib meinem Herzen deine Glut

John Henry Newman

Lehre mich, Herr, und mache mich stark, das Leben der Heiligen und Engel zu leben. Heb mich empor aus der Schwäche und Reizbarkeit, aus der Empfindlichkeit und der Gesetzlosigkeit, darin meine Seele liegt, und fülle sie mit deiner Fülle. Hauche mich an mit dem Atem, der Kraft einflößt und Glut entzündet. Wenn ich dich bitte um Glut, so bitte ich um alles, was ich bedarf, und was du geben kannst. Wenn ich dich bitte um Glut, so bitte ich um Glauben, Hoffnung und Liebe in ihrem reinsten Wesen — so bitte ich um das treue Pflichtgefühl, das der verlangenden Liebe folgt — so bitte ich um Heiligkeit, Frieden und Freude, um alles zugleich. Nichts würde mir Mühe sein, nichts schwer, hätte meine Seele nur Eifersglut. Herr, wenn ich bitte um Glut, so bitte ich um dich, um nichts als dich, o mein Gott. Geh ein in mein Herz und fülle es mit Glut, indem du es füllest mit dir. Amen.

Amen

Augustinus

All unser Tun wird Amen und Alleluja sein. Was sagt ihr, Brüder? Ich sehe es, ihr habt es begriffen, ihr habt euch gefreut. Nicht in verklingenden Tönen werden wir Amen und Alleluja rufen, sondern in der Liebesregung des Herzens. Denn was ist Amen? Was ist Alleluja? Amen: „wahr ist es!“ Alleluja: „lobet Gott.“ Weil also Gott die unwandelbare Wahrheit ist, ohne Mehrung, ohne Zehrung, ohne Zu und Ab, ohne leiseste Makel des Falschen, immerwährend und beständig, unverweslich, ewigdauernd, was wir aber in der Geschöpflichkeit und in diesem Leben treiben, wie ein Gleichnis ist in den Sinnbildern der Körper, ein Etwas, worin wir im Glauben wandeln — darum werden wir, wenn wir einst Antlitz zu Antlitz schauen, was wir jetzt durch Spiegel und Rätsel sehen, mit unendlich, ja mit unsäglich anderer Liebesregung „wahr ist es“ rufen, und wenn wir Amen sagen, es sagen in unersättlicher Sättigung. Sättigung wird es sein, weil nichts mehr uns fehlen wird; weil aber das, was uns nicht fehlt, uns ewig entzücken wird, darum wird es, wenn man so sagen darf, eine Art unersättlicher Sättigung sein. So unersättlich dich also die Wahrheit sättigen wird, mit so unersättlicher Wahrheit wirst du rufen: Amen! Wer aber mag sagen, wie jenes sei, das „kein Auge gesehen, kein Ohr gehört, in kein Menschenherz aufstieg". Weil wir also ohne Ermatten und immerwährendem Entzücken die Wahrheit schauen und in untrüglichster Gewißheit sie erblicken werden, darum werden wir, durch die Liebe zur Wahrheit entzündet und in süßer und keuscher und unkörperlicher Umarmung ihr anhangend, sie mit solchen Rufen auch loben und sagen: Alleluja! So werden alle Bürger jenes Staates, in loderndster Liebe zueinander und zu Gott, sich zu ebenbürtigem Lobe ermuntern und jubeln: Alleluja! weil sie jubeln: Amen!

Das Zeugnis

Tertullian

O Zeugnis der Seele, die von Natur Christin ist!

Der Abgrund

Ernst Hello

Was liegt nicht alles in diesem Wort! Es gehört zu denen, die am häufigsten in der Schrift wiederkehren. Die Seele ist ein Abgrund: die Tiefe ist der Ort, von dem aus die Seele zur Höhe ruft: De profundis! De profundis! Wenn der Mensch einen Schrei zu Gott ausstößt, ist es immer ein Schrei de profundis. Die Tiefe erhebt ihre beiden Hände, weil das vom Sturm aufgewühlte Meer sich auftut vor dem Schrei, der vorübergeht, wie das Rote Meer von Moses, und wie das Rote Meer enthüllt er die Abgründe, die es bedeckt, die erstaunten Abgründe, die zum erstenmal den Tag sehn; und die Abgründe stoßen ihren ersten Schrei aus, weil die Tiefe ihre beiden Hände erhoben hat. Die menschliche Seele hat Abgründe, die das Licht noch nicht gesehen haben: sie hat ihre unerforschten Schluchten, die immerdar von großen Wassern bedeckt sind. Aber es kommt ein Augenblick, da die Tiefe ihre beiden Hände erhebt. Das Gebet schleudert alle Mächte der vom Sturm aufgewühlten Seele gegen den Himmel; die Abgründe, die jeglichem Blick verborgen waren, sehen zum erstenmal die Sonne, und ihr erster Blick ist wie ein Schrei, der sich der Unendlichkeit entgegenschwingt.

Die Tiefe in uns

Gerhard Tersteegen

In uns sind ganze Welten zu finden; in unserm Grund ist das Geheimnis der Bosheit und das Geheimnis der Gottseligkeit, die Tiefen des Satans und die Tiefen der Gottheit zu entdecken durch den Geist.

Was von beiden Teilen in der äußern Welt und vor den Sinnen erscheinet, ist nur ein Gewächs oder Zweig aus diesem Baum, ein Bild, Abdruck oder Kopie von dem innern Original. Alles außer uns ist und muß uns ein Spiegel sein von dem, was innerlich zu finden. Daher kommt es, daß erleuchtete Seelen so sehr aufs Stillesein und Einkehren dringen. Und, notabene, eben daher kommt es, daß sie alles in der Natur und in der Schrift so innerlich, oder, wie man spricht, mystisch deuten und verstehen, welches die Vernunft, die nur ein bildliches Gesicht hat, nicht ertragen kann; sie schauet das Bild im Spiegel an, das wäre so und so gestaltet; das hätte diese und jene Flecken usw. Sagt nun ein erleuchtetes Auge zu ihr, daß dieses Bild seine Absicht auf einen anderen Körper, das ist auf sie selbst habe: man solle nur anfangen, die Flecken in und an sich selbst zu erkennen und wegzuschaffen, so werde jenes Bild von sich selbst schon wieder rein werden, so stößt sich diese Närrin daran als an einer fremden und dunklen Lehre.

Ekstase

Symeon der Neue Theologe

Mich liebt er, der nicht in dieser Welt ist. Und inmitten meiner Zelle sehe ich ihn, der außer der Welt ist. Auf meinem Bette sitze ich und weile außer der Welt. Ihn aber, der ewig und doch geboren ist, sehe ich und rede mit ihm und wage zu sagen: Ich liebe, denn er liebt mich. Ich nähre mich von der Betrachtung, ich kleide mich darein, ihm vereint übersteige ich die Himmel. Und daß dies wahr und gewiß ist, weiß ich. Wo aber dann dieser Leib ist, erkenne ich nicht. Ich weiß, daß hinabsteigt, der unbewegt ist. Ich weiß, daß von mir geschaut wird, der von Natur unschaubar ist. Ich weiß, daß er, der aller Kreatur weit entrückt ist, mich in sich aufnimmt und mich in seinen Armen verbirgt, und ich finde mich außer der ganzen Welt. Hinwieder schaue ich Sterblicher und in der Welt ein Geringer, den ganzen Schöpfer der Welt in mir: und dieweil ich im Leben bin, umfange ich in mir das ganze blühende Leben und weiß, daß ich nicht sterben werde. In meinem Herzen ist er und wohnt im Himmel: hier und dort sehe ich ihn in gleichem Leuchten.

Suche die Begeisterung

F. M. Dostojewski

Du arbeitest für das Ganze, du schaffst für das Kommende. Lohn suche du nie, denn ohnehin ist dein Lohn hier auf Erden groß: diese Freudigkeit im Geiste erlangt nur der Gerechte. Fürchte nicht den Vornehmen und nicht den Mächtigen, und sei immer ein Weiser und Begeisterter.
Halte Maß und halte die Frist ein und lerne erkennen. Wenn du allein bleibst, so bete. Liebe die Erde und bedecke sie mit deinen Küssen. Küsse die Erde unermüdlich, liebe unersättlich, liebe alle und liebe alles, suche die Begeisterung und die Ekstase der Liebe. Benetze die Erde mit deinen Tränen der Freude und liebe diese deine Tränen. Und halte diese deine Begeisterung hoch, denn sie ist ein großes Geschenk Gottes, das nicht vielen verliehen wird, sondern nur den Auserwählten.

Seelenführung

Franz von Sales

Wir müssen uns inmitten aller Arbeit in der Ruhe des Herzens üben und unsere Seele im Frieden halten. Will im Gebet unsere Seele fliegen, mag sie es tun; will sie sich regen, mag sie es tun. Aber auch da ist das einfache Ruhen der Seele im Hinschauen auf Gott, im Verlangen nach Gott und im Genießen Gottes das beste. —
Hüten Sie sich vor aller Unruhe, die der Tod der heiligen Andacht ist. Richten Sie Ihre Seele nach oben; sehen Sie

die Welt nur an, um sie zu verachten, und die Zeit, um nach der Ewigkeit zu verlangen. Erneuern Sie oft die Hingabe Ihres Willens an Gott, und seien Sie ebenso bereit, ihn in der Trübsal zu verehren wie in der Zeit der Tröstungen.

Ihr Bruder schrieb mir, daß Sie Trauriges erlebt haben, ohne anzugeben, was es sei. Was es aber auch sei, es erweckt mein Mitgefühl; aber es tröstet mich auch, da er schreibt, daß Gott es Ihnen gesandt hat. Denn, meine liebe Tochter, was diese göttliche Hand uns schickt, ist stets dazu bestimmt, den Seelen, die ihn fürchten, zu nützen, sie zu reinigen oder in der heiligen Liebe zu läutern. Meine Tochter, Sie werden sehr glücklich sein, wenn Sie mit kindlich liebevollem Herzen annehmen, was unser Herr Ihnen aus väterlichem Herzen zu Ihrer Vervollkommnung schickt. Denken Sie oft an die Dauer der Ewigkeit, und die Ereignisse dieses Lebens der Vergänglichkeit werden Sie wenig beunruhigen.

Sie vergeuden Ihre Zeit unnütz, und was das schlimmste ist, auch Ihr Herz. Man hat Ihnen das Wort gebrochen; derjenige, der es getan hat, ist weit schlimmer daran. Wollen Sie sich deshalb mit einer so schlimmen Sache abgeben, wie sie ein häßlicher Prozeß ist? Sie würden sich sehr schlecht rächen, wenn Sie dadurch, nachdem man Ihnen Unrecht getan hat, auch noch Ihre Ruhe, Ihre Zeit und den Fortschritt Ihres Innenlebens aufs Spiel setzen würden. Sie können nicht mehr Mut zeigen, als wenn Sie die Verachtung verachten. —

Mein Wunsch, Sie von diesem schlimmen Prozeß abzuhalten, hat seinen Ursprung nicht im Mißtrauen in Ihr gutes Recht, sondern in der Abneigung und schlechten Meinung, die ich gegen jeden Prozeß und Streit habe. Der

Ausgang eines Prozesses ist immer ganz besonders dazu geeignet, Kosten, Bitterkeit, Unruhe, Zerstreuung des Herzens, Vorwürfe und eine Menge von Unannehmlichkeiten, die eine solche Betreibung gewöhnlich mit sich bringt, hervorzurufen. Vor allen Dingen halte ich Prozesse, die sich auf Schimpfworte und unerfüllte Versprechungen gründen, wenn kein höheres Gut auf dem Spiel steht, für mißlich und überflüssig, ja geradezu schädlich. Denn anstatt die Beschimpfung zu ersticken, bringen die Prozesse sie in die Öffentlichkeit, vergrößern sie und breiten sie aus, und anstatt die Erfüllung des Versprechens zu erzwingen, führen sie zum Gegenteil.

Sehen Sie, meine Tochter, das beste Heilmittel scheint mir in Wahrheit: die Verachtung der Verachtung und das Zeugnis des Edelmutes, das man durch Hinweggehen über die Schwäche und Unbeständigkeit desjenigen gibt, der ein gegebenes Versprechen gebrochen hat. Die meisten Beleidigungen werden besser als durch jedes andere Mittel durch Verachtung gutgemacht; die Beschämung ist dann für den Beleidiger größer als für den Beleidigten.

Ja, meine liebe Tochter, nach einer solchen Erschütterung muß man allen Mut zusammennehmen; ach, es sind natürliche Unfälle.

Ich wundere mich gar nicht, daß Sie sich davon überraschen ließen, und Ihr Herz nicht gleich sammeln und zu Ihrem Erlöser bringen konnten. Aber, meine Tochter, wir müssen uns gut vorbereiten, um es bei der ersten Gelegenheit, die sich bietet, besser zu machen; denn je mehr wir sehen, wie die Welt und die Bande, die uns hier halten, vergehen, desto mehr müssen wir unsere Zuflucht zu unserem Erlöser nehmen und bekennen, daß wir Unrecht taten, unsere Hoffnung und unseren Frieden auf etwas anderes zu gründen als auf ihn und die Ewigkeit, für die er uns bestimmt hat.

Ich muß Ihnen ein Wort im Vertrauen sagen: es gibt wohl kaum einen Menschen auf der Welt, dessen Herz zarter und für Freundschaft empfänglicher ist und jede Trennung lebhafter empfinden würde als das meine; und doch halte ich dieses vergängliche Leben für etwas so Geringfügiges, daß ich mich niemals mit mehr Liebe zu Gott wende, als wenn er mich schlägt oder zugibt, daß ich geschlagen werde. Meine Tochter, seien wir mit unseren Gedanken im Himmel: dann sind wir vor dem Unglück der Erde geschützt.

Der Rat, den Ihnen Ihre Cousine immer wieder gibt, zur Pflege Ihres Vaters daheim zu bleiben, um sich später ganz unserm Herrn zu weihen, gründet sich auf vielfache Erwägungen über Ihre jetzige Lage. Wenn Ihr Geist hierüber in vollem Gleichmut gewesen wäre, hätte ich Ihnen gewiß gesagt, daß Sie diesem Rat folgen sollen als dem würdigsten und besten, den man Ihnen geben kann; denn ich hätte ohne Bedenken im selben Sinne geraten. Aber da Ihr Gemüt nicht ruhig ist und diese Heirat wünscht, und Sie sich hierzu auch dann angetrieben fühlen, wenn Sie sich im Gebete an Gott gewandt haben, so ist es nicht ratsam, einem so starken Gefühl durch irgendwelche Bedenken Gewalt anzutun. Denn die Umstände, die sonst genügen würden, um mich dem Rat Ihrer Cousine anzuschließen, haben kein Gewicht gegenüber einer so tiefen Liebe und Neigung, wie Sie sie empfinden. Wenn sie schwach und zaghaft wäre, würde sie wenig zu bedeuten haben; aber da sie mächtig und stark ist, muß das ausschlaggebend für Ihren Entschluß sein.

Die Berührung mit der anderen Welt

F. M. Dostojewski

Mein Bruder bat die Vöglein um Verzeihung. Das scheint einem sinnlos, und doch tat er recht, denn alles ist wie ein Ozean, alles fließt und berührt sich. An einem Ende der Welt verursachst du eine Bewegung, und am anderen Ende der Welt hallt sie wider. Mag es sinnlos sein, die Vöglein um Verzeihung zu bitten, doch den Vögeln, den Kindern, ja, allen Tieren wäre es leichter in deiner Nähe, wenn du selbst besser, begeistert wärest, und wenn auch nur um ein wenig mehr als sonst. Alles ist wie ein Ozean, sage ich euch. Wärest du besser, so würdest du auch zu den Vöglein beten, in Begeisterung und Verzückung, gequält von deiner allumfassenden Liebe, und du würdest bitten, daß sie dir deine Sünde verzeihen. Halte fest deine Begeisterung, wie sinnlos sie den Menschen auch scheine.

Meine Freunde, bittet Gott um Fröhlichkeit, seid fröhlich wie die Kinder, wie die Vögel des Himmels. Und die Sünde der Menschen soll euch nicht bekümmern in eurer Tätigkeit, und fürchtet euch nicht, daß sie euch an der Vollendung eurer Tat hindern könnte, saget nicht: „Stark ist die Sünde, stark ist die Ehrlosigkeit, stark ist die schlechte Umgebung, wir stehen allein und sind machtlos, die schlechten Einflüsse werden uns verderben und uns an der Vollendung unseres guten Werkes hindern." Laßt solch eine Verzagtheit fern von euch sein, meine Kinder! Dafür gibt es nur eine Rettung. Mache dich selbst für die Sünden der Menschen verantwortlich. Ja, mein Freund, es ist in Wahrheit so, wenn du dich nur aufrichtig für alle und alles verantwortlich machst, so wirst du auch einsehen, daß es in der

Tat so ist, daß du allen gegenüber für alle schuldig bist. Wenn du aber deine Faulheit und deine Ohnmacht den Menschen zur Last legst, so wirst du in satanischen Hochmut verfallen und wider Gott murren. Vom satanischen Hochmut denke ich folgendes: Es ist schwer, ihn hier auf Erden immer zu erkennen, darum können wir ihm so leicht verfallen, selbst wenn wir meinen, groß und gut zu handeln. Ja, viele der stärksten Regungen und Gefühle unserer Natur können wir, solange wir auf Erden sind, nicht durchschauen und erkennen, aber lasse dich nicht verführen zu denken, daß das zu deiner Rechtfertigung dienen könnte, denn der ewige Richter fragt dich nicht nach dem, was du nicht erreichen, sondern nach dem, was du erreichen konntest. Du wirst dich noch selbst davon überzeugen, wenn du das berücksichtigst, und du wirst alles richtig erkennen und mit niemandem hadern. Wahrlich, wir irren auf der Erde herum, und wenn wir das Vorbild Christi nicht hätten, so würden wir uns gänzlich verirren und schließlich umkommen wie das Menschengeschlecht vor der Sintflut. Vieles auf der Erde ist uns verborgen, dafür ist uns aber das geheimnisvolle Bewußtsein der lebendigen Bande mit einer anderen Welt verliehen, mit einer höheren und erhabeneren Welt, denn unsere Gedanken und Gefühle hier auf Erden wurzeln in anderen Welten. Darum behaupten auch die Philosophen, daß man das Wesen der Dinge hier auf Erden nicht erkennen könne. Gott nahm die Samen, die er auf unsere Erde säte, aus anderen Welten, und es erwuchs ihm sein Garten, und alles ist aufgegangen, was aufgehen konnte, und alles, was wahrhaftig lebendig ist, ist nur durch das Bewußtsein der Berührung mit den anderen geheimnisvollen Welten lebendig; wenn sich dieses Gefühl abschwächt, oder wenn es abstirbt, so stirbt auch das Lebendige in dir. Dann wirst du auch dem Leben gegenüber gleichgültig und kannst es sogar hassen. Also denke ich.

Die Seligpreisungen

Matthäus 5, 3—12

Selig sind die geistlich Armen, denn ihrer ist das Reich der Himmel.

Selig sind die Trauernden, denn sie werden getröstet werden.

Selig sind die Sanftmütigen, denn sie werden das Land besitzen.

Selig sind, die hungern und dürsten nach der Gerechtigkeit; denn sie werden gesättigt werden.

Selig sind die Barmherzigen; denn sie werden Barmherzigkeit erlangen.

Selig sind, die reinen Herzens sind; denn sie werden Gott schauen.

Selig sind die Friedfertigen; denn sie werden Söhne Gottes heißen.

Selig sind, die um der Gerechtigkeit willen verfolgt werden; denn ihrer ist das Reich der Himmel.

Selig seid ihr, wenn sie euch schmähen und verfolgen und alles Arge wider euch reden um meinetwillen und damit lügen.

Freuet euch und frohlocket, weil euer Lohn groß ist in den Himmeln. Denn ebenso haben sie die Propheten verfolgt, die vor euch gewesen sind.

Des Christen Kunst und Weisheit

Martin Luther

Die allerhöchste Kunst und rechte Weisheit der Christen ist diese, daß man für gewiß und wahrhaftig halten und glauben kann, daß Christus in den Tod gegeben sei nicht um unserer Gerechtigkeit oder Heiligkeit willen, sondern um unserer Sünde willen, welche eine rechte, große, grobe, viele, ja unzählige und unüberwindliche Sünden sind. Darum darfst du dir nicht träumen lassen, als wären sie gering und klein, daß wir sie mit unseren eigenen Werken tilgen könnten.

Dagegen sollst du aber auch nicht verzweifeln, ob sie wohl so überaus groß sind, welches du erst erfährst, wenn es einmal, sei es im Leben oder Sterben, dazu kommt, daß du sie recht fühlst, sondern lerne das glauben, wie Paulus sagt, daß Christus sich selber gegeben habe nicht für erträumte oder gemalte Sünde, sondern für wahrhaftige; nicht für kleine, geringe, sondern für überaus große und grobe, nicht für eine oder zwei, sondern für alle, nicht für überwundene und getilgte, sondern für unüberwundene und starke gewaltige Sünden.

Denn freilich kann kein Mensch, ja auch kein Engel eine einzige, auch nicht die allergeringste Sünde überwinden. Und wenn du nicht unter denen, die da sagen, für unsere Sünden, auch gefunden wirst, das ist, unter denen, welche diese Lehre des Glaubens haben, lehren, hören, lernen, glauben und lieben, so magst du dich dessen wohl frei erwägen, daß es um deine Seligkeit geschehen und dann aller Dinge gar aus ist.

Jesus und Nikodemus

Johannes 3, 1—21

Es war aber ein Mensch unter den Pharisäern mit Namen Nikodemus, ein Vorsteher der Juden. Dieser kam des Nachts zu ihm und sagte zu ihm: Rabbi, wir wissen, daß du als Lehrer von Gott gekommen bist; denn niemand kann diese Zeichen tun, die du tust, es sei denn Gott mit ihm. Jesus antwortete und sprach zu ihm: Wahrlich, wahrlich, ich sage dir: Wenn jemand nicht von oben her geboren wird, kann er das Reich Gottes nicht sehen. Nikodemus sagte zu ihm: Wie kann ein Mensch geboren werden, wenn er alt ist? Kann er etwa zum zweitenmal in den Leib seiner Mutter eingehen und geboren werden? Jesus antwortete: Wahrlich, wahrlich, ich sage dir: Wenn jemand nicht aus Wasser und Geist geboren wird, kann er nicht in das Reich Gottes kommen. Was aus dem Fleisch geboren ist, das ist Fleisch, und was aus dem Geist geboren ist, das ist Geist. Wundre dich nicht, daß ich dir sagte: Ihr müßt von oben her geboren werden.

Der Wind weht, wo er will, und du hörst seine Stimme, aber du weißt nicht, woher er kommt, und wohin er fährt. So ist jeder, der aus dem Geist geboren. Nikodemus antwortete und sagte zu ihm: Wie kann dies geschehen? Jesus antwortete und sprach zu ihm: Du bist der Lehrer Israels und verstehst das nicht. Wahrlich, wahrlich, ich sage dir: Wir reden, was wir wissen, und bezeugen, was wir gesehen haben, und doch nehmt ihr unser Zeugnis nicht an. Wenn ich von den irdischen Dingen zu euch geredet habe, und ihr glaubt nicht, wie werdet ihr glauben, wenn ich von den himmlischen Dingen zu euch rede?

Und niemand ist in den Himmel hinaufgestiegen, außer dem, der aus dem Himmel herabgestiegen ist, der Sohn des Menschen, der im Himmel ist. Und wie Mose in der Wüste die Schlange erhöhte, so muß der Sohn des Menschen erhöht werden, damit jeder, der glaubt, in ihm ewiges Leben habe. Denn so sehr hat Gott die Welt geliebet, daß er seinen einzigen Sohn gab, damit jeder, der an ihn glaubt, nicht verloren gehe, sondern ewiges Leben habe. Denn Gott hat seinen Sohn nicht in die Welt gesandt, damit er die Welt richte, sondern damit die Welt durch ihn gerettet werde. Wer an ihn glaubt, wird nicht gerichtet; wer nicht glaubt, ist schon gerichtet, weil er an den Namen des einzigen Sohnes Gottes nicht geglaubt hat. Darin aber besteht das Gericht, daß das Licht in die Welt gekommen ist, und die Menschen liebten die Finsternis mehr als das Licht; denn ihre Werke waren böse. Denn jeder, der Böses tut, haßt das Licht und kommt nicht zum Licht, damit seine Werke nicht aufgedeckt werden. Wer aber die Wahrheit tut, kommt zum Licht, damit seine Werke offenbar werden, daß sie in Gott getan sind.

Die Wiedergeburt

Johannes Wesley

Ob du getauft bist oder nicht, du mußt von neuem geboren werden, sonst ist es nicht möglich, daß du innerlich heilig werden kannst; ohne innere sowohl als äußere Heiligkeit kannst du nicht glückselig sein, weder in dieser noch in der anderen Welt. Sagst du: Ich tue keinem Menschen Unrecht, ich bin ehrlich und redlich in all meinem Tun, auch fluche und mißbrauche ich den Namen Gottes nicht; ich entweihe nicht den Tag des Herrn; ich bin kein Trunkenbold und erlaube mir auch sonst keine Ausschweifungen; ich verleumde nicht meinen Nächsten und lebe auch sonst in keiner mutwilligen Sünde. Wenn dies so ist, so wäre es zu wünschen, daß alle Menschen so weit kämen wie du. Doch mußt du noch weiter gehen, oder du kannst nicht selig werden; du mußt von neuem geboren sein. Sagst du: Ich gehe noch weiter, ich tue nicht nur nichts Böses, sondern auch all das Gute, das ich tun kann. — Ich zweifle daran; ich fürchte, du hast tausend Gelegenheiten gehabt, Gutes zu tun, welche du unbenutzt hast vorübergehen lassen, und für welche du Gott verantwortlich bist. Hättest du sie aber auch alle benutzt, so bliebe es doch dabei: Du mußt von neuem geboren werden. Ohne dies hilft alles andere deiner armen befleckten Seele nichts. — Ich gebrauche aber auch alle von Gott verordneten Gandenmittel regelmäßig, ich besuche die Kirche und genieße das heilige Abendmahl. — Es ist gut, daß du es tust, aber alles dies errettet dich nicht von der Hölle, wenn du nicht von neuem geboren bist. Du magst zweimal des Tages zur Kirche gehen; das heilige Abendmahl jede Woche genießen; noch so viel beten, noch so gute Predigten hören, noch so viele Erbauungsbücher lesen; dessen ungeachtet mußt du von neuem geboren werden. Keines dieser Dinge, noch irgend etwas anderes kann an die Stelle der neuen Geburt treten. Wenn du dieses Werk Gottes in deiner Seele noch nicht erfahren hast, so bete unaufhörlich: O Herr, gib mir die größte deiner Segnungen, laß mich neu geboren werden. Versage mir sonst, was du willst, versage mir nur dies nicht. Laß mich von oben geboren werden! Nimm hinweg, was dir gutdünkt: Ehre, Geld, Freunde, Gesundheit, gib mir nur dies, aus dem Geiste geboren zu werden, eines der Kinder Gottes zu sein! Laß mich geboren werden, nicht aus vergänglichem Samen, sondern aus unvergänglichem, aus dem lebendigen Wort Gottes, das da ewiglich bleibt. Und dann laß mich täglich wachsen in der Gnade und in der Erkenntnis unseres Herrn.

Christ

Tertullian

Wir sind aus eurer Mitte hervorgegangen: man wird Christ, aber man wird nicht als solcher geboren.

Zeit und Ewigkeit

Jakob Böhme

Wem Zeit ist wie Ewigkeit,
Und Ewigkeit wie die Zeit,
Der ist befreit
Von allem Streit.

Frömmigkeit und Beruf

Franz von Sales

Da Gott die Welt schuf, befahl er den Pflanzen, daß sie Früchte trügen, eine jede nach ihrer Art. Auch an uns Menschen ergeht sein Befehl, daß wir Früchte tragen,

Früchte der Gottseligkeit — ein jeder nach seinem Stande und Berufe. Die Frömmigkeit muß sich also verschieden äußern: beim Hochgestellten anders als beim Taglöhner, beim Fürsten anders als beim Untertan, beim jungen Mädchen anders als bei der Frau oder Witwe. Neben dem Stande sind auch die persönlichen Kräfte, die Beschäftigung und die Pflichten des einzelnen maßgebend für die Weise seiner Gottseligkeit. Es wäre durchaus unpassend, wenn ein Bischof lebte wie ein Einsiedler, wenn Eheleute wie die Kapuziner auf den Erwerb zeitlicher Güter verzichten, wenn der Handwerker den ganzen Tag in der Kirche zubringen wollte. Eine solche Frömmigkeit wäre gewiß lächerlich, unzweckmäßig, ja unerträglich. Und doch kommen solche oder ähnliche Fehler bei ihrer Ausübung vor. So können wir es uns erklären, daß die Welt, die die wahre Frömmigkeit von ihrem Zerrbild nicht unterscheiden kann oder will, über sie lästert und sie in Verruf bringt.

Nein, meine teure Philothea, die wahre Frömmigkeit ist keine zerstörende, sondern eine aufbauende, ja vervollkommnende Macht in der Welt, und jede Frömmigkeit, die sich nicht mit dem zweckmäßigen Berufe eines Menschen vereinbaren läßt, ist falsch. Die Biene vernichtet die Blüte nicht, aus der sie Honig saugt, und wahre Frömmigkeit verletzt nicht nur keine der Standespflichten, sondern fördert, verschönert und veredelt sie vielmehr. Sie macht den einzelnen Menschen liebenswürdiger und in seinem Berufe gewissenhafter. Sie verleiht jeder Art von Beschäftigung Anmut und Würde. Sie erhöht das Familienglück; denn sie macht die Liebe aufrichtiger und tiefer.

Die Geopferten

Soeren Kierkegaard

Wie die kunstverständige Köchin bei einem Gerichte, in dem vorher eine Menge Zutaten miteinander gemischt sind, sagt: „Es muß noch ein klein bißchen Zimt hinein“ (und wir anderen können es vielleicht kaum schmecken, daß dieses kleine bißchen Zimt hineinkam, aber sie weiß bestimmt warum, und wie es, mit dem Ganzen gemischt, schmeckt); wie der Künstler bei dem Kolorit des ganzen Bildes, das aus den vielen, vielen Farben gebildet ist, sagt: „Da und da an diesem kleinen Punkte muß ein klein bißchen Rot angebracht werden (und wir anderen können vielleicht kaum einmal entdecken, daß da Rot ist, in dem Grade hat es der Künstler verschwinden lassen, während er ganz genau weiß, warum es angebracht werden sollte): so bei der Leitung des Ganzen.

O, die Weltleitung ist eine ungeheure Haushaltung, ein grandioses Gemälde. Doch macht's der Meister, Gott in den Himmeln, wie die Köchin und der Künstler, er sagt: Da muß noch ein kleines bißchen Zimt hinein, ein kleines bißchen Rot angebracht werden. Wir begreifen nicht, warum, wir sehen es kaum, in dem Grade verschwindet ein kleines bißchen Zimt im Ganzen, aber Gott weiß, warum.

Ein kleines bißchen Zimt! Das will heißen: Hier muß ein Mensch geopfert werden, er gehört mit dazu, um dem übrigen einen bestimmten Geschmack zu geben.

Das sind die Korrektive. Ein unseliger Irrtum ist es, wenn nun der, welcher zum Anbringen der Korrektive gebraucht wird, ungeduldig wird und das Korrektiv zum

Normativ für die andern machen will, das ist ein Versuch, alles zu verwirren.
Ein kleines bißchen Zimt! Menschlich geredet, welch ein Schmerz, so geopfert, das kleine bißchen Zimt zu sein! Aber Gott weiß andererseits wohl, wen er wählt, um ihn auf diese Weise zu benutzen, und dann versteht er es auch, ihm im innigsten Verständnis das Geopfertwerden so selig zu machen, daß man unter den tausend verschiedenen Stimmen, welche jede auf ihre Weise dasselbe ausdrücken, auch seine und vielleicht gerade seine in Wahrheit de profundis hört: Gott ist die Liebe. Der Vogel auf dem Zweige, die Lilie auf der Wiese, der Hirsch im Walde, der Fisch im Meere, zahllose Scharen froher Menschen jubeln: Gott ist die Liebe. Aber, gleichsam tragend wie die Baßpartie, klingt unter allen diesen Sopranen das de profundis von den Geopferten her: Gott ist die Liebe.

Die Heiligen

Friedrich Kohlbrügge

Bei „Heilige" denkt man immer an sittliche Vollkommenheit, denke du aber dabei an die Liebe Gottes. Denn diejenigen, welche er heilig heißt, heißt er deswegen so, weil er sich derselben angenommen und sich zu ihnen bekannt hat und ihnen den Zuspruch seines Friedens zukommen läßt. Weil also sein Wort zu ihnen gekommen, deshalb sind sie heilig, und dafür halte du es, du, dem es um Heiligkeit geht, daß du heilig bist, weil das Wort zu dir gekommen. Denn das Wort belegt mit seiner Herrlichkeit. Diejenigen aber, welche das Wort mit seiner Herrlichkeit belegt, sind eben deshalb in den Augen Gottes heilig, weil sie, an und für sich, sich gar nicht helfen können, sondern schwache Gefäße sind. Deshalb heißt es auch nicht: die Heiligen können sich selbst durchschlagen, sondern: der Geist vertritt sie nach dem, das Gott gefällt. „Heilige" sind also Leute, welche der Gesundheit bedürfen und auch darnach von Herzensgrunde sich sehnen. Es geht ihnen darum, daß sie vor Gott einhergehen, wie es Gott gefällt; sie sind aber eben deshalb manchmal darüber angefochten, daß es ihnen nicht so ergeht, wie es sein sollte. Es geht ihnen darum, daß ihr ganzes Sein nach Gott sei, das finden sie aber nicht; mit welchem Trost sie aber dabei von Gott getröstet werden, und was er für sie tut, dem wollen wir zu dieser Stunde miteinander nachgehen.

Der erste Schritt

Richard Baxter

Um recht zu verstehen, was die Ruhe der Heiligen ist, müssen wir wissen, daß sie folgendes voraussetzt:
1. Es sind Menschen, die noch auf Erden wandeln, welche diese Ruhe suchen. Die Engel und Verklärten besitzen sie schon, und die Teufel und Verdammten haben keine Hoffnung mehr, sie zu erlangen.
2. Die, welche sie suchen, müssen ein Ziel vor sich haben, nach dem sie streben, und an dem sie diese Ruhe finden. Das Ziel kann nur Gott sein, der das höchste Gut ist. Wer irgend etwas anderes für seine Seligkeit hält, der ist von vornherein auf dem Irrwege. Die erste Sünde, die zur Verdammnis abführt, ist, daß man etwas außer Gott zu seinem Ziel

und zu seiner Ruhe macht. Und der erste Schritt, der zum ewigen Heile führt, ist, daß man Gott allein zu seinem Ziel und zu seiner Seligkeit macht.

3. Sie müssen einsehen, daß sie noch fern von ihrem Ziele sind. Das eben ist das Traurige, daß der Mensch seit dem Sündenfall fern ist von Gott. Wir haben durch den Sündenfall Gott selber verloren und wurden ausgeschlossen von seiner beseligenden Nähe. Seitdem sind wir ohne Gott in der Welt. Deswegen gibt es auch kein wahres Glück mehr für uns auf Erden. Nicht allein aber, daß wir von der Nähe Gottes ausgeschlossen wurden, wir haben auch eine Richtung genommen, wo wir uns immer mehr von Gott entfernen. Wenn Christus kommt mit seiner erneuernden Gnade, findet er keinen still sitzend, sondern alle ziehen in ihr ewiges Verderben fort und eilen der Hölle zu, bis er erst durch den Weckruf seines Heils sie zum Stehen bringt, und sie sich bußfertig zu ihm bekehren.

Der Heilige in unserer Zeit

Carl Hilty

Ein Heiliger unserer Zeit, wenn Sie jemals einen solchen anzutreffen das Glück hätten, würde Ihnen wohl mit Sicherheit, wenn Sie ihn über seine innere Lebensgeschichte befragen, nur das zu sagen wissen: „Ich bin durch die unverdiente Gnade Gottes dahin geführt worden, ihn allmählich über alles zu lieben, ihm ganz zu vertrauen, gar nicht mehr daran zu denken, etwas anderes neben ihm zu schätzen, oder gegen seinen Willen zu handeln. Das macht mich ruhig, zuversichtlich und fröhlich, mit allen Menschen freundlich und einer noch unendlich besseren Zukunft gewiß. Gott verlangt nichts anderes von uns, als uns nahe sein zu können, ein ihm zugeneigtes Herz zu finden, das er mit seinem Geiste weiter ausbilden und beleben kann; was an freiem Willen in uns ist, das müssen wir dazugeben, ohne viel Spekulation, ob und inwieweit es einen solchen geben könne; alles andere ist dann seine Arbeit an uns, die in einer Fülle von sukzessiven Gaben besteht."

Wir glauben kaum, daß sich ein solcher Mensch viel mit den theologischen Fragen befaßt, welche seit Christus Tausende von subtilen Geistern beschäftigt, und oft schon blutige Glaubenskriege veranlaßt haben. Er wird weder viel über die Mysterien der Präexistenz Christi und seiner „Doppelnatur", noch über die Erklärung und Wirkung seines „Opfertodes", oder die Reinigungskraft seines Blutes nachdenken, sondern sich einfach an die Tatsache halten, daß durch eine solche wundervolle Erscheinung auf Erden alle Weissagungen des Alten Testamentes erfüllt, die Kräfte des Bösen im ganzen und im einzelnen Menschen erfahrungsgemäß gebrochen worden sind, dem freien Zugang des göttlichen Geistes in diese dunklen Erdentäler und in jedes menschliche Herz ein sicherer Weg gebahnt, und selbst der Tod, das dunkelste Rätsel der menschlichen Existenz, als überwindbar gezeigt worden ist. Diese Religion — wird er sagen — gibt dann dem menschlichen Geiste eine Tiefe, die er sonst nicht hat und weder aus sich selbst, noch aus der ausgebreitetsten Kenntnis der irdischen Welt schöpfen kann. Das zeigt sich auch in vielen berühmten Menschen der jetzigen Zeit; es fehlt etwas in ihnen; sie bleiben, in einem höheren Sinn genommen, doch oberflächlich. Käme dies eine dazu, so wäre die menschliche Erscheinung in ihnen erst vollständig geworden.

Möglich ist diese Vollendung, auch heute zweifellos. Gottes Geist kann jeden Menschen frei machen von allem, was ihn daran verhindert, und ist beständig bereit, es zu tun. Dann atmet er auf wie von einer langen Gefangenschaft und tritt in ein ganz neues Verhältnis zu allen Menschen, ja zu allen Geschöpfen, zu der ganzen belebten und nicht — oder vielleicht nur scheinbar für unser Verständnis nicht — belebten Welt, und es wird ihm wieder wohl in derselben. Wo dies Gefühl noch nicht besteht, da ist jedenfalls noch keine Heiligkeit zustande gekommen.

Christliche Existenz

Hamann

Der Christ tut alles in Gott; essen und trinken, aus einer Stadt in die andere reisen, sich darin ein Jahr aufhalten und handeln und wandeln, oder darin stillsitzen und harren, sind alles göttliche Geschäfte.

Die rechte Stellung zur Welt

Katharina von Siena

Glaubet nicht, Gott wolle uns alle Liebe zur Welt verbieten. Nein, wir sollen sie lieben, da alles, dem er Dasein gab, unserer Liebe wert ist. Gott, die höchste Güte, hat alles gut erschaffen und kann nur Gutes schaffen. Was die Dinge dieser Welt schlecht und uns der Sünde schuldig macht, ist nur der Umstand, daß wir sie nicht so lieben, wie wir sollten, nicht mit der wahren Demut, die sie als sein uns nur geliehenes Gut anerkennt.

Werk und Wesen

Meister Eckehart

Die Leute sollten nicht immer so viel nachdenken, was sie wohl tun sollen, sie sollten lieber bedenken, was sie sein sollen. Wären sie nur gut und ihre Art, so möchten ihre Werke sehr leuchten. Bist du gerecht, so sind auch deine Werke gerecht. Denke nicht, dein Heil zu setzen auf ein Tun: man muß es setzen auf ein Sein. Denn die Werke heiligen uns nicht, sondern wir müssen die Werke heiligen. Und seien es noch so fromme Werke, sie heiligen darum, weil wir sie verrichten, uns auch nicht im mindesten: sondern soweit wir Sein und Wesen haben, soweit heiligen wir all unser Tun, gleich ob Essen, Schlafen, Wachen oder was sonst. Die nicht von großem Wesen sind, was die auch schaffen, da wird nichts daraus. Entnimm hieraus, wie man allen Eifer darauf richten muß, daß man ein Guter sei: nicht so sehr, was man tue, oder in welche Gattung die Werke schlagen, sondern wie der Grund der Werke sei. Der Grund, auf dem es beruht, ob des Menschen Wesen gut sei, der Grund zugleich, von dem des Menschen Werke ihren Wert empfangen, ist: ob unser Gemüt gänzlich zu Gott gekehrt sei. Darauf setz all dein Studieren, daß Gott in dir groß werde und dein Ernst und Eifer ihm gelte in allem Tun und Lassen! Um so besser fürwahr werden, welches Namens immer, auch deine Werke sein. Suche Gott, so findest du

Gott und alles Gute dazu. Ja, du könntest in solcher Gesinnung auf einen Stein treten, und es wäre eher ein frommes Werk, als wenn du bloß um deinetwillen den Leib des Herrn nähmest, deine Gesinnung also der Abgeschiedenheit ermangelte. Wer sich an Gott hängt, dem hängt Gott sich an und alles Tüchtige. Und was du zuvor suchtest, das sucht nun dich, welchem du zuvor nachjagtest, das jagt nun dir nach, und was du zuvor fliehen mußtest, das flieht nun dich. Darum: zu dem er sich an Gott hängt, zieht sich, was göttlich ist, und weicht von hinnen, was Gott unähnlich und fremd ist.

Der Christ schreitet vorwärts

Nikolaus Gogol

Mein Freund! Halte dich nicht für mehr als für einen Lehrling und für einen Schüler. Glaube nicht, daß du schon zu alt bist, um noch zu lernen, daß deine Kräfte und Fähigkeiten schon die rechte Reife und den höchsten Grad der Entwicklung erreicht, und daß dein Charakter und deine Seele schon ihre rechte Gestalt angenommen haben und nicht mehr besser werden können. Für einen Christen gibt es keine vollendete Lehrzeit, er bleibt ein ewiger Lehrling, ein Schüler bis zum Grabe. Nach dem gewöhnlichen Lauf der Dinge erreicht der Mensch seine höchste Verstandesreife mit dreißig Jahren. Zwischen dem dreißigsten und dem vierzigsten Jahre geht es mit seinen Kräften noch ein wenig aufwärts; jenseits dieser Altersgrenze aber gibt es kein Fortschreiten mehr und wird alles, was der Mensch produziert, nicht nur keineswegs besser, sondern sogar schwächer und kälter als das, was er früher hervorgebracht hat. Dies gilt jedoch nicht für einen Christen, und wo für die andern die Grenze der Vollkommenheit liegt, da beginnt der Weg erst für den Christen. Die begabtesten und fähigsten Menschen werden, wenn sie das vierzigste Jahr überschritten haben, stumpf, müde und schwach. Nimm alle Philosophen und die größten weltumspannenden Genies: ihre Blütezeit fällt in die Epoche ihrer besten Mannesjahre; von da ab beginnt ihr Geist bereits nachzulassen, und im Alter fallen sie sogar häufig in Kindheit zurück. Denke zum Beispiel an Kant, der während seiner letzten Jahre fast gänzlich das Gedächtnis verlor, ein Kind wurde und starb. Vergleiche damit das Leben aller Heiligen, und du wirst sehen, daß sie an Verstand und Geisteskräften erstarkten, je gebrechlicher sie wurden, und je mehr sie sich dem Tode näherten. Selbst die unter ihnen, die von Natur keineswegs mit glänzenden Gaben ausgestattet waren und ihr ganzes Leben lang für einfältig und dumm galten, setzten die Menschen später durch die Weisheit ihrer Reden in Erstaunen. Woher kommt das wohl? Weil sie sich jene vorwärtstreibende Kraft erhielten, die jeder andere Mensch nur während seiner Jugendjahre besitzt, wenn er von Heldentaten träumt, denen der Lohn des allgemeinen Beifalls winkt, wenn er noch in rosige Fernen blickt, die für den Jüngling so viel Verlockendes haben. Versinken aber diese Fernen erst einmal und mit ihnen die Heldentaten — so erlischt auch die Kraft, die ihn vorwärts treibt. Vor dem Christen aber strahlt ewig eine lockende Ferne, und ihm stehen stets unvergängliche Heldentaten bevor. Wie ein Jüngling sehnt er sich nach den Kämpfen des Lebens; ihm fehlt es nie an einem Feind, gegen den er zu streiten und anzukämpfen hätte, weil sein in sich zurückgewandter

Blick, der immer an Schärfe und Klarheit zunimmt, ihm in seinem Innern stets neue Gebrechen und Fehler entdeckt, die ihn zu neuen Kämpfen aufrufen. Daher können auch seine Kräfte nie ganz einschlummern und schwächer werden, sie werden vielmehr unaufhörlich geweckt, und der Wunsch, besser zu sein und sich den himmlischen Beifall zu verdienen, ist ihm ein solcher Ansporn, wie ihn nicht einmal der ehrgeizigste Mensch in seiner unersättlichen Ehrfurcht besitzt. Das ist der Grund, weswegen der Christ noch weiter fortschreitet, wenn die andern Menschen bereits Rückschritte machen, und warum er immer klüger wird, je weiter er fortschreitet.

Lobe Ihn ohne Ende

Anselm von Canterbury

Genügen dir die unendlichen Wohltaten des Schöpfers noch nicht, um immerwährend zu danken und die Schuld deiner Liebe abzutragen? Bedenke, wie Gottes Güte dich aus dem Nichts, oder vielmehr aus dem Lehm, gleich zu Beginn deines Werdens zu solcher Erhabenheit erhöht hat! Darum verwirkliche in deinem Leben die Denkweise der Heiligen; beachte, was von einem Heiligen gesagt wird. Wie wird jener Heilige gelobt? „Aus ganzem Herzen lobte er den Herrn." Siehe, dazu bist du erschaffen, das ist die Aufgabe deines Dienstes. Hätte dich Gott durch eine so herrlich bevorzugte Erschaffung erhöht, wenn er nicht gewollt, du sollest nur daran denken, ihn ohne Unterlaß zu loben?

Du bist also erschaffen, deinen Schöpfer zu loben. Widmest

du dich seinem Lobe, dann schreitest du immer näher hin zu ihm schon auf Erden durch die verdienstliche Heilsgerechtigkeit und wirst glücklich leben im Jenseits. Durch dieses Gotteslob erwirbst du dir hienieden Heilsgerechtigkeit und drüben Glückseligkeit.

Doch wenn du lobst, dann lobe aus ganzem Herzen, lobe liebeglühend! Das ist die von den Heiligen aufgestellte Regel des Lobens: „Von ganzem Herzen lobte er den Herrn und liebte Gott, der ihn erschaffen." Lobe also, lobe aus ganzem Herzen und liebe, den du lobst; denn dazu bist du erschaffen, daß du lobst und liebest. Mancher lobt den Herrn, aber er lobt ihn nicht aus ganzem Herzen, denn, ist das Glück ihm hold, preist er Gott; kommt aber das Unglück, so hält es ihn zurück von der Aufgabe, Gott zu preisen. Manch einer lobt Gott, aber liebt ihn nicht; denn er sucht beim Gotteslob etwas anderes als das Eine: Gott zu loben. Also lobe Gott, aber lobe ihn würdig, so daß du, soweit deine Kraft ausreicht, in all deinen Sorgen, in all deinem Streben, in all deinem Denken, in aller Geschäftigkeit deines Gemütes niemals vom Gotteslobe ablässest. Von diesem Loben bringe dich nicht ab ein glückverwöhntes Leben noch irgendein widriges Schicksal. Denn nur so lobst du den Herrn von ganzem Herzen. Wenn du ihn aber aus ganzem Herzen lobst und ihn liebend lobst, dann erbitte von ihm nichts anderes als ihn selbst. Nur er soll sein deiner Sehnsucht Ziel, nur er deiner Arbeit Lohn, nur er der Trost dieses schattenhaften Lebens, nur er der Besitz jenes wonnegesättigten Lebens.

Dazu bist du geschaffen, Gott ohne Ende zu preisen. Freilich, das wirst du erst dann voll begreifen, wenn du durch die beseligende Gottesschau erhoben bist und schaust, daß es einzig seine freischenkende Güte ist, welche dich, da du nicht warst, schuf, berief, gerecht machte und verherrlichte, für eine so unsagbar selige Seligkeit. Dieses schauende Versenken wird dir eine Liebe geben, in der du ihn unermüdlich ohne Ende lobst. Aus ihm, durch ihn und in ihm wirst du dich erfreuen, da er dich mit so großen und unwandelbaren Gütern beseligt hat.

Hungern und Dürsten

Christoph Blumhardt

Ich glaube, das ist die Aufgabe unserer Zeit. Nicht das ist die Aufgabe, daß wir laut stürmen mit dem, was wir haben, denn wir haben wenig. Nicht das ist die Aufgabe, daß wir uns rühmen dessen, was wir empfangen von der Kirche und dessen, was sie in sich schließt. Nicht das ist die Aufgabe, vor der Welt ein großes Wesen zu machen von dem ungeheuren Heil in Jesus Christus, das erschienen ist, denn es ist noch zu viel Finsternis in der Welt und zu viel Spottens. Aber die Aufgabe werden wir haben, daß wir unter allem Gewirre der Welt suchende Leute werden, Erscheinung Jesu Christi suchende Leute, Suchende nach dem, was allein diesen Frieden bringen kann. Wir sind umgeben von unzähligen Menschen, die diesen Frieden noch nicht fanden und die fast verzweifeln in dem Bedürfnis, etwas von diesem Frieden zu erleben. Darum müssen wir uns in die Linie der verzweifelnden Menschen stellen, derer, die nichts haben, und obwohl wir etwas haben, wollen wir als die erscheinen, die nichts haben, und die mit ihnen in den Tiefen der Verderbnis dieser Welt suchende Menschen sind. Vielleicht daß etwas Licht damit aufgeht, vielleicht daß wir doch diesem und jenem sagen können, wie sie Geduld haben und ausharren sollen und nicht nachlassen, im Durst ihrer Seele zu beharren und gerade auf das zu drücken, was ihnen also Bedürfnis ist. Es gibt auch Tröster, die nehmen den Leuten dieses Bedürfnis und möchten ihnen einreden, das sei zu viel erwartet; sie möchten den Durst stillen, indem sie ihnen allerlei Gedanken und Redensarten vorsagen, an denen der Geist sich ein wenig erquicken kann. Aber unzählige lassen sich eben mit dem nicht mehr vertrösten, und zu allen Zeiten hat es viele Menschen gegeben, die im Jammer in die Grube gefahren sind, weil man ihnen zugemutet hat, sie sollten sich mit dem vertrösten. Wir aber wollen keine solchen Tröster sein. Wir wollen solche Tröster sein, die sagen: der Jammer der Jammernden hat recht! das Zagen der Zagenden hat recht! der Durst der Dürstenden hat recht! der Hunger der Hungernden hat recht! Es fehlt in der Welt der Friede, welcher kommt, wenn wir Jesus essen und trinken, wenn wir ihn handgreiflich sehen würden in den Erscheinungen, in welchen er die Bande in unseren Herzen löst, in welchen er auch die Verfinsterungen unseres Geistes bezüglich der göttlichen Dinge wegnimmt.

Gott dienen

Oliver Cromwell

Ja, es ist eine große Gnade, von Gott würdig befunden zu werden, ihm zu dienen; das hast du ja auch schon genießen dürfen, und es ist recht, daß du im Gedanken an deine früheren Erfahrungen so redest. Er ist ein solcher Herr, der jeden Knecht, auch den untersten, an seinem Platze schätzt, und der, welcher den obersten Platz hat, kann sich nur des einen rühmen, daß er von ihm gnädig angesehen wurde; wem viel gegeben ist, von dem wird auch viel gefordert. Ob hoch oder niedrig, arm oder reich, macht das Glück noch nicht aus, sondern allein, ob wir im Herrn sind. Nein, auch das sicherste, aussichtsreichste Dasein, das wir uns selber wählen, kann uns keine Befriedigung gewähren, und auch die größte Zurückgezogenheit bringt uns an sich noch nicht innerlich Ruhe und Frieden, sondern der Wind bläst, wo er will, und wenn es sich zeigt, daß wir für den Herrn leben, so wird er uns geben, was wir nötig haben, ja oft uns mit Güte überschütten.

Was allein wirkt

Thomas Carlyle

Frömmigkeit gegen Gott, der Edelsinn, welcher eine menschliche Seele dazu begeistert, himmelan zu streben, kann durch keine auserlesensten Katechismen, durch kein noch so emsiges Predigen und Drillen „gelehrt" werden. Ach nein. Nur durch ganz andere Methoden — hauptsächlich durch stilles, beständiges Beispiel, stilles Abwarten der günstigen Stimmung und des rechten Momentes und dann gefördert durch eine Art Wunder, wohl richtiger „Gnade Gottes" genannt, kann jene heilige Ansteckung von Seele zu Seele übergehen. Wie unendlich eindringlicher als ganze Bibliotheken orthodoxer Theologie ist nicht zuweilen die stumme Tat, der unbewußte Blick eines Vaters, einer Mutter, welche „Gottesfurcht, frommen Edelsinn" besaßen!

Vom Jünger gewinnen

Matthias Claudius

Es gibt einige Leute, Andres, die alles bekehren wollen und mit der Bibel in der Hand hinter jedem hochfahrenden Geist und Taugenichts herlaufen. Das soll aber nicht sein und ist ärgerlich anzusehen; wo auch der Fehler stecke. Die Lehre Christi, die nicht einer wert ist zu hören, mag allerdings allen Menschen gepredigt werden; aber sie soll nicht weggeworfen werden, und wer's nicht besser haben will, der mag's bleiben lassen.

Unser Herr Christus spricht auch gar nicht anders über die Jüngerschaft. „Wer ist unter euch, der einen Turm bauen will und sitzet nicht zuvor und überschlägt die Kosten, ob er's habe hinauszuführen? auf daß nicht, wo er den Grund gelegt hat und kann's nicht hinausführen, alle, die es sehen, fahen an, seiner zu spotten, und sagen: dieser Mensch hub an zu bauen und kann's nicht hinausführen. — Also auch ein jeglicher unter euch, der nicht absaget allem, das er hat, kann nicht mein Jünger sein." Und in seiner Instruktion an seine ausgehenden Apostel: „Wo ihr aber in eine Stadt oder Markt gehet: da erkundiget euch, ob jemand drinnen sei, der es wert ist; und bei demselben bleibet, bis ihr von dannen ziehet, — und wo euch jemand nicht annehmen wird noch eure Rede hören, so gehet heraus von demselbigen Hause oder Stadt und schüttelt den Staub von euren Füßen."

SOLL ICH MEINES BRUDERS HÜTER SEIN?

Nächstenliebe

Franz von Sales

Ich will meine Nebenmenschen lieben, Herr Gott, himmlischer Vater, weil du sie liebst. Du hast sie mir zu Brüdern und Schwestern gegeben, und es ist dein Wille, daß ich sie liebe, wie du sie liebst.

Die Brüderschaft der vom Schmerz Gezeichneten

Albert Schweitzer

Die, die an sich erfuhren, was Angst und körperliches Weh sind, gehören in der ganzen Welt zusammen. Ein geheimnisvolles Band verbindet sie. Miteinander kennen sie das Grausige, dem der Mensch unterworfen sein kann, und miteinander die Sehnsucht, vom Schmerz frei zu werden. Wer vom Schmerz erlöst wurde, darf nicht meinen, er sei nun wieder frei und könne unbefangen ins Leben zurücktreten, wie er vordem darin stand. Wissend geworden über Schmerz und Angst muß er mithelfen, dem Schmerz und der Angst zu begegnen, soweit Menschenmacht etwas über sie vermag, und andern Erlösung zu bringen, wie ihm Erlösung ward.

Wer durch ärztliche Hilfe aus schwerer Krankheit gerettet wurde, muß mithelfen, daß die, die sonst keinen Arzt hätten, einen Helfer bekommen, wie er einen hatte.

Wer durch eine Operation vom Tode oder der Qual bewahrt wurde, muß mithelfen, daß da, wo jetzt Tod und Qual noch ungehemmt herrschen, der barmherzige Betäubungsstoff und das helfende Messer ihr Werk beginnen können.

Die Mutter, die es ärztlicher Hilfe verdankt, daß ihr Kind noch ihr und nicht der kalten Erde gehört, muß helfen, daß der armen Mutter da, wo noch keine Ärzte sind, durch einen Arzt erspart bleiben könne, was ihr erspart blieb.

Wo das Todesleiden eines Menschen hätte furchtbar werden können, durch die Kunst eines Arztes aber sanft werden durfte, müssen die, die sein Lager umstanden, mithelfen, daß andern derselbe letzte Trost für ihre Lieben zuteil werden könne.

Dies ist die Brüderschaft der vom Schmerz Gezeichneten, der das ärztliche Humanitätswerk in den Kolonien obliegt. Aus ihren Dankbarkeitsgaben soll es entstehen. Als ihre Beauftragten sollten die Ärzte hinausgehen, um unter den Elenden in der Ferne es zu vollbringen, was im Namen der Menschlichkeitskultur vollbracht werden muß.

Früher oder später wird sich die Idee, die ich hier ausspreche, die Welt erobern, weil sie in unerbittlicher Logik sowohl das Denken wie das Herz zwingt.

Ist es aber an der Zeit, sie jetzt in die Welt zu senden? Europa ist ruiniert und im Elende. So vieler Not haben wir in unserem nächsten Gesichtskreise zu wahren. Wie können wir noch der fernen gedenken?

Die Wahrheit hat keine Stunde. Ihre Zeit ist immer und gerade dann, wenn sie am unzeitgemäßesten scheint. Die Sorge um die nahe und um die fremde Not vertragen sich, wenn sie miteinander genug Menschen aus der Gedankenlosigkeit wecken und einen neuen Geist der Humanität ins Leben rufen.

Das Verhalten gegenüber dem Bösen

F. M. Dostojewski

Wirke unermüdlich. Wenn du in der Nacht aus dem Schlafe erwachst und dir sagen mußt: „Ich habe nicht getan, was ich hätte tun sollen", so erhebe dich sofort und tue es. Wenn dich böse und gefühllose Menschen umgeben und über dich lachen und dich nicht hören wollen, so falle vor ihnen nieder und bitte sie um Vergebung, denn du, du bist in Wahrheit selbst schuld daran, daß sie dich nicht anhören wollen. Wenn du aber mit den Verbitterten nicht mehr reden kannst, so diene ihnen schweigend und in Demut, ohne je deine Hoffnung zu verlieren. Wenn aber alle dich verlassen und mit Gewalt dich von sich stoßen und dich von allem ausschließen, so falle zur Erde nieder und küsse die Erde, netze sie mit deinen Tränen, und die Erde wird aus deinen Tränen Frucht bringen, obgleich dich niemand gesehen noch gehört hat in deiner Einsamkeit. Glaube bis ans Ende, und wenn es auch sein sollte, daß alle sich vom Glauben abwendeten und nur du allein treu bliebest, so bringe auch dann deine Opfer und lobe Gott. Und wenn sich dann noch einer wie du zu dir gesellt — siehe, dann ist bei euch die ganze Welt, die Welt der lebendigen

Liebe: Umarmt euch beide in Begeisterung und lobet Gott, denn, wäre es auch nur in euch beiden, so hat sich doch die Wahrheit Gottes bewährt.
Wenn du selbst sündigst und zu Tode betrübt bist wegen deiner Sünden, oder wenn du plötzlich in Sünde verfällst, so freue dich über den anderen, über den Gerechten, freue dich, daß, während du sündigtest, er gerecht blieb.
Wenn die Bosheit der Menschen dich bis zum Unmut und unerträglichen Kummer aufreizt, so daß in dir der Wunsch sich erhebt, Rache an den Bösewichtern zu nehmen, so fürchte dich am meisten vor diesem Gefühl, gehe sofort und suche dir Qualen, als wenn du allein an der Bosheit der Menschen schuldig wärest. Nimm die Qualen auf dich und erleide sie, und dein Herz wird sich beruhigen, und du wirst verstehen, daß du selbst schuld hast, denn du hättest als einziger Reiner den Bösewichtern leuchten können, und du hast nicht geleuchtet. Wenn du aber hättest leuchten können, so hättest du mit deinem Licht anderen den Weg erleuchtet, und derjenige, der die böse Tat vollführt hat, hätte sie in deinem Lichte unterlassen. Und selbst wenn du ihnen geleuchtet hättest, und wenn du siehst, daß du die Menschen mit deinem Licht nicht retten kannst, so verzweifle nicht an der Kraft des himmlischen Lichtes; glaube daran, daß es sie, wenn nicht jetzt, so doch später wird retten können. Wenn aber auch sie nicht gerettet werden, so werden es ihre Kinder, denn dein Licht stirbt ja nicht, wenn auch du schon gestorben bist. Der Gerechte geht dahin, doch sein Licht bleibt. Sie bekehren sich ja immer erst nach dem Tode des Bekehrers.

Das Blut der Armen

Léon Bloy

Das Blut der Armen ist das Geld. Seit Jahrhunderten ist es eine Speise des Lebens und des Todes. Es ist bildhaft der Inbegriff alles Leidens. Es ist der Ruhm und die Macht. Es ist die Gerechtigkeit und die Ungerechtigkeit. Es ist die Qual und die Lust. Es ist häßlich und anbetungswürdig, brennendes und blutüberströmtes Symbol Christi, des Erlösers, in quo omnis constant.

Das Blut des Reichen ist ein stinkender Eiter, der aus den Schwären Kains fließt. Der Reiche ist ein böser Armer, ein stinkender, lumpiger Bettler, vor dem die Sterne Angst haben.

Die Offenbarung lehrt uns, daß Gott allein arm ist, und daß sein einziger Sohn der einzige Bettler ist. „Solus tantummodo Christus est qui in omnium pauperum universitate mendicet“, sagte Salvian. Sein Blut ist das Blut der Armen, durch das die Menschen „erkauft sind um hohen Preis“. Sein kostbares Blut, das ganz rot und ganz rein ist, kann alles bezahlen.

Das Geld muß also sein Abbild sein: das Geld, das gegeben wird, das ausgeliehen wird, das verkauft wird, das verdient wird, das gestohlen wird; das Geld, das tötet und lebendig macht wie das Wort, das Geld, das angebetet wird, das eucharistische Geld, das getrunken und gegessen wird. Es ist die Wegzehrung für die unstete Lebensgier und die Wegzehrung im Tode. Alle die verschiedenen Seiten des Geldes sind verschiedene Seiten des Gottessohnes, der das Blut schwitzt, durch das für alles die Verantwortung übernommen wird.

Nur darüber ein Buch zu schreiben, erscheint vielleicht sinnlos. Das heißt nämlich: sein Angesicht den christlichen Henkern darbieten, welche die Reichen, die Jesus verabscheut und verflucht hat, selig erklären. Aber es gibt vielleicht noch lebendige Herzen in diesem riesengroßen Dunghaufen der Herzen; für diese will ich schreiben.
Gestern brach die Sintflut über Sizilien herein; sie ist ein Vorspiel oder ein Vorläufer für viele andere, vorläufig die letzte Warnung, ehe die Drohungen von La Salette sich erfüllen. Messina soll eine stolze Stadt gewesen sein, nicht weit von der Pentapolis. Zweihunderttausend Menschen sind dort durch ein Erdbeben umgekommen. Hat jemand auch bedacht, daß höchstens hunderttausend Menschen auf der Stelle tot gewesen sind? Daraus folgt, daß hunderttausend Todeskämpfe auf fünfzehn oder zwanzig Tage verteilt waren.

Ich will als Liebhaber der Gerechtigkeit annehmen, daß die Reichen nach so viel anderen Vorrechten auch mit diesem Vorrecht gesegnet worden sind, und daß ihnen diese Gelegenheit, im Vorhof der Hölle über die Freuden und die Beständigkeit des Reichtums nachzudenken, nicht vorenthalten worden ist. Von einer Überlebenden, die unter den Trümmern eingesperrt war, wird erzählt, daß ihre Katze, die mit ihr verschüttet wurde, ihre Hand aufgefressen hat. War es die „Rechte" oder die „Linke", diese Hand, die wie jede Hand zum Geben geschaffen war? Da sie vergessen hatte, die Hungrigen zu speisen, diente sie vielleicht diesem einen Tiere zur Nahrung, das ihr so die Treue hielt.

Das ist eine schreckliche, aber elementare Lektion, mag sein, aber auch sie ist umsonst. Weit schrecklichere Lektionen sind notwendig, und man ahnt, daß sie kommen werden... Das Christentum hat keinen Erfolg gehabt, das

Wort Gottes hat keinen Erfolg gehabt. Also, das ist der „schwere Arm“ aus der Verkündigung von La Salette, es ist der Arm, das ist nicht zu leugnen.
Ja, es ist an der Zeit! Das Recht auf Reichtum, der eine tatsächliche Verneinung des Evangeliums und eine menschenfressende Verhöhnung des Erlösers ist, wird in alle Gesetzbücher eingetragen. Es ist unmöglich, diesen Bandwurm auszureißen, ohne daß die Eingeweide mit zerrissen werden, und diese Operation ist höchst dringend. Gott wird dafür sorgen. — Du hast nicht das Recht, dich zu freuen, wenn dein Bruder leidet, brüllt die endlose Menge der Verzweifelten von Tag zu Tag lauter.

Ich hatte Hunger, ich hatte Durst...

Ernst Hello

Die Gestalt des Fremden war in der Menschheit immer von schwer faßbaren Ahnungen umgeben, und wenn am letzten Tage die Söhne Adams verloren oder gerettet sein werden, nach dem Maße der Gastfreundschaft, die sie gewährt oder verweigert haben, wenn sie den, der schrecklich ist, fragen werden:
„Herr, wann haben wir dich als Fremdling gesehen?“...
Wenn die Freude oder Verzweiflung der Antwort über sie kommen wird: An diesem Tage werden sie wahrscheinlich in ihrem Innersten den Widerhall eines Schreies ertönen hören, der die Welt richten wird, nachdem er sie geprüft hat. Nicht ganz aber wird sie überraschen die dreifach furchtbare Offenbarung des Richters, der sprechen wird:
„Ich hatte Hunger.“

Sie werden den sehen, den sie geschlagen, und das Erstaunen wird eine seltsame Gestalt annehmen, die man vorher nicht gekannt hatte, und dennoch wird die letzte Offenbarung, die den einen und den andern die Pforten zur Ewigkeit öffnen wird, sie nicht ganz überraschen.

Er, der am Ende der Welt das furchtbare Wort aussprechen wird:

Er hat vom Anbeginn der Welt an das Wort bereitet, das er am Ende der Zeiten sprechen wird.

Schon Homer hat dem alten Heidentum gesagt: „Alle Fremden und alle Armen kommen von Gott."

Und als er so sprach, sprach er nicht im Namen des Heidentums, sondern im Namen uralter Überlieferungen, die irrend und verwandelt durch die Welt wanderten, selbst Fremdlingen gleich, weil sie nicht ein Gesetz gläubiger Völker waren, sondern durch Völker wanderten, die sie kaum kannten.

Zu allen Zeiten waren die Menschen irgendwie gewarnt. Zu allen Zeiten mißtrauten sie dem Fremden, als ahnten sie in ihm etwas Göttliches. Der heilige Paulus spricht von den Engeln, die sich verbergen und weist uns an, den Fremden nicht abzuweisen. Man könnte sagen, daß die Worte, die uns zur Gastfreundschaft raten, das Siegel göttlicher Weisheit tragen. Sie enhalten — seht euch vor — etwas ganz Besonderes. Das Gesetz der Gastfreundschaft ist nicht ein Gesetz wie jedes andere, es ist ein Gesetz, das zu sagen scheint:

„Mißtrauet dem äußeren Anschein. Ihr glaubt, einander zu kennen, und doch kennt ihr einander nicht. Aber mißtrauet erst recht dem Fremden:

Man weiß in seiner Nähe nie sicher, mit wem man es zu tun hat.

Der Osten ist das Land der Gastfreundschaft, denn er ist die Wiege der Welt; der Widerhall der ersten Überlieferungen ertönt dort mit vollerem Klang. Die Schwingungen der Luft sind dort lebendiger, so daß man leichter von der Gastfreundschaft spricht. Die östliche Gastfreundschaft teilt nicht ihr Haus mit dem Fremden: sie überläßt es ihm. Der Eigentümer gibt es auf und überläßt es seinem Gast. Die Achtung vor dem Gast und seine Unverletzlichkeit gehören zu den größten Lehrsätzen der Menschenwelt. Es gibt ein feierliches Versprechen, ausgesprochen oder unausgesprochen, den Fremden zu achten und zu schützen. Die Länder des Lichtes und die Länder der Berge scheinen in einer besonderen Weise die Hüter dieser Überlieferung zu sein.

In den Ebenen, in den Flächen und in der Kälte des Westens verlischt der Widerhall, und die Schwingungen der Luft werden kaum noch gespürt.

Bei den Arabern besteht die Gastfreundschaft noch in ihrer vollen Größe, denn die Araber sind die Menschen des Abends, und der Abend ist wie der Morgen die Stunde der Erinnerung. In der Mitte des Tages wohnt die Vergessenheit. Der Dämon der Tagesmitte ist ein Dämon der Vergessenheit.

Der Fremde und der Arme, die in den Versen Homers zusammen genannt werden, gehören in der Wirklichkeit der Dinge zusammen. Überall und immer sind sie die Abgesandten des Herrn, und in der Schrift sind ihre Namen immer miteinander verbunden.

Der Name des Armen verläßt nicht den Namen Gottes. Wenn man den Worten ihre eigenste Bedeutung wiedergibt, könnte man vielleicht sagen, daß er ihn ebensowenig verläßt wie sein Schatten.

Immer wieder hört man in der alten Welt eine Stimme, die von Norden oder von Süden kommt, vom Osten oder vom Westen, und die die Gastfreundschaft empfiehlt. Das ist nicht nur ein sittlicher Rat, es handelt sich hier um etwas ganz Besonderes; die Gastfreundschaft wird nicht nur einfachhin wie eine Tugend empfohlen, sondern wie ein Geheimnis. Man könnte sagen, daß Gott die Welt durch diese so schrecklichen Worte richten wird, die durch ihre Einfachheit noch tausendfach schrecklicher sind.

Ich war ein Fremdling, ich hatte Hunger, ich hatte Durst...

Man könnte sagen, daß der, der die Welt durch diese vertrauten Worte richten wird, die Welt damit nicht überfallen will, sondern ihr im voraus eine Ahnung von dem geschenkt hat, was ihr eines Tages widerfahren würde.

Die griechische Antike hat Homer besungen, und die Gastfreundschaft ist ein immer wiederkehrender Gedanke bei diesem seltsamen Dichter, dessen Persönlichkeit in seinem Werk untergegangen ist.

Von der Krankheit unserer Zeit

F. M. Dostojewski

Jeder strebt jetzt darnach, seine Person abzusondern, ein jeder möchte in sich selbst die Fülle des Lebens erfahren, indessen ergibt sich aus all seinen Anstrengungen nicht die Fülle des Lebens, sondern vollständiger Selbstmord, statt Selbstbestimmung eben: vollständige Isolierung. Alle sondern sich in unserem Jahrhundert zu Einzelexistenzen ab; jeder isoliert sich in seiner Höhle, jeder entfernt sich vom anderen, verbirgt sich und verbirgt, was er hat, und es endet damit, daß er die Menschen abstößt, und die Menschen ihn abstoßen. Er scharrt sich ein Kapital zusammen und denkt: „Wie stark bin ich jetzt, jetzt bin ich gesichert", und der Unsinnige weiß nicht einmal, daß er, je mehr er ansammelt, desto mehr in eine selbstmörderische Ohnmacht verfällt. Denn er hat sich daran gewöhnt, nur auf sich selbst zu hoffen, und er hat sich als Isolierter vom Ganzen abgetrennt, er hat seine Seele gelehrt, nicht an die Hilfe der Menschen zu glauben, weder an die der Menschen noch an die der Menschheit, und er zittert nur davor, daß er sein Geld und die durch dasselbe erworbenen Rechte verlieren könnte. Der Menschengeist will allgemein heutzutage nicht einsehen, daß die wahre Sicherheit des Individuums nicht in seiner persönlichen isolierten Kraft besteht, sondern im Zusammenhang mit der Gesamtheit der Menschen. Aber gewiß wird es ja sein, und die Stunde wird kommen, wo diese furchtbare Isolierung aufhören wird, und man wird plötzlich begreifen, wie unnatürlich es gewesen ist, sich voneinander abzusondern. Und der Geist der Zeit wird ein anderer sein, und man wird an ihm erkennen, wie lange man in der Finsternis gelebt hat, ohne das Licht zu erblicken. Dann wird auch das Zeichen des Menschensohnes am Himmel erscheinen... Bis zu der Zeit aber muß dieses Zeichen behütet werden, und wenn es auch nicht anders geht, so muß doch von Zeit zu Zeit wenigstens ein Mensch durch sein Beispiel die Seele aus dieser Isolierung befreien und ihr den Weg zur allgemeinen Bruderliebe zeigen, und wenn er auch damit sich dem aussetzt, daß er als Geistesschwacher verschrien wird — wenn nur der große Gedanke nicht stirbt.

Eine immer wieder vergessene Wahrheit

Heinrich Pestalozzi

Aber hingegen gibt es in den Sachen des Bürgerlichen und des Gesellschaftlichen ein sittliches Luck-lassen, das die Menschheit in ihrem Innersten veredelt, und zu welchem der Geist des Evangeliums den Menschen mit vorzüglicher Kraft hinzulenken scheint. Dieses sittliche Nachgeben in seinem Recht und der Edelmut, seine Anhänglichkeit an das Eigentum der Liebe unterzuordnen, ist unstreitig Geist des Christentums. Die ersten Christen lebten offenbar in einem moralischen Sanscülottismus, d. h. sie gaben, was der bürgerliche Sanscülottismus stiehlt, sie ließen sich töten; der bürgerliche Sanscülottismus tötet die andern... Das, was man moralischen Sanscülottismus heißen kann, ist das einzige wahre Mittel, den Geist des bürgerlichen Sanscülottismus im Innern der Menschennatur auszulöschen... Ich halte dafür, daß der Geist des bürgerlichen Sanscülottismus in unseren durch Geld und Eitelkeit immer mehr verderbenden Zeiten immer mehr Nahrung findet und glaube, die Christentumslehre des Zeitalters, wie sie wirklich ist, habe wesentlich Mangel an der Wahrheit des moralischen Sanscülottismus, durch die Jesus das Innere unserer Natur über die Lügen des bürgerlichen Sanscülottismus, den unser tierischer Egoismus in allen Lagen anzusprechen sucht, emporzuheben sucht... Eine große weit und tief verbreitete Masse von Edelmut und teilnehmender Sorgfalt für den niedren Menschen im Land und ein wachsames Auge gegen alles, was das Gefühl der Unschuld kränken und den Sinn der Liebe in der niedersten Hütte ersticken könnte, ist nach meinem Gefühl das einzige wahre Mittel, den Geist des bürgerlichen Sanscülottismus bis in seine innersten Wurzeln auszulöschen.

Das Volk, das im Finstern wandelt

Christoph Blumhardt

Ihr glaubet gar nicht, wie unendlich viele Menschen um uns herum warten, ob wir, die wir an Jesus glauben, ihnen Hilfe bringen können; denn predigen wir ihnen etwas von Jesus, wahrem Gott und wahrem Menschen und sagen ihnen: „Ihr müsset eben geduldig sein, es tut nichts, wenn ihr im Elend seid, die Erde ist eben ein Jammertal; aber sei getrost, dein letztes Stündlein kommt, dann darfst du selig einschlafen" — dann wenden sich die Leute ab und sagen: „Das geht den Heiden auch so, das ist nichts Besonderes", und sie warten und warten, ob ihnen nicht geholfen würde, daß sie leben dürfen. Ich habe schon Menschen begegnet, die toben förmlich in der Welt; es ist ihnen ganz unbegreiflich, daß sie nicht leben sollen — „ich will auch leben!" — die werfen das Christentum weg und sagen: „ich will es nicht mehr! ich will kein Christ sein! was nützt mich euer Pfaffenwesen? ich will leben!" Da habe ich gemerkt, daß der ungemein stark an Gott glaubte. Solche Leute nennen wir Atheisten, Ungottmenschen — vielleicht sind sie gerade die Gottmenschen, die leben wollen. Sie geben die Hoffnung noch nicht auf. Und man findet heute in weltlichen Schriftstellern eine Menge Prophetie auf eine neue Zeit: „Es kommt doch noch recht auf der Welt, es muß doch noch alles glücklich werden!" — ganz auf dem

Boden der Welt. Sollen wir die Atheisten nennen, weil sie von uns Christen nichts mehr wissen wollen? Warum haben wir ihnen nicht das Leben gebracht? Warum gehen wir nicht als Licht des Lebens auf Erden einher? Ich will aber niemand den Vorwurf machen — die Finsternis ist eben über uns gekommen. Wir müssen es aber doch in unserer Zeit sagen, denn heute müssen wir Licht des Lebens sein. Ich glaube, heute muß Christus neu geboren werden, und von denen, die es verstehen können, als derjenige geglaubt werden, der sein Licht, sein Gottsein in uns übergehen lassen kann, so daß wir im Zusammenhang natürlich immer mit dem wahrhaftigen Licht des Lebens sind.

Gott will nicht den Tod des Sünders

K. S. Aksakow

Wir wollen die Frage nicht erörtern, ob sie von Verbrechen zurückhält; wir glauben es nicht; eher vermehrt sie diese, indem sie die Herzen verstockt werden läßt. Jedenfalls ist das eine sekundäre Frage: die Todesstrafe trägt ihre Verurteilung in sich selber. Todesstrafe ist ein zum Gesetz gemachter Mord, aber nichtsdestoweniger ein Mord. In ihr ist nicht nur ein Richtspruch über den Menschen als Verbrecher enthalten, sondern einfach ein solcher über den Menschen, über seine Seele. Kann denn jene Strafe gerecht sein, welche die Möglichkeit einer Besserung aufhebt? Aber die Todesstrafe, indem sie das Leben nimmt, hebt diese Möglichkeit auf, macht die Reue unmöglich. Ist denn das eine christliche Tat? Man wird vielleicht erwidern, daß der Verbrecher schon nicht mehr bereuen wird. Aber wer wird sich entschließen, das zu sagen? Indem sie aber sagen, daß der Verbrecher nicht bereuen kann, fällen sie schon einen Urteilsspruch über die Seele des Menschen, einen Richtspruch, der dem alleinigen Gott zukommt.

Die Todesstrafe als Gesetz ist ein klares Zeugnis von jener moralischen Roheit, die noch auf der Menschheit lastet. Wir wollen es hier mit dem Gefühl einer tiefen Freude aussprechen, daß die Todesstrafe dem Geiste des slawischen, eigentlich russischen Volksstammes stets zuwider war. Die alten russischen Heiden kannten sie nicht. Als Wladimir das Christentum annahm, begann er, den hartnäckigen Überredungen der griechischen Geistlichkeit nachgebend, Überredungen, die dem Geiste des Christentums nicht entsprachen, die Räuber hinzurichten; aber das währte nicht lange: auf den Rat nicht nur der Bischöfe, sondern auch der Starzen (also gemäß der Volksmeinung — das ist sehr bemerkenswert), hat Wladimir die Todesstrafe wieder abgeschafft und lebte nach Art des Vaters und Großvaters. Denken wir auch daran, was unser ruhmvoller Wladimir Monomach über die Todesstrafe schreibt: tötet die Seele keines Christen, so sagt er. In Nowgorod gab es wohl eine Todesstrafe, die aber als Totschlag galt und nicht in das Gesetz aufgenommen war — ihre Gesetzlichkeit war folglich nicht anerkannt. Der tatarische Einfluß bewirkte, daß die Todesstrafe wieder in Rußland eingeführt wurde; aber unter Elisabeth Petrowna wurde sie wiederum aufgehoben. Die von Europa bis auf den heutigen Tag anerkannte Todesstrafe, wir wiederholen es, ist von dem Geiste des russischen Volkstums verurteilt. Das ist unsere russische Anschauung.

Der Schrei nach Duldung

Sebastian Castellio

Wenn wir uns beherrschen würden, könnten wir friedlich miteinander leben; denn möchten wir auch uneins sein in andern Fragen, so würden wir doch übereinstimmen in der gegenseitigen Liebe, welche das Band des Friedens ist, bis wir zur Glaubenseinheit gelangen. Solang wir aber einander mit Haß und Verfolgung bekämpfen, werden wir, so handelnd, von Tag zu Tag tiefer sinken und unsern eigentlichen Dienst immer ärger versäumen. Indem wir einander verdammen, wird das Evangelium durch unsere Schuld vor den Heiden diskreditiert; denn wenn sie sehen, wie unter uns die Einen auf die Andern losfahren, den Bestien gleich, und die Schwächeren durch die Stärkeren unterdrückt werden, so werden sie das Evangelium verabscheun, wie wenn das Evangelium die Menschen so machen würde, und werden Christus verabscheun, als hätte er diese Dinge angeordnet, so daß bei solcher Aufführung viel eher wir zu Türken und Juden werden, als daß sie sich zu Christen machen lassen. Denn wer könnte den Wunsch haben, Christ zu werden, wenn er sieht, daß die, welche den Christennamen bekennen, von andern Christen gemordet werden mit Feuer, mit Wasser, mit Schwert ohne Erbarmen und ärger malträtiert werden als die Räuber und Mörder. Wer müßte da nicht denken, Christus sei wahrscheinlich eine Art Moloch oder ähnlicher Gott, wenn er will, daß die Menschen ihm zu Ehren abgeschlachtet oder lebendig verbrannt werden. Wer möchte wohl Christ werden unter der fatalen Bedingung, daß er, wenn er jetzt inmitten der vielen Kontroversen in irgend etwas nicht übereinstimmt mit denen, welche die Macht und Herrschaft über die Andern besitzen, daß er dann lebendig verbrannt werden soll, auf Befehl Christi, ob er auch mit lauter Stimme mitten aus den Flammen zu Christus rufen und seinen Glauben an Christus beteuern würde! Nimm den Fall, daß Christus, der Richter über alle, zugegen wäre und das gleiche Urteil spräche und selbst Feuer anlegen würde, wer müßte dann nicht Christus für den Satan halten? Denn was könnte der Satan anderes tun, als eben diejenigen, welche den Namen Christi anrufen, zu verbrennen!

O Christus, Schöpfer und König der Welt, siehst du diese Dinge? Bist du denn ein so total anderer geworden, als du einst warst, so grausam und dir selbst widersprechend? Als du noch auf Erden warst, gab es nichts Milderes, Sanfteres, Versöhnlicheres; wie ein Schaf vor seinem Scherer, hast du keinen Laut von dir gegeben, obgleich du von Schlägen zerrissen, angespien, verspottet, mit Dornen gekrönt, gekreuzigt wurdest, zwischen Verbrechern, in äußerster Schande; da hast du noch gebetet für die, welche dir dieses Unrecht und diese Schmach angetan haben. Bist du jetzt völlig verwandelt? Ich beschwöre dich beim heiligen Namen deines Vaters, ob du wirklich befiehlst, daß die, welche deine Gebote und Weisungen anders auffassen, als unsere Meister es fordern, unter Wasser getaucht, mit Stockschlägen bis auf die Knochen zerfleischt, dann mit Salz bestreut, mit Schwertern verletzt, auf schwachem Feuer gebraten und mit allen möglichen Todesqualen so lang als möglich gemartert werden sollen? O Christus, befiehlst du und billigst du diese Dinge? Die diese Opfer darbringen, sind sie wirklich deine Stellvertreter bei dieser Schlächterarbeit? Erscheinst du, wenn man dich anruft, zu dieser grausamen Schlächterei und sättigst dich an Menschenfleisch? Wenn du, Christus, diese Dinge tust oder sie zu tun befiehlst, was hast du dann dem Teufel noch Böses zu tun übrig gelassen? Betreibst du das gleiche Handwerk wie der Teufel? Oh, greuliche Lästerung! Oh, verruchte Frechheit der Menschen, daß sie Christus Dinge zuschreiben, die in Wirklichkeit nur auf Befehl und Anstiften des Satans geschehen können!

ICH ERMAHNE EUCH NUN, LIEBE BRÜDER

Vom beständigen Anfange

Bruder Eckhart der Junge

Sei allweg wie ein anfangender Mensch, das nimmt dir alle Trägheit. Sei allzeit ein Freund Gottes, so bist du allzeit in Freuden. Und nimm alle Dinge in gleicher Weise von Gott: Lieb und Leid, so bleibst du allweg in Frieden.
Nun merke dir vom oftmaligen Erneuern:
So sollst du dich Gott immer wieder hingeben und mit ihm beginnen, als ob du es noch nie begonnen hättest oder nie mehr beginnen solltest, und so darinnen eines jeglichen Werkes und deines Lohnes warten. Und also könnte ein Mensch tausendmal des Tages tun und mit allem anheben, was er ist. Dünkt einem Menschen, all sein Tun oder seine Zeit oder sein Werk seien verloren oder unrecht, so beginn allsogleich von neuem unverweilt. Trag dich in Gott hinein, wie du bist, und zeig dich ihm mit allem, als ob du tausend Jahre mit der Hinkehr zu ihm einholen wollest — was du auch könntest, wenn du nur Fleiß hättest. Eine Hinkehr könnte solcher hundert übertreffen...

Nicht richten

F. M. Dostojewski

Vergiß vor allem nicht, daß du niemandes Richter sein kannst. Es kann niemand auf Erden eher ein Richter eines Verbrechers sein, als bis er eingesehen hat, daß er genau solch ein Verbrecher ist wie dieser, der vor ihm steht, und daß er am Verbrechen des vor ihm Stehenden mehr als Alle schuld ist. Wenn er das erkannt hat, dann erst kann er Richter sein. Wie unsinnig das auch scheinen mag, so ist es doch die einzige Wahrheit. Denn wäre ich selbst gerecht, so stünde vielleicht vor mir kein Verbrecher. Vermagst du aber das Verbrechen des vor dir stehenden und des von deinem Herzen verurteilten Verbrechers auf dich zu nehmen, so tue es, ohne zu zögern, und leide für ihn; ihn selbst aber entlasse ohne jegliche Vorwürfe. Und wenn das Gesetz dich selbst zum Richter über ihn bestimmt, so sollst du in diesem Sinne wirken, denn er wird fortgehen und sich viel bitterer noch verurteilen, als das Gericht es vermocht hätte. Geht er aber deiner Güte unempfindlich fort und lacht er über dich, so ärgere dich nicht darüber, denn das bedeutet nur, daß seine Zeit noch nicht gekommen ist. Und sollte sie auch nie für ihn kommen, so ist es gleichgültig. Wenn nicht er, so wird ein anderer erkennen und erleiden und wird sich selbst verurteilen und beschuldigen, und so wird dem Recht Genüge getan werden. Glaube daran, glaube unverbrüchlich daran, denn gerade hierin liegt die ganze Zuversicht und der ganze Glaube der Heiligen.

Das innere Licht

George Fox

In einem jeden von euch ist ein Licht von Christus, das euch zeigt, daß ihr nicht lügen, nicht unrecht tun, nicht schwören, nicht fluchen, nicht stehlen, noch Gottes Namen mißbrauchen sollt. Wenn ihr dieses Licht lieb habt und ihm folgt, so wird es euch zu Christus führen, welcher der Weg zum Vater ist, dem Vater des Lichts, bei welchem nichts Ungöttliches ist. Wenn ihr dieses Licht hasset, so wird es euch zum Verderben werden; wenn ihr es aber liebt, so bringt es euch ab von den Lehrern der Welt, damit ihr von Christus lernt, und bewahrt euch vor dem Unrecht der Welt und allen ihren Verführern.

Wer nicht vorwärtsstrebt, kommt zurück

Katharina von Siena

Mit allem Eifer strebe, auf dem Weg der Wahrheit zu gehen und von Tugend zu Tugend fortzuschreiten; denn wer nicht vorwärtsstrebt, kommt zurück, da die Seele nie im gleichen Zustand beharren kann. Welches Mittel sollen wir aber anwenden, daß das Feuer des heiligen Verlangens sich in uns immer mehr entflammt? Lege Holz ins Feuer! Rufe dir die unzähligen und unermeßlich großen Wohltaten, die du schon von Gott empfangen hast, namentlich die Wohltat des Blutes Christi, ins Gedächtnis. Auch überdenke aufmerksam die unzähligen Fehler und Sünden, die du schon gegen ihn begingest und bereue sie in bitterem

Schmerz. Beim Gedanken an Gottes Wohltaten wird die Liebe zur Tugend in uns erwachen, beim Blick auf unsere Verfehlungen der Haß gegen die Sünde und unsere Eigenliebe, die an ihr schuld war. So werden wir täglich Fortschritte machen und bis zum Tode beharrlich bleiben.

Der reiche Jüngling

Matthäus 19, 16—26

Und siehe, es kam einer herbei und sagte zu ihm: Meister, was muß ich Gutes tun, damit ich das ewige Leben erlange? Er aber sprach zu ihm: Warum fragst du mich über das Gute? Einer ist der Gute. Willst du aber in das Leben eingehen, so halte die Gebote! Er sagte zu ihm: Welche? Jesus aber sprach:

Du sollst nicht töten, du sollst nicht ehebrechen, du sollst nicht stehlen, du sollst nicht falsches Zeugnis reden, ehre deinen Vater und deine Mutter, und du sollst deinen Nächsten lieben wie dich selbst.

Der Jüngling sagte zu ihm: Dies alles habe ich gehalten; was fehlt mir noch? Jesus sprach zu ihm: Willst du vollkommen sein, so geh hin, verkaufe, was du hast und gib es den Armen, und du wirst einen Schatz in den Himmeln haben, und komm, folge mir nach. Als aber der Jüngling das Wort hörte, ging er betrübt hinweg; denn er hatte viele Güter.

Da sprach Jesus zu seinen Jüngern: Wahrlich, ich sage euch: ein Reicher wird nur schwer in das Reich der Himmel kommen. Wiederum aber sage ich euch: Es ist leichter, daß ein Kamel durch ein Nadelöhr geht als ein Reicher ins

Reich Gottes. Als die Jünger das hörten, entsetzten sie sich sehr und sagten: Wer kann dann gerettet werden? Jesus aber blickte sie an und sprach zu ihnen: Bei den Menschen ist dies unmöglich, bei Gott aber sind alle Dinge möglich.

Die Narrheit des Mammons

Thomas Carlyle

Narren, die wir sind! Warum rutschen wir uns die Knie wund und schlagen bekümmert an unsere Brust und beten Tag und Nacht zum Mammon, der, wenn er uns auch hören wollte, uns doch fast nicht einmal etwas zu geben hat? Denn selbst angenommen, daß der taube Gott unsere Opfer erhörte, daß er unser vergoldetes Messing in massives Gold verwandelte, und uns alle aus hungrigen Nachäffern des Reichtums und der Vornehmheit morgen zu wirklichen Rotschilds und Howards machte, was hätten wir weiter davon? Sind wir nicht schon Bürger dieses wunderbaren Weltalls mit seinen Milchstraßen und Ewigkeiten und seinem unaussprechlichen Glanze, daß wir uns so plagen und abmühen und einander in Stücke reißen, um einige Äcker (ja noch öfter nur den Schein einiger Äcker) mehr oder weniger zu gewinnen, während das größte dieser Besitztümer schon von dem Monde aus nicht mehr zu sehen ist?

Narren, die wir sind, in diesen unseren Äckern, selbst wenn wir deren haben, zu graben und zu bohren wie Regenwürmer und weit entfernt, die himmlischen Lichter zu betrachten und uns ihrer zu freuen, sie bloß vom unbeachteten und ungeglaubten Hörensagen zu kennen. Sollen gewisse Pfund Sterling, die wir vielleicht in der Bank von England haben, oder die Gespenster gewisser Pfunde, deren Besitz wir heucheln, uns die Schätze verbergen, zu denen wir alle in dieser, der „Gottesstadt“ geboren sind?

Gott allein ist genug

Theresia von Jesu

Nichts verwirre dich;
Nichts erschrecke dich;
Alles geht vorüber;
Gott ändert sich nicht.
Die Geduld erreicht alles.
Wer Gott besitzt, dem mangelt nichts;
Gott allein genügt.

Gegen die Masse

Erasmus von Rotterdam

Die schlimmste Autorität für Leben und Denken ist die Menge. Und niemals stand es so gut um die Menschen, daß nicht die Majorität am Schlechten Freude gehabt hätte. Hüte dich, wie sie zu denken! Jedermann macht's freilich so, meine Vorfahren sind diese Wege gewandelt, der und der große Philosoph und Theolog denkt so, die hohen Herren leben so, Könige, Bischöfe, Päpste schätzen jenen Weg, und sie sind doch wahrhaftig kein Pöbel! Laß dir durch große Namen nicht imponieren! Pöbel wird von mir nicht nach dem Rang, sondern nach dem Herzen abgeschätzt. Wer, von seinen Leidenschaften bezwungen, eitlen Schein als Wahrheit bewundert, der ist Pöbel. Wäre der nicht ein Narr, der das Lot nach dem Stein, anstatt umgekehrt richtete? Noch viel absurder wäre es, nach dem Tun der Menschen zu richten. Denke nur nicht, es wäre etwas gut, weil die Vornehmen, weil die meisten Menschen es tun; nur das ist gut, was mit Christi Regel stimmt. Ja, was der Majorität gefällt, muß dir verdächtig vorkommen. Klein ist die Schar derer, denen christliche Einfalt, Armut, Wahrheit Herzenssache ist, und sie wird immer klein bleiben.

Was not tut

Johann Caspar Lavater

Große Dinge geschehen in unsern Tagen, größere werden bald geschehen; der Revolutionen und Hauptumwälzungen wird so bald kein Ende sein. Die Umwälzungssucht gleicht einer ansteckenden Seuche. Was den Staaten widerfuhr, das wird den herrschenden Religionen, Religionssystemen, Religionssozietäten widerfahren. Dies ist wohl ohne prophetischen Geist leicht vorauszusehen. Und wann dies vorauszusehen ist, was liegt uns ob? Uns mehr als je auf diese allerwichtigsten Umwälzungen in Bereitschaft zu halten; immer tiefer in den Geist der allerheiligsten Religion einzudringen, das Wesentliche und Eigentümliche derselben immer fester zu halten, alles Außerwesentliche auf seinen wahren Wert herabzusetzen; immer auf alles ewige Probehältige unser festes Augenmerk zu richten;

das in unsere und anderer Herzen zu pflanzen, was keine Zeit zerstören, keine Veränderung äußerer Formen verändern, keine Umwälzung umwälzen und herausheben kann! Das liegt uns ob: desto mehr Standhaftigkeit zu beweisen, je mehr alles zu wanken in Gefahr ist! Das liegt uns ob: die Seelen in die Gemeinschaft mit dem zu bringen zu suchen, bei welchem „keine Veränderung noch Schatten der Abwechslung" ist! Das liegt uns ob: mehr als je für unsere Herden zu wachen und sie auf die schweren und heißen Prüfungen, welche der Kirche Gottes und seinen Auserwählten vielleicht näher, als man glauben kann, bevorstehen dürften, in Bereitschaft zu halten, und ihnen die Herannäherung des Herrn und die baldige Offenbarung seines Reiches und seiner Herrschaft über alles und eine neue ganz harmonische, ewig geltende Ordnung der Dinge als einen Hauptpunkt ihrer ernsten Betrachtungen, als den würdigsten Gegenstand ihrer frommen Wünsche, als das erhabenste Ziel ihrer Hoffnungen nahe ans Herz zu legen.

Salomonische Weisheit

F. Ch. Oetinger

Die gemeine Erkenntnis ist oft fruchtbarer als die philosophische. Sie ist, worauf die Heilige Schrift weiset. Die Heilige Schrift redet viel hundertmal von dem Herzen des Menschen, aber nicht von dem, das man aus dem Leib herausschneiden kann, sondern sie versteht darunter den sensu communis, die Werkstatt, worin die göttlichen Kräfte durch das Wort Gottes gepflanzt werden. Dieser sensu communis ist etwas so Klares, daß, wenn man einen fragt, was er sei, er es sich für eine Schande hält, daß man ihn fragt, weil es klarer ist an sich, als wenn man es zu einer distinkten Idee bringen will. Daher definiert auch die Heilige Schrift das Wort Herz nicht. Es ist aber ohngeachtet der großen Klarheit, die man in sich selbst hat, wenn man still und ruhig ist, doch etwas sehr Verborgenes darum. Salomo sagt (Pred. 3, 7), Gott habe die verborgene Ewigkeit in der Menschen Herz gegeben. Es liegen in jedem Menschen vor seiner Erziehung verschiedene oberherrschaftliche auf die Ewigkeit zielende Triebe; man heiße sie mit Cicero antizipierte Begriffe, mit den Griechen vorgefaßte Ideen, mit Demokritus Bilder, nach dem gemeinen Lauf der Rede Gewissen oder, wo man will: Abgrund der Seele — es läuft alles auf eines hinaus; genug, daß ohne diese von dem Zeugnis des heiligen Geistes nicht verständlich geredet werden kann.

Mein Sohn, laß dir raten

Matthias Claudius

Die Zeit kommt allgemach heran, daß ich den Weg gehen muß, den man nicht wieder kömmt. Ich kann dich nicht mitnehmen und lasse dich in einer Welt zurück, wo guter Rat nicht überflüssig ist.

Niemand ist weise von Mutterleibe an; Zeit und Erfahrung lehren hier und fegen die Tenne.

Ich habe die Welt länger gesehen als du.

Es ist nicht alles Gold, lieber Sohn, was glänzet, und ich habe manchen Stern vom Himmel fallen und manchen Stab, auf den man sich verließ, brechen sehen.

Darum will ich dir einigen Rat geben und dir sagen, was ich gefunden habe, und was die Zeit mich gelehret hat.
Es ist nichts groß, was nicht gut ist; und ist nichts wahr, was nicht bestehet.
Der Mensch ist hier nicht zu Hause, und er geht hier nicht von ungefähr in dem schlechten Rock umher. Denn siehe nur, alle andre Dinge hier mit uns, neben ihm sind und gehn dahin, ohne es zu wissen; der Mensch ist sich bewußt und wie eine hohe bleibende Wand, an der die Schatten vorüber gehen. Alle Dinge mit und neben ihm gehen dahin, einer fremden Willkür und Macht unterworfen, er ist sich selbst anvertraut und trägt sein Leben in seiner Hand.
Und es ist nichts für ihn gleichgültig, ob er rechts oder links gehe.
Laß dir nicht weis machen, daß er sich raten könne und selbst seinen Weg wisse.
Diese Welt ist für ihn zu wenig, und die unsichtbare siehet er nicht und kennet sie nicht.
Spare dir denn vergebliche Mühe und tue dir kein Leid und besinne dich dein.
Halte dich zu gut, Böses zu tun.
Hänge dein Herz an kein vergänglich Ding.
Die Wahrheit richtet sich nicht nach uns, lieber Sohn, sondern wir müssen uns nach ihr richten.

Die Stimme des Gewissens

Johann Amos Comenius

Wer Gott von ganzem Herzen liebt, bedarf nicht ausführlicher Vorschriften, wann, wo, wie und wie oft er Gott dienen, ihn anbeten und lobpreisen solle, weil ja die innige Vereinigung mit ihm, der willige Gehorsam die Gott am meisten wohlgefällige Verehrung ist und dazu führt, Gott allezeit und überall in seinem Herzen anzubeten und auch durch seine Werke immerwährend seinen Ruhm zu mehren. Wer seinen Nächsten liebt wie sich, bedarf gleichfalls weitläufiger Gebote nicht, wo, wann und womit er ihn schonen, vor Schaden behüten und ihm die schuldigen Gegendienste leisten solle, weil seine Liebe ihn darüber sicherlich belehren wird, wie er sich im gegebenen Falle zu verhalten habe. Es ist das Zeichen eines bösen Herzens, sich überall auf die Gesetze zu berufen und aus Gesetzbüchern ersehen wollen, wie man handeln müsse, da Gott in unserem Herzen uns einen deutlichen Fingerzeig gegeben hat, daß wir dem Nächsten alles das zu tun verpflichtet sind, was wir im gleichen Fall von ihm erwarten. Doch weil der Mensch zumeist die innere Stimme des Gewissens nicht beachtet und sich nur an gewisse äußere Gebote hält, geschieht es, daß es in der Welt an einer guten Ordnung fehlt und überall nur Argwohn, Mißtrauen, Gehässigkeit und Mißverständnisse, Streit, Haß und Neid, Diebstahl und Mord gibt und dergleichen mehr. In Wahrheit gottergebene Seelen aber folgen allein der Stimme des Gewissens, tun, was sie zu tun befiehlt, und unterlassen das, was sie verbietet, ohne Rücksicht auf Gewinn, Gunst und andere Dinge.

Die Weisheit klagt draußen

Nikolaus Gogol

Indem wir andere belehren, lernen wir selbst. Während dieser schweren Zeit der Krankheit, zu der sich auch noch schwere seelische Leiden gesellt haben, war ich genötigt, einen so regen Briefwechsel zu unterhalten, wie ich ihn bisher noch nicht geführt habe. Und wie mit Absicht war dies beinahe für alle, die meinem Herzen nahestehen, eine Zeit voll innerer Erlebnisse und Erschütterungen. Sie alle wandten sich, wie von einem dunklen Instinkt getrieben, an mich und verlangten Rat und Hilfe von mir. Jetzt erst erkannte ich, welch nahe Verwandtschaft die Seelen der Menschen miteinander verbindet. Man muß nur selbst ernsthaft gelitten haben, um jeden Leidenden zu verstehen und um beinahe sicher zu sein, was man ihm zu sagen hat. Aber mehr noch: Auch unser Verstand wird klarer; die Lage der Menschen und ihre Berufstätigkeit, in die man bisher keinen Einblick hatte, werden einem plötzlich deutlich und verständlich, und es wird einem klar, wessen ein jeglicher bedarf. Während der letzten Zeit kam es sogar vor, daß ich Briefe von Menschen erhielt, die mir fast gänzlich unbekannt waren, und daß ich ihnen Ratschläge erteilen konnte, die ich früher nie hätte erteilen können. Und dabei bin ich doch gewiß nicht klüger als irgendein anderer Mensch. Ich kenne Menschen, die weit klüger und gebildeter sind, und die sehr viel nützlichere Ratschläge erteilen könnten als ich, aber sie tun es dennoch nicht und wissen nicht einmal, wie man so etwas macht. Gott ist groß, und er ist es, der uns die Weisheit schenkt. Wodurch aber macht er uns weise? Durch dasselbe Leiden, dem wir zu entfliehen suchen, und vor dem wir uns verbergen. Es ist unsere Bestimmung, daß wir uns durch Kummer und Leiden ein Körnchen von jener Weisheit erwerben sollen, die wir aus keinem Buche zu lernen vermögen. Wer sich jedoch bereits ein solches Körnchen erworben hat, der hat schon nicht mehr das Recht, es vor den anderen zu verbergen und geheimzuhalten. Es ist nicht mehr unser, sondern Gottes. Gott hat es in dir hervorgebracht; und alle Gaben Gottes werden uns deshalb verliehen, damit wir mit ihrer Hilfe unseren Mitbrüdern dienen können. Er hat geboten, daß wir einander fortwährend belehren sollen. Nun denn, so ruhe nicht und stehe anderen mit Rat und Belehrung zur Seite. Wenn du jedoch willst, daß das auch dir zugleich von Nutzen sei, so tue so, wie ich es für das Richtige halte, und wie ich es mir von nun ab für immer zum Gebot meines Handelns gemacht habe. Jeden Ratschlag und jede Belehrung, die du jemand erteilst, sei es selbst einem Menschen, der auf der niedrigsten Bildungsstufe steht und mit dem du nichts gemein haben kannst, richte zugleich an dich selbst, und was du dem andern geraten hast, das rate dir selbst; was du an einem andern zu tadeln fandest, das mache dir sogleich auch selbst zum Vorwurf. Glaube mir, alles wird auch auf dich passen, und ich weiß nicht einmal, ob es einen Fehler gibt, den man sich nicht selbst vorzuwerfen hätte, wenn man nur tiefer in sich selbst hineinblickt. Deine Waffe sei zweischneidig. Selbst wenn du dich einmal über einen Menschen ärgerst und ihm zürnst, so zürne zugleich dir selbst, wenn auch nur deswegen, weil du einem anderen zürnen konntest. Tue das unter allen Umständen! Lasse dich selbst nie aus den Augen! In dieser Beziehung mußt du Egoist sein. Der Egoismus ist gar keine so häßliche Eigenschaft. Die

Menschen hätten ihm bloß keine so schlimme Deutung geben sollen. Und doch liegt dem Egoismus eine große Wahrheit zugrunde. Kümmere dich vor allem um dich selbst und dann erst um die andern; suche zuerst selbst besser und reineren Herzens zu werden, und dann erst sorge dafür, daß die andern besser und reiner werden.

Die Unchristlichkeit des Krieges

Erasmus von Rotterdam

Die Fürsten sollen danach streben, ewigen Frieden zwischen allen zu erzielen und sollen sich bemühen, durch Verschwägerungen den Frieden zu kitten... Ein guter Fürst soll überhaupt keinen Krieg anfangen, es sei denn, er habe alles versucht, und der Krieg ist unvermeidlich geworden. Denkt man so, so wird kaum je ein Krieg ausbrechen. Kann diese Pest nicht vermieden werden, so muß es Hauptanliegen des Fürsten sein, den Krieg möglichst unblutig und möglichst wenig verderblich zu führen, auch ihn so schnell wie möglich zu beenden... Aber, sagt man, die päpstlichen Gesetze gestatten den Krieg, Augustin billigt ihn irgendwo, auch S. Bernhard belobt die Soldaten. Christus jedoch, auch Petrus und Paulus, lehren durchweg anders. Warum soll ihre Autorität bei uns weniger gelten als die Augustins und Bernhards? Augustin hat an einigen Stellen den Krieg nicht verworfen. Christi Weisheitslehre lehnt ihn jedoch rundweg ab, ebenso die Apostel... Was soll aber geschehen, sagt man, wenn niemand sein Recht verfolgt? Man mag es immerhin verfolgen, wenn das dem Staate nützt, nur darf des Fürsten Rechtsanspruch die Bürger nicht zu viel kosten. Was geschieht aber jetzt, wo jeder so leidenschaftlich sein Recht verfolgt? Krieg entsteht aus Krieg, Krieg folgt auf Krieg, und der Unruhe ist kein Maß noch Ziel. Auf diesem Wege kommt man nicht weiter, man muß andere Mittel versuchen. Auch unter guten Freunden muß einer einmal nachgeben, damit die Freundschaft bestehen bleibe. Der Gatte sieht der Gattin oft allerlei nach, um die Eintracht nicht zu zerreißen. Der Krieg gebärt fortzeugend Krieg, Humanität jedoch Humanität und die Ruhe Ruhe... Der Pfarrer Aufgabe war es, die Kriegslust aus dem Herzen des Volkes zu reißen... Zugestanden, es gibt einen gerechten Krieg, so wäre es doch angesichts der Leidenschaft aller Menschen für diese Pest ein Gebot der Einsicht für die Pfarrer, Fürst und Volk zu einer anderen Ansicht zu bringen. Jetzt jedoch sind mitunter die Pfarrer die Kriegshetzer; der Bischof schämt sich nicht, im Lager zu erscheinen, hier ist dann Christi Kreuz und Sakrament! So vermischen sie die Hölle mit dem Himmel, und das Symbol höchster Liebe gebrauchen sie zu grausamer Zwietracht. Ja — das ist der Gipfel des Absurden — in beiden Lagern ist Christus, wie wenn er mit sich selbst stritte!... Wenn Christi Lehre nicht durchweg gegen den Krieg ist, wenn man mir einen Menschen nennen kann, der um des Krieges willen (in der Heiligen Schrift) belobt wird, so wollen auch wir Christen Krieg führen. Den Juden war durch göttliches Gebot der Krieg gestattet. Unsere Weisheitsquelle aber, das Evangelium, verbietet den Krieg, und doch kriegen wir, unsinniger als die Juden!... Meiner Meinung nach sollte man selbst mit dem Kriege gegen die Türken vorsichtig sein. Ich überlege mir, daß Christi Reich auf ganz anderem Wege begründet, verbreitet und gefestigt wurde... Und oft genug wird unter dem Vorwande eines Türkenkrieges nur das Christenvolk ausgeschunden und sonst nichts geleistet. Will man den Glauben schirmen, so muß das mit Märtyrergeduld, nicht mit Militärmacht geschehen; kämpfen wir um Macht, Reichtum und Besitz, so sollten wir doch immer wieder daran denken, daß diese Dinge wenig mit Christentum zu tun haben. Ja, so wie es jetzt steht, werden wir eher Türken werden durch unser Kriegführen, als sie durch uns Christen. Zuerst sollten wir selbst wahre Christen sein, und dann erst, wenn's sein muß, die Türken angreifen...

Vom Tanzen

Martin Luther

Ob es denn auch Sünde sei, pfeifen und tanzen zur Hochzeit sintemal man spricht, daß viel Sünde vom Tanzen komme? Ob bei den Juden Tänze gewesen sind, weiß ich nicht, aber weil es Landes Sitten ist, gleichwie Gäste laden, schmücken, essen, trinken und fröhlich sein, weiß ich es nicht zu verdammen, außer das Übermaß, wenn es unzüchtig oder zu viel ist. Wenn aber dabei Sünde geschehen ist, so ist es des Tanzens Schuld nicht allein, sintemal es auch wohl über Tisch und in der Kirchen dergleichen geschehen; gleichwie es nicht des Essens und Trinkens Schuld ist, daß etliche zu Säuen darüber werden. Wo es aber züchtig zugehet, lasse ich der Hochzeit ihr Recht und Gebrauch und tanze immerhin. Der Glaube und die Liebe läßt sich nicht austanzen noch aussitzen, so du züchtig und mäßig darinnen bist. Die jungen Kinder tanzen ja ohne Sünde; das tue auch, und werde ein Kind, so schadet dir der Tanz nicht. Sonst, wo Tanzen an ihm selbst Sünde wäre, müßte man es den Kindern nicht zulassen.

Eine Kinderlehre über das Dienen

Jeremias Gotthelf

Ich denke mein Lebtag daran, wie unser Pfarrer uns das Dienen ausgelegt hat in der Unterweisung, und wie er die Sache so deutlich gemacht hat; man hat ihm glauben müssen, und es ist mancher glücklich geworden, der ihm geglaubt hat. Er hat gesagt: alle Menschen empfingen von Gott zwei große Kapitale, die man zinsbar zu machen habe, nämlich Kräfte und Zeit. Durch gute Anwendung derselben müßten wir das zeitliche und ewige Leben gewinnen. Nun hätte mancher nichts, woran er seine Kräfte üben, seine Zeit nützlich und abträglich gebrauchen könnte; er verleihe daher seine Kräfte, seine Zeit jemandem, der zuviel Arbeit, aber zuwenig Zeit und Kräfte habe, um einen bestimmten Lohn; das heiße dienen. Nun sei das eine gar unglückliche Sache, daß die meisten Diensten dieses Dienen als ein Unglück betrachteten und ihre Meisterleute als ihre Feinde oder wenigstens als ihre Unterdrücker; daß sie es als einen Vorteil betrachteten, im Dienst so wenig als möglich zu machen, soviel Zeit als möglich verklappern, verlaufen, verschlafen zu können; daß sie untreu würden; denn sie entzögen auf diese Weise dem Meister das, was sie verliehen, verkauft hätten, die Zeit. Wie aber jede Untreue sich selbst strafe, so führe auch diese Untreue gar fürchterliche Folgen mit sich; denn so, wie man untreu sei gegen den Meister, sei man auch untreu an sich. Es gebe jede Ausübung unvermerkt eine Gewohnheit, welche man nicht mehr loswerde. Wenn so ein Jungfräuli oder ein Knechtlein jahrelang so wenig als möglich getan, so langsam als möglich an einer Sache gemacht, allemal gebrummt hätte, wenn man ihm etwas zugemutet, entweder sich auf- und davongemacht hätte, unbekümmert, wie es kommt, oder darob geklappert, daß ihm das Gras unter den Füßen gewachsen sei, zu nichts Sorge getragen, soviel als möglich geschändet, nie Angst gehabt, sondern für alles gleichgültig gewesen sei, so gebe das erstlich eine Gewohnheit, und die könne es später nicht mehr ablegen. Zu allen Meistern bringe es diese Gewohnheit mit, und wenn es am Ende für sich selbst sei, heirate, wer müsse diese Gewohnheiten, diese Trägheit, Schläfrigkeit, Schnäderfräßigkeit, Unzufriedenheit haben als es selbst? Es müsse sie tragen und alle ihre Folgen, Not, Jammer, bis ins Grab, durch das Grab, bis vor Gottes Richterstuhl. Man solle doch nur sehen, wie viele tausend Menschen den Menschen zur Last seien und Gott zum Ärgernis und sich als widerwärtige Geschöpfe herumschleppten, den Denkenden als sichtbare Zeugnisse, wie die Untreue sich selbsten strafe. Aber so, wie man durch sein Tun sich inwendig eine Gewohnheit bereite, so mache man sich auswendig einen Namen. An diesem Namen, an dem Ruf, der Geltung unter den Menschen, arbeitet ein jeder von Kindsbeinen an bis zum Grabe, jede kleine Ausübung, ja jedes einzelne Wort trage zu diesen Namen bei. „Dieser Name öffnet oder versperrt uns Herzen, macht uns wert oder unwert, gesucht oder verstoßen. Wie gering ein Mensch sein mag, so hat er doch einen Namen; auch ihn betrachten die Augen seiner Mitmenschen und urteilen, was er ihnen wert sei. So macht auch jedes Knechtlein und jedes Jungfräulein an seinem Namen unwillkürlich, und nach diesem Namen kriegen sie Lohn, dieser Name bricht ihnen Bahn oder verschließt sie ihnen. Da kann eins lange reden und über frühere Meisterleute schimpfen, es macht damit seinen Namen nicht gut, sein Tun hat ihn längst gemacht." Ein solcher Name werde stundenweit bekannt, man könne nicht begreifen, wie. Es sei eine wunderbare Sache um diesen Namen, und doch beachteten ihn die Menschen viel zu wenig, und namentlich die, welchen er das zweite Gut sei, mit dem sie, verbunden mit der inwendigen Gewohnheit, ein drittes, ein gutes Auskommen in der Welt, Vermögen, ein viertes, den Himmel und seine Schätze, erwerben wollten. Er frage nun: wie ein elender Tropf einer sei, wenn er schlechte Gewohnheit habe, einen schlechten Namen und um Himmel und Erde komme!

Regeln der Selbstverleugnung

Johannes vom Kreuz

Willst du dahin gelangen, alles zu kosten, suche in nichts Genuß.
Willst du dahin gelangen, alles zu wissen, verlange in nichts etwas zu wissen.
Willst du dahin gelangen, alles zu besitzen, verlange in nichts etwas zu besitzen.
Willst du dahin gelangen, alles zu sein, verlange in nichts etwas zu sein.
Willst du erlangen, was du nicht genießest, mußt du hingehen, wo du nichts genießest.

Willst du gelangen zu dem, was du nicht weißt, mußt du hingehen, wo du nichts weißt.
Willst du gelangen zu dem, was du nicht besitzest, mußt du hingehen, wo du nichts besitzest.
Willst du erlangen, was du nicht bist, mußt du hingehen, wo du nichts bist.
Sobald du dein Genügen suchest im Kleinsten, hörst du auf, dich hinzugeben ins Ganze.
Sofern du willst gelangen vom Ganzen zum Ganzen, mußt du dich entäußern von allem in allem.
Sobald du es dahin bringst, alles zu haben, mußt du es haben, ohne etwas zu verlangen.
Denn so du haben willst etwas im Ganzen, hast du nicht rein in Gott deinen Schatz.

Entweder-Oder

Sören Kierkegaard

Denn was ist Entweder-Oder? — daß ich es sage, der es doch wohl wissen muß. Entweder-Oder ist das Wort, vor dem die Flügeltüren aufspringen, und die Ideale sich zeigen — holdseliger Anblick! Entweder-Oder ist das Zeichen, durch das uns der Zutritt zum Unbedingten wird — Gott sei Lob und Dank! Ja, Entweder — Oder ist der Schlüssel zum Himmel! Und was ist dagegen, was war und bleibt des Menschen Unglück? Das ist der Satan der Erbärmlichkeit oder der feigen Klugheit, das „bis zu einem gewissen Grade", das, auf das Christentum angewendet — o verkehrtes Wunder oder wunderbare Verkehrtheit —, dieses in ein Geschwätz verwandelt! Nein: entweder! — oder!

Wie herzlich auch der Schauspieler und die Schauspielerin auf der Bühne sich umarmen und liebkosen, es bleibt doch immer nur ein theatralisches Einverständnis, nur eine Theaterehe: ganz so ist alles „bis zu einem gewissen Grade" dem Unbedingten gegenüber nur etwas Theatralisches, es greift nach einer Wolke, statt der Juno. Nur durch ein Entweder-Oder umarmst du sie selbst, die Göttin, das Unbedingte. Dem Gegensatz zum Folgenden zulieb will ich auch ein Bild aus des Lebens Tand zur Verdeutlichung beiziehen. Jeder Offizier aus des Königs persönlicher Umgebung trägt eine Auszeichnung, die ihn kenntlich macht; so waren alle wahren Diener des Christentums durch das Entweder-Oder gezeichnet, durch den Ausdruck der Majestät, oder den Ausdruck dafür, daß man vor der göttlichen Majestät steht. Alles, was bloß bis zu einem gewissen Grade ist, hat nicht dem Christentum gedient, sondern vielleicht sich selbst; es kann also, wenn es redlich sein will, nie eine andere Uniform tragen wollen als höchstens die des Königs; denn für Gottes Diener ist die Uniform nur dies: „Entweder-Oder".

Nicht wissen, sondern tun

Philipp Jakob Spener

Zu den genannten Stücken gehört auch, daß man den Leuten wohl einpräge und sie bald daran gewöhne, zu glauben, daß es mit dem Wissen im Christentum durchaus nicht genug sei, sondern daß es vielmehr in der tätigen Ausübung besteht. Besonders hat uns unser lieber Heiland zum öftern die Liebe als das rechte Kennzeichen seiner

Jünger anbefohlen. Daher auch der liebe Johannes in seinem hohen Alter, nach dem Zeugnis des Hieronymus, nichts mehr zu sagen pflegte, als „Kindlein, liebet euch untereinander!", so zwar, daß seine Jünger und Zuhörer endlich verdrossen wurden, immer einerlei zu hören, und fragten, warum er allzeit ihnen einerlei spreche; sie bekamen zur Antwort: „Weil es der Befehl des Herrn ist, und so der geschieht, ist's genug." Allerdings besteht eines gläubigen und durch den Glauben seligen Menschen ganzes Leben und seine Erfüllung der göttlichen Gebote in der Liebe.

Worauf es ankommt

Johannes Tauler

Liebes Kind, willst du dies nun erreichen, so achte mit Fleiß auf diese drei Punkte: das eine ist, daß du Gott und die Ehre Gottes und nicht vom Deinigen lauter und bloß im Sinne hast in allen Dingen. Das zweite: in all deinen Werken und Ausgängen gib fleißig auf dich selbst acht, und blicke mit Beharrung in dein unergründliches Nichts und gib acht, womit du umgehst, und was in dir ist. Das dritte: gib nicht acht auf das, was außer dir ist, und was dir nicht befohlen ist, das maße dir nicht an, und laß alle Dinge auf sich selbst beruhen: das Gute laß gut sein, was böse ist, berichtige nicht und frage nicht danach; kehre dich in den Grund und bleibe dabei, und achte auf die väterliche Stimme, die in dir ruft: die ruft dich in sich und gibt dir solchen Reichtum, daß, wäre es nötig, ein solcher Mensch allen Pfaffen genug gäbe, so klar wird der erfaßte Mensch begabt und erleuchtet.

Liebes Kind, und wenn du auch alles vergißt, was wir gesagt haben, so behalte nur diese beiden Pünktlein, so erreichst du diese Dinge. Das eine ist: daß du lauter, inwendig und auswendig, bis auf den Grund, klein seiest, nicht dem Scheine nach oder mit Worten, sondern mit Wahrheit in all deinem Verstehen: so sei Nichts in deinem Grunde und in deinen Augen, ohne jede Ummäntelung. Das zweite: habe wahre, göttliche Liebe, nicht was wir Liebe nennen in sinnlicher Weise, sondern in wesentlicher Weise, ein allerinwendigstes Gottlieben; das ist nicht ein einfältiges, auswendiges, sinnliches Gott-im-Sinne-haben, wie man gewöhnlich meint, Gott im Sinne haben, sondern es ist ein ansehendes Im-Sinne-haben, mit dem Gemüt, ein „gemütliches" Im-Sinne-haben, wie einer es hat, der in die Wette läuft oder wie ein Schütze, der schießen will.

Nütze die Zeit

Katharina von Siena

Warte nicht auf eine spätere, gelegenere Zeit, denn du bist nicht sicher, daß du sie haben wirst. Die Zeit entschwindet dir unvermerkt. Mancher hat sich noch Hoffnung auf ein längeres Leben gemacht, da kam der Tod. Darum versäumt, wer klug ist, keine Zeit und gibt die gegenwärtige Stunde, die ihm gehört, nicht unbenützt weg für eine andere, die doch nicht sein eigen ist.

Benediktinische Leitsätze

Regel des Benediktus

Vor allem Gott den Herrn lieben aus ganzem Herzen, aus ganzer Seele, mit aller Kraft.
Dann den Nächsten wie sich selbst.
Ferner nicht töten.
Nicht ehebrechen.
Nicht stehlen.
Nicht begehren.
Kein falsches Zeugnis geben.
Alle Menschen ehren.
Und was man selbst nicht leiden möchte, auch keinem andern tun.
Sich selbst verleugnen, um Christus nachzufolgen.
Den Leib züchtigen.
Sinnliche Ergötzungen nicht suchen.
Das Fasten lieben.
Arme erquicken.
Nackte bekleiden.
Kranke besuchen.
Tote begraben.
Bedrängten zu Hilfe kommen.
Trauernde trösten.
Dem Treiben der Welt sich entfremden.
Der Liebe zu Christus nichts vorziehen.
Zorn nicht zur Tat werden lassen.
Rachegelüste nicht dauern lassen.
Kein Falsch im Herzen tragen.
Nicht heuchlerischen Frieden bieten.
Von der Liebe nicht lassen.

Nicht schwören, um nicht etwas falsch zu schwören.
Mit Herz und Mund die Wahrheit sagen.
Nicht Böses mit Bösem vergelten.
Kein Unrecht tun, selber in Ruhe solches tragen.
Die Feinde lieben.
Die uns schmähen, nicht wieder schmähen, sondern segnen.
Verfolgung leiden um der Gerechtigkeit willen.
Nicht stolz sein.
Nicht trunksüchtig,
Nicht eßsüchtig,
Nicht schlafsüchtig sein.
Nicht träge sein.
Kein Murrer,
Kein Verleumder sein.
Seine Hoffnung auf Gott setzen.
Das Gute, das man an sich gewahrt, Gott zuschreiben, nicht sich selber.
Das Böse aber stets als sein eigenes Werk erkennen und bekennen.
Vor dem Tage des Gerichtes bangen.
Vor der Hölle zittern.
Nach dem ewigen Leben von Herzen mit heiliger Begierde verlangen.
Den drohenden Tod täglich vor Augen haben.
Seinen Lebenswandel gründlich überwachen.
Daß allerorten Gottes Auge auf uns schaut, untrüglich glauben.
Böse Gedanken, sobald sie im Herzen aufsteigen, an Christus zerschellen und sie dem geistlichen Vater offenbaren.
Seinen Mund vor böser und verkehrter Rede bewahren.
Nicht gerne viel reden.
Hohles Gerede oder Possen sich nicht gestatten.

Vieles oder zu lautes Lachen nicht lieben.
Fromme Lesung gern anhören.
Dem Gebet häufig obliegen.
Seine früheren Sünden unter Tränen und Seufzen täglich vor Gott im Gebet bekennen.
Diese Sünden fortan meiden.
Den Begierden des Fleisches nicht zu Willen sein.
Den Eigenwillen hassen.
Den Anordnungen des Abtes in allen Stücken gehorsam sich fügen, auch wenn er selbst, was ferne sei, anders handeln sollte, im Gedanken an das Gebot des Herrn: „Was sie sagen, das tut, was sie aber tun, das tuet nicht."
Sich nicht wollen als Heiligen feiern lassen, bevor man es ist, sondern es zuerst werden, um dann mit Recht als solcher zu gelten.
Gottes Gebote tagtäglich im Werke erfüllen.
Die Keuschheit lieben.
Niemand hassen.
Keine Eifersucht hegen.
Sich von Scheelsucht nicht beherrschen lassen.
Streitereien nicht lieben.
Selbsterhebung fliehen.
Die Jüngeren lieben
und die Älteren ehren.
In der Liebe zu Christus für die Feinde beten.
Nach einem Zwiste, noch ehe die Sonne scheidet, Versöhnung suchen.
Endlich an der Barmherzigkeit Gottes niemals verzweifeln.
Siehe, das sind die Werkzeuge der geistlichen Kunst. Handhaben wir sie Tag und Nacht, ohne zu ermüden, und weisen wir sie dann am Tage des Gerichtes wieder vor, dann wird uns jener Lohn vom Herrn ausbezahlt, den er selbst ver-

heißen hat: „Kein Auge hat es gesehen, kein Ohr gehört, was Gott denen bereitet hat, die ihn lieben.“ Die Werkstätte aber, wo wir das alles mit emsigem Fleiße wirken sollen, ist das Kloster in seiner Abgeschiedenheit und beständiges Ausharren im Klosterverband.

DER TOD IST VERSCHLUNGEN IN DEN SIEG

Memento mori

Hieronymus Savonarola

Heute morgen nun wollen wir von der Kunst des guten Todes reden und euch, wie ich schon gestern früh sagte, einen sauren Brocken zu kosten geben. Wir wollen uns mit dem Beweise nicht abmühen, daß der Mensch sterben müsse, denn das wäre überflüssig, und du würdest sprechen: Vater, es ist um die Zeit schade, wir wissen sehr wohl, daß wir sterben müssen. Daher will ich dies lassen und euch nur davon zu überzeugen suchen, daß der Mensch den Tod immer vor Augen haben müsse. Ich will euch zeigen, daß ihr daraus großen Nutzen schöpft, ja, des Todes stets eingedenk, selig wäret. Alle Heiligen der Vergangenheit hegten diesen Gedanken an den Tod; er gab ihnen die Kraft, hier auf Erden ein frommes Leben zu führen, weshalb sie nunmehr in paradiesischer Seligkeit schwelgen. Darum frommt es dem Menschen gar sehr, ans Sterben zu denken, denn in der christlichen Religion hilft weder Anfang noch Mitte, ohne ein gutes Ende. Immer muß man daher auf ein gutes Ende bedacht sein, und das heißt, an den Tod denken...

Wenn du dich häufig in den Gedanken und in die Betrachtung des Todes versenktest, so würdest du am Glauben nicht zweifeln, sondern an ihm im Gegenteil nur immer fester hängen. Mache es dir also erstens zur Regel, dich zuweilen mit dem Tode zu beschäftigen und zu sprechen: Ich muß jedenfalls sterben. Und schaue manchmal dein Fleisch und deine Hände an und sprich: diese Hände und dieses Fleisch müssen zu Staub und Asche werden und sind bald nur mehr Gestank...

Mache es dir also zur Regel, gehe gerne zu Begräbnissen, siehe gerne solchen zu, welche sterben. Wenn du von einem Verwandten, Freunde oder sonst jemandem hörst, es gehe zu Ende mit ihm, so lasse es dir nicht entgehen, seinem Tode und seiner Beerdigung beizuwohnen und an die Vergänglichkeit des Menschen zu denken, das wird dir ein starker Zügel gegen die Sünde sein. Bist du aber sehr zur Sünde geneigt, so solltest du dir den Tod in deinem Hause malen lassen und einen Totenkopf in die Hand nehmen und oft betrachten, und wenn du dich vom Ehrgeiz versucht fühlst, an den Tod denken und sprechen: Tor, der ich bin, wo sind so viele Herren und große Männer, die sich dem Ehrgeize in die Arme warfen und nach Amt und Würde haschten? Tot sind sie alle, sind Staub und Asche und nichts mehr als Fäulnis; und darum laß deine hochfliegenden Pläne, befleißige dich eines ehrbaren Wandels.

Bei einem Begräbnis

Matthias Claudius

Ich kam diese Tage durch Altona, und man begrub gerade einen Toten. Da ging ich mit heran, ich mag gerne ein Grab sehen, und wenn so ein Auge voll Tränen noch einmal auf den Sarg hinabblickt, oder sich einer umwendet und dasteht und nicht weinen kann. Mir kommt dabei wohl manchmal eine Träne ins Auge, aber eigentlich bin ich doch fröhlich, wenn ich so jemand begraben helfe. Und warum sollte ich auch nicht fröhlich sein, liegt er doch nun und hat Ruhe — und mir geht das Herz schon auf, wenn ich nur Roggen säen sehe und an die Stoppeln und den Erntetanz denke. Aber wieder auf den seligen Professor zu kommen, so erzählten die Leute, die neben mir standen, daß er in seinem Testament seinen Erben befohlen habe, nicht seine Leiche in einem prächtigen Totenkleide zur Schau zu stellen, noch mit unnützem Gepränge zur Erde zu bestatten; sondern das Geld, was ein solcher Aufwand nach seinem Stande und Vermögen würde gekostet haben, an Notleidende auszuteilen. Gut, dachte ich, das ist einmal ein vernünftig Stück von einem Gelehrten. Es ist ein rührender, heiliger, schöner Anblick, einer Leiche ins Gesicht zu sehen; aber sie muß ohne Flitterstaat sein. Die stille, blasse Todesgestalt ist ihr Schmuck, und die Spuren der Verwesung ihr Halsgeschmeide und das erste Hahnengeschrei zur Auferstehung.

Von den Unglücklichsten

F. M. Dostojewski

Wehe denen, die auf Erden sich selbst vernichteten, wehe den Selbstmördern! Ich denke, unglücklicher als diese kann keiner mehr werden. Uns wird verboten, für sie zu beten, und die Kirche wendet sich öffentlich von ihnen ab. Ich aber denke im Geheimen meiner Seele, daß man auch für sie beten kann. Um der Liebe willen wird Christus nicht zürnen. Für diese habe ich innerlich mein ganzes Leben lang gebetet, das vertraue ich euch an, meine Väter und Lehrer, und noch jetzt bete ich für sie jeden Tag.

Tod und Auferstehung

Martin Luther

Der Tod hat lange gesungen: Jo Triumph! Ich, Tod, bin König und Herr über alle Menschen, ich habe den Sieg und liege oben. Aber unser Herr Gott lässet ihm wieder ein Liedlein singen, das lautet also: Jo Triumph! das Leben ist König und Herr über den Tod, der Tod hat verloren und liegt unter. Der Tod hat wohl bisher gesungen: Victoria, Victoria! Jo! gewonnen! hier ist eitel Tod und kein Leben. Aber Gott läßt ihm nun wieder singen: Victoria, Victoria! Jo! gewonnen! hier ist eitel Leben und kein Tod: der Tod ist in Christo überwunden und gestorben, das Leben behält den Sieg, und hat gewonnen.

Solch Liedlein wird von uns gesungen werden in der Toten Auferstehung, „wenn dieß Sterbliche anziehen wird die Unsterblichkeit". Jetzt würget der Tod uns Menschen jämmerlich und auf mancherlei Weise: einen durch Schwert, den andern durch Pestilenz; diesen durch Wasser, den andern durchs Feuer, und wer kann alle Weise, damit der Tod uns Menschen erwürget, erzählen? Da lebet der Tod, herrschet, regieret, sieget und singet: Gewonnen, gewonnen! Ich, Tod, bin König und Siegsmann über alle Welt: Ich habe Macht und Recht über alles, was auf Erden lebet: Ich schlage tot und würge alle Menschen, jung, alt, reich, arm, hoch, niedrig, edel, unedel. Trotz, der mir es wehre! Aber der Tod wird sich bald heiser und zu Tode singen, das Cantate soll ihm bald gelegt werden. Denn am Ostertage hat sich ein ander Liedlein erhoben, das lautet also: Christ ist erstanden, von der Marter alle, dessen sollen wir alle froh sein, Christ will unser Trost sein. Tod, wo ist nun dein Sieg? Wo hast du nun den, der im Grabe lag, und den du am Kreuz getötet hast?

Dies Liedlein singen wir jetzt in der Person Christi, und derer, die mit Christo auferstanden sind von den Toten, wie wir glauben, und St. Matthäus solches mit klaren Worten meldet. Denn dieselben sind hindurch und behalten den Sieg wider den Tod. Aber in der Auferstehung werden wir dies Liedlein auch in unserer Person singen; da werden wir auch für uns des Todes lachen, sein spotten und sagen: Tod, wo bist du nun? Hier ist eitel Leben, ich bin Herr und Siegsmann über dich. Vorhin hast du mich gefressen und über mich geherrschet; jetzt lässest du mich wohl ungefressen, ich herrsche über dich. Vorhin mußte ich mich vor dir fürchten; aber nun kannst du nichts mehr an mir schaffen; vorhin legtest du mich in das Grab unter die Würmer und strichest mir eine scheußliche Gestalt an; nun bin ich von den Toten auferstanden und leuchte schöner als die Sonne. Siehe, wie gefalle ich dir nun? schrecktest du mich; jetzt biete ich dir Trotz, krümme mir ein Härlein.

Von der sakralen Gemeinschaft

DIE CHRISTLICHE KIRCHE

Sichtbare und unsichtbare Kirche

Johannes Calvin

Übringens redet die Heilige Schrift von der Kirche in doppelter Weise. Einmal meint sie die vor Gottes Angesicht stehende wahre Kirche, deren Glieder allein solche sind, die durch die gnädige Annahme Gottes Kinder wurden und durch die Heiligung des Geistes wahre Glieder Christi. Dabei ist nicht bloß an die Heiligen zu denken, die sich auf Erden befinden, sondern an alle Auserwählten, die von Anbeginn der Welt gewesen sind. Im Unterschied davon wird als Kirche oft auch die über die Erde zerstreute Menge von Menschen bezeichnet, die sich zu einem Gott und Christus bekennen, die durch die Taufe als sein Eigentum erklärt wurden, durch die Teilnahme am heiligen Abendmahl ihre Zustimmung zur wahren Lehre und ihre Liebe bezeugen, die sich an Gottes Wort halten, und bei denen die Verkündigung desselben durch das von Christo eingesetzte Predigtamt gepflegt wird. Dieser Menschenmasse sind auch viele Heuchler beigemischt, die von Christo nichts haben als Namen und Schein, viele ehrgeizige, geldgierige, neidische und schmähsüchtige Menschen, einige auch, die ein noch viel unreineres Leben führen. Solche Leute werden für eine gewisse Zeit getragen, weil sie durch ein rechtmäßiges Urteil nicht überführt werden können, oder weil die erforderliche strenge Zucht nicht immer im Schwange geht. So müssen wir auf der einen Seite glauben, daß es eine unsichtbare Kirche gibt, die allein vor Gottes Augen klar daliegt, auf der andern Seite müssen wir uns treulich zu der Kirche halten, welche vor Menschen so genannt wird, und ihre Gemeinschaft pflegen.

Als Glied im Ganzen

Wladimir Solowjew

Das Reich Gottes ist ja vollendet in der Idee des ewigen Gottes und im Keime enthalten in einem jeden von uns. Es ist aber gerade darum notwendigerweise etwas, das wir selber vollenden müssen, auch für uns. Das Reich Gottes ist unsere Angelegenheit, unsere Aufgabe, unser Werk. Und diese Aufgabe kann niemals ihre Grenzen finden im Einzeldasein. Der Mensch ist ein geselliges Wesen, und die höchste Aufgabe seines Lebens, das Endziel alles seines Strebens, kann gar nicht ausschließlich in seinem persönlichen Schicksal liegen, muß vielmehr angesprochen werden im gesellschaftlichen Geschick der ganzen Menschheit. Denn wenn das Reich Gottes die Vereinigung der göttlichen Gnade mit den Menschen bedeutet, so doch natürlich nicht mit dem Menschen, der sich in seiner Selbstsucht verallgemeinert, vielmehr nur mit dem lebendigen Gliede eines weltumfassenden Ganzen!... Und wie das Reich Gottes sich in dem Einzelnen verwirklicht als sittliche Tat, so geht diese wiederum zu ihrer Vollendung über in den allgemeinen Vorgang der Menschvergöttlichung in der Weltgeschichte.

Die andere Sorge

Joseph Foubert

Die Häresie ist heute weniger zu fürchten als die Religionslosigkeit. Der Kirche drohen heute andere Feinde und Gefahren; sie sollte auch andere Sorgen und andere Kampfesweisen haben.

Die wahre Kirche

Jakob Böhme

Der Heilige aber hat seine Kirche an allen Orten bei sich und in sich; denn er stehet und gehet, er liegt oder sitzt in seiner Kirche, er ist in der wahren christlichen Kirche, im Tempel Christi. Der Heilige Geist predigt ihm aus allen Kreaturen; alles, was er ansiehet, da siehet er einen Prediger Gottes.

Hie wird der Spötter sagen, ich verachte die steinerne Kirche, da die Gemeinde zusammenkommt. Da sage ich nein zu.

Eine Karikatur

Sören Kierkegaard

Denke dir, die Gänse könnten sprechen und hätten die Einrichtung getroffen, daß sie auch ihren Gottesdienst, ihre Gottesverehrung hätten.

Jeden Sonntag kamen sie zusammen, und ein Gänserich predigte.

Der wesentliche Inhalt der Predigt war, zu welchem hohen Ziele der Schöpfer — und so oft dieses Wort genannt wurde, knixten alle Gänse, und die Gänseriche verbeugten sich — die Gans bestimmt habe: mit Hilfe ihrer Flügel könne sie fort in ferne, selige Gegenden fliegen, wo sie eigentlich daheim sei, denn hier sei sie bloß wie ein Fremdling.

So jeden Sonntag. Und darauf trennte sich die Versammlung, jeder watschelte heim zu den Seinen. Und dann am nächsten Sonntage wieder zum Gottesdienst und dann wieder heim — dabei blieb es. Sie gediehen und mästeten sich, wurden drall und delikat — und dann zu Martini gegessen — dabei blieb es.

Dabei blieb es. Denn während die Rede am Sonntage so hoch klang, wußten die Gänse am Montage einander zu erzählen, wie es einer Gans ergangen sei, welche mit ihren vom Schöpfer gegebenen und für das hohe Ziel bestimmten Flügeln Ernst machen wollte, welche Schrecken sie habe erdulden müssen. Davon wußten die Gänse einander klug zu erzählen. Aber natürlich, davon am Sonntage zu reden, das wäre ja unpassend, denn, sagten sie, dann würde ja offenbar, daß unser Gottesdienst eigentlich bedeutet, Gott und uns selbst zum besten zu haben.

Auch befanden sich unter den Gänsen einige, welche leidend aussahen und mager wurden. Von denen hieß es unter den Gänsen: Da sieht man es, wohin es führt, wenn man mit dem Fliegenwollen Ernst macht. Denn weil sie in ihrem stillen Sinne mit dem Gedanken, fliegen zu wollen, umgehen, darum werden sie mager, gedeihen nicht und haben Gottes Gnade nicht, wie wir sie haben und darum drall und fett und delikat werden, denn von Gottes Gnade wird man drall und fett und delikat.

Und am nächsten Sonntage gingen sie dann wieder zum

Gottesdienste, und der alte Gänserich predigte von dem hohen Ziele, wozu der Schöpfer (hier knixten die Gänse wieder und die Gänseriche verbeugten sich) die Gans bestimmt habe, wozu die Flügel bestimmt seien.

So steht es mit dem Gottesdienste der Christenheit. Auch der Mensch hat Flügel, er hat Phantasie...

Und wenn nun jemand dies liest, dann sagt er: Das ist schön — und dann bleibt es dabei, und er watschelt heim zu den Seinen, wird drall und delikat und fett, oder strebt danach, es zu werden — aber am Sonntag, da schwatzt der Pfarrer, und er hört zu — ganz wie die Gänse.

Gedankenlos

Richard Rothe

Unsere weltlich gesinnten Ungläubigen werfen die kirchlichen Lehrvorstellungen gedankenlos ungesehen weg; unsere Gläubigen nehmen aber großenteils dieselben nicht weniger gedankenlos unbesehen an.

Das allgemeine Priestertum

Martin Luther

Wer mag nun ausdenken die Ehre und Höhe eines Christenmenschen? Durch sein Königreich ist er aller Dinge mächtig, durch sein Priestertum ist er Gottes mächtig. Denn Gott tut, worum er bittet und will, wie da geschrieben steht im Psalter: Gott tut den Willen derer, die ihn fürchten, und erhöret ihr Gebet. Zu welchen Ehren er nur allein durch den Glauben und durch kein Werk kommt. Daraus sieht man klar, wie ein Christenmensch frei von allen Dingen ist und über alle Dinge, also, daß er keiner guten Werke dazu bedarf, daß er fromm und selig sei, sondern der Glaube bringt ihm alles. Und wo er so töricht wäre und meinte, durch ein gutes Werk fromm, frei, selig oder christlich zu werden, so verliert er den Glauben mit allen Dingen, gleich wie der Hund, der ein Stück Fleisch im Munde trug und nach dem Schemen im Wasser schnappte und damit Fleisch und Schemen verlor.

Frägst du, was ist denn für ein Unterschied zwischen den Priestern und Laien in der Christenheit, ob sie alle Priester sind, so ist die Antwort, daß dem Worte Priester, Pfaff, Geistlicher und dergleichen Unrecht geschehen ist, indem sie von dem gemeinen Haufen auf den kleinen Haufen gezogen worden sind, den man jetzt den geistlichen Stand nennt. Die Heilige Schrift gibt keinen andern Unterschied, als daß diese die Gelehrten oder Geweihten genannt werden, ministros, servos, oeconomos, das ist, Diener, Knecht, Schaffner, die da den andern Christus, Glauben und christliche Freiheit predigen sollen. Denn obwohl wir alle gleich Priester sind, so können wir doch nicht alle dienen oder schaffen und predigen. Aber nun ist daraus eine solch weltliche, äußerliche, prächtig-furchtsame Herrschaft und Gewalt geworden, daß ihr die rechte weltliche Macht in keiner Weise mag gleichen, gerade so, als wären die Laien etwas anderes als Christenleute. Damit ist uns hinweggenommen worden die ganze Fülle christlicher Gnade, Freiheit, Glauben und alles, was wir von Christo haben, ja Christus selbst und haben dafür nur bekommen viel Menschengesetz und Werk und sind Knechte geworden der alleruntüchtigsten Leute auf Erden.

Der Sinn des Sakramentes

Pawel Florenskij

Die Sakramente der Religion sind keine Geheimnisse, die man nicht ausposaunen soll, keine konventionellen Parolen von Verschwörern, sondern unausdrückbare, unaussagbare, unbeschreibbare Erlebnisse, welche in das Wort nicht anders eingehen können als in Gestalt eines Widerspruches, welche zugleich „Ja“ und „Nein“ sind. Daher kleidet sich die Verzückung der Seele, wenn sie zum Kirchengesang wird, in die Hülle eines eigenartigen Spieles mit Begriffen. Der ganze Kirchen-Gottesdienst, insbesondere die kirchlichen Lobgesänge, sind erfüllt vom überschäumenden Scharfsinn antithetischer Nebeneinanderstellungen und antinomischer Behauptungen. Der Widerspruch! Er ist immer ein Geheimnis der Seele — ein Geheimnis des Gebetes und der Liebe. Je mehr wir uns Gott nähern, um so deutlicher werden die Widersprüche. Dort, in dem himmlischen Jerusalem sind sie nicht. Hier aber — sind Widersprüche in allem, und sie werden weder durch soziale Einrichtungen, noch durch philosophische Argumente beseitigt. Etwas Großes, längst Ersehntes und dennoch völlig Unerwartetes — die große ungeahnte Freude — wird plötzlich erscheinen, den ganzen Kreis des irdischen Daseins erfassen, ihn aufrütteln, den Himmel wie eine Bücherrolle zusammendrehen, die Erde reinwaschen, neue Kräfte geben, alles erneuern, alles verwandeln, das Einfachste und Alltäglichste im blendenden Sonnenglanz der Schönheit zeigen. Dann wird es keine Widersprüche geben und auch keinen Verstand, der sich mit ihnen abplagt. Aber jetzt: je heller die Wahrheit des dreistrahlenden Lichtes leuchtet, welches von Christus offenbar wurde und sich in den Heiligen widerspiegelt — des Lichtes, in dem der Widerspruch dieser Welt durch Liebe und Glorie überwunden ist — um so schroffer treten die dunklen Spalten im Weltbau hervor, überall sind Risse.

Die Stimme der Glocken

Romano Guardini

Drinnen der Raum der Kirche spricht von Gott. Er gehört dem Herrn, ist ganz erfüllt von der heiligen Gegenwart. Er ist ja Gottes Haus, ausgeschieden aus der Welt, beschlossen durch Wände und Wölbungen. Dieser Raum steht nach innen gewendet, ins Verborgene. Er spricht von Gottes Geheimnis.

Und der Raum draußen? Die große Weite über den Ebenen, die sich nach allen Seiten endlos dehnt? Die auf den Höhen, ins Unendliche hinaufgespannt? Die in den Tälern, tief ruhend, umfangen von den Bergen? Ist die dem Heiligtum nicht verbunden?

O gewiß, auch sie! Aus dem Hause Gottes wächst der Turm in die freie Luft und nimmt sie gleichsam für Gott in Besitz. Im Turm, im Gestühl, hängen die Glocken, schwer vom Erz. Sie schwingen um die Welle, und ihr ganzer klar geformter Körper schwingt und sendet Klang auf Klang hinaus in die Weite. Wellen des Wohllautes; helle rasche oder schwere volle, oder tiefe langsam dröhnende. Sie strömen hinaus, durchfluten die Weite und füllen sie mit der Botschaft des Heiligtums.

Die Botschaft der Weite; die Botschaft vom Gott ohne

Grenzen und Enden; die Botschaft der Sehnsucht und der unendlichen Erfüllung.

Den „Menschen der Sehnsucht“ rufen sie, dessen Herz der großen Weite offen steht.

Ja, wenn wir die Glocken hören, dann fühlen wir die Weite! Wenn sie vom Turm in die Ebene schwingen, nach allen Seiten ins Endlose hinaus, dann zieht die Sehnsucht mit in die Ferne, bis sie einmal inne wird, daß die Erfüllung nicht am blau verschwimmenden Rande der Ebenen liegt, sondern drinnen.

Wenn von der Kirche auf dem Berge die Glockenklänge ins Tal herabfluten oder hinaufsteigen in die blaue Höhe, da ins Tal herabfluten oder hinaufsteigen in die blaue Höhe, dann dehnt sich die Brust und fühlt, daß sie viel weiter ist, als sie sonst wußte.

Oder die Glockentöne kommen im Walde fernher durch die dämmernde grüne Stille, wenn nicht, woher, fern, fern — oh, was wird da alles wach! Lang Vergessenes steigt auf, daß man steht und horcht und besinnt sich: „Was ist das nur?... was?...“

Da spürt man die Weite. Wie ein Ausbreiten der Seele ist's, ein Hinüberspannen, ein Antworten auf den fernen Ruf der Unendlichkeit.

„So weit die Welt“ — sprechen die Glocken. „So voll der Sehnsucht... Gott ruft... In ihm allein der Friede...“

O, Herr, weiter als die Welt ist meine Seele. Tiefer als alle Täler ihr Verlangen. Und ihre Sehnsucht schmerzlicher als fern verlorener Glockenklang.

Du, Herr, allein kannst sie erfüllen, du allein...

Die unvollendete Reformation

Philipp Jakob Spener

Was das Erste anlangt, so bin ich niemals in der Meinung gewesen, auch heute noch nicht, als wäre die Reformation Luthers zu ihrer Vollständigkeit, wie zu wünschen, gebracht worden. Sondern wie die Böhmen unterschiedliche Male mit Luther gehandelt, deswegen zu ihm gesandt und an der Reformation dasjenige gestraft haben, daß es schiene, es sei allein um die Lehre, mit Hintansetzung des Lebens, zu tun, unser lieber Luther auch verlangt, daß er's dahin bringen möchte, wie die Disziplin bei ihnen wäre, aber über die Hindernisse, die er nicht überwinden könne, geklagt hat, also erkenne ich gern, daß das Werk zu zeitlich stecken geblieben. Ich danke zwar freilich dem großen Gott auch für solche unaussprechliche Wohltat, die in solcher Reformation der Kirche erwiesen worden, indem auch dasjenige schon ein Großes ist, prodire tenus, si non datur ultra; halte deswegen die Rüstzeuge Gottes, die er in solcher Sache gebraucht und mit so vieler Gnade ausgerüstet, als zu demjenigen Werk nötig war, das er zu solcher Zeit durch sie ausrichten wollte, sie auch wirklich dahin getrieben, in schuldigen Ehren und halte ihnen dasjenige zu gut, was sie nicht haben ausrichten können, ohne sie deswegen freventlich zu richten, als der ich nicht so genau weiß, woran es in dem Stück gemangelt, und was den lieben Leuten über dasjenige, so wir auch jetzt sehen, mag in dem Weg gestanden sein; verehre ich die göttliche, heilige Vorsehung, so ihr Werk auf unterschiedliche Art treibet und einer Zeit diese, einer andern eine andere und mehrere Gnade bestimmt hat, aber glaube freilich, daß mit der Reformation noch bei weitem nicht alles geschehen, was hat geschehen sollen, und an dessen Verfolge die Nachkömmlinge zu arbeiten billig verbunden gewesen und noch sind.

Die höhere Einheit

Christoph Blumhardt

Es ist auch äußerst bequem, gerade in dem, worin man geboren ist, zu bleiben: ist einer katholisch geboren, so ist das Katholische die Wahrheit; ist einer lutherisch geboren, so ist das Lutherische die Wahrheit. Allein ich meine, wir dürfen doch gerade darin die rechten Nachfolger der Reformatoren sein, daß wir den Mut haben, etwas Höheres uns zu denken, und daß wir im Stillen darum kämpfen und ringen vor Gott und auch praktisch es betätigen, indem wir auf eine Gemeinschaft hin wieder uns richten, welche es möglich macht, daß wir die verschiedenen Schranken der christlichen Gemeinschaften durchbrechen und wieder eine höhere Einheit finden in unserem Herrn Jesu.

Versöhnung der Gläubigen

Reinhold Schneider

Die Wahrheit kann einsichtig werden für die Augen eines jeden, der guten Willens ist. Von der Wahrheit kann nichts geopfert werden. Aber nur die Liebe kann die Wahrheit verwalten. Die Herzen der größten Bereitschaft werden auch zuerst in das Ansehen gelangen, Zeugen der Wahrheit zu sein. Wo der Wille zum Einssein mächtiger als alles Persönliche ist, da kann Christus nicht ferne sein. Diese Haltung ist es, die wir beitragen können. Sie maßt sich nicht an, die Disputation der Theologen zu stören, aber sie will und muß eindringen in die Geschichte, wie Gott sie führt, und sich fügen in den Plan seiner Gnade. Wir müssen den Mut und die Entsagung aufbringen, einander nicht überzeugen zu wollen: nicht, weil wir an der Möglichkeit der Überzeugung zweifelten, sondern aus Achtung vor den Fügungen der Geschichte, die uns zusammengeführt hat. Sie wird ohne Zweifel weiterhandeln nach einer Weisheit, die höher ist als die Vernunft; haben wir uns aber einmal die Hände gegeben im äußersten Ernst, in Erwartung des Herrn, so sind wir auch einander gewissermaßen angelobt. Wir wissen, was uns trennen will und unfehlbar trennen wird, wenn wir dem Wunsche nachgeben, einander zu besiegen; in diesem Augenblick sollten wir nicht vergessen, daß unser Herz weiser sein kann als wir und die verzichtende Liebe mehr erreichen kann als die höchste Wissenschaft. Wir sollten den Grund der Einheit legen: ja, — er ist schon gelegt von Gott. Sollten wir das Erdreich aufwühlen, das verborgene Wachstum wieder stören? Die wirklich für Christus gestritten haben gegen den Widersacher, müssen sich die Kraft dieser Verbundenheit bewahren können über den Streit hinaus. Wir wollen die nicht mehr aus den Augen verlieren, die uns in der dunkelsten Stunde gegrüßt, deren Wort uns erquickt, deren Beispiel uns erhoben hat.

DAS EWIGE BUCH

Vom Reichtum der Hl. Schrift

Martin Luther

Es sagte einmal der Ehrwürdige Herr Doktor Martinus Luther zum Herrn Philippo Melanchthone, item zu Doktor Justo Jona und anderen von der Bibel oder Heiligen Schrift, „daß sie wäre wie ein sehr großer weiter Wald, darinnen viel und allerlei Bäume stünden, darvon man könnte mancherlei Obst und Früchte abbrechen. Denn man hätte in der Bibel reichen Trost, Lehre, Unterricht, Ermahnung, Warnung, Verheißung und Dräuung usw. Aber es wäre kein Baum in diesem Walde, daran er nicht geklopft und paar Äpfel oder Birnen davon gebrochen und abgeschüttelt hätte."

Vom rechten Lesen der Bibel

Gerhard Tersteegen

Die Schrift muß man betend lesen und lesend beten, weil alles Licht, Segen und Nachdruck allein von dem Heiligen Geiste aus Gnaden herzukommen muß. Wer die Schrift nicht lieset mit einem zu Gott gekehrten, betenden Herzen,

der gehet von einem vollen Tisch leer, matt und mager wieder zurück, wieviel auch der Kopf gesammelt haben möchte. Wenn wir die Bibel recht lesen, so redet Gott zu uns, und alles was wir lesen, soll uns auch Anlaß geben, zu reden mit Gott. Alle Verheißungen und Gebote sollen wir zu Gebetlein machen und durch geheime Geistesgespräche und Herzenserhebungen zu Gott unser Lesen öfters unterbrechen. Wer also vor Gott und mit Gott lieset, findet überall seine Weide, da er mit dem Hirten aus- und eingehet.
Halte dich nicht auf mit vielen und mancherlei menschlichen Erklärungen der Schrift; die meisten schaden und verwirren mehr als sie nutzen. Selbst in den besten verbilde dich nicht gar zu stark und immerdar; der Geist der Gnaden wirket in einem jeden nach seinem Gefallen, nachdem es Zeit und Stand und Umstände erfordern. Bringe deine eigenen vorgefaßten Bilder nicht in die Schrift! Du mußt die Schrift nicht formen wollen nach deinem Sinn, sondern dein Sinn, Herz und Wandel muß sich formen lassen nach der Schrift durch den Heiligen Geist. Bitte Gott um diesen Geist der wahren Erleuchtung, und in dessen Erwartung lies mit einem freien, stillen und gehorsamen Gemüte! Laß ihn selbst es dir aufschließen und aufs Herz drücken, das schmecket und stärket viel besser, als wenn's einem alles nur so vorgekäuet wird; das wurzelt und bleibet, daß man's öfters sein Leben lang nicht vergessen kann. „Das Wort Gottes", spricht Luther, „ist ein unendliches Wort und will mit stillem Geist gefasset und betrachtet sein, wie der 85. Psalm sagt: ‚Ich will hören, was Gott selbst in mir redet.' Es begreift es auch sonst niemand, denn ein solcher stiller betrachtender Geist. Wer dahin könnte ohne Glossieren und Auslegen kommen, dem wäre mein und aller Menschen Glossieren gar nicht nötig, ja nur hinderlich."

Bemühe dich nicht so sehr, die Worte der Schrift ins Gedächtnis zu fassen, als deren Sinn und Kraft ins Herz zu bekommen. Oft kann man die Worte vergessen und doch die Kraft derselben im Herzen haben; und wer bisweilen die wenigsten Schriftworte im Gedächtnis und im Munde hat, besitzt oft das meiste vom Sinn und Geist der Schrift in seinem Herzen. Auf den Eindruck, Licht und Salbung, welche beim Hören oder Lesen der Schrift in unserem Grunde sich eröffnet, darauf muß man am meisten merken und solches bewahren; das ist die Substanz oder Kraft des Brots; „ein Wort, so aus Gottes Munde gehet, wovon man allein lebet"; nicht aber vom äußern Schall oder leeren Bildern im Kopfe.

Wir haben solchen Schatz in irdenen Gefäßen

Christoph Blumhardt

Viele nehmen es nicht persönlich genug,— dann entschwindet Gott, und das Wort bleibt zurück, aber dann ist's nicht mehr die Kraft — dann nehmen es viele nicht mehr als Wort Gottes und haben nichts mehr davon. Man muß sich sehr hüten, daß man das Wort Gottes nicht menschlich nimmt, nicht zu äußerlich, — das, was Gott gesprochen hat, repräsentiert seine Person, und ich möchte fast sagen: Nicht dieses Wort gibt mir da jetzt etwas, nicht die Bibel, sondern Gott in der Bibel. Ich weiß nicht, ob ich es sagen darf — ich bin in neuerer Zeit etwas ängstlich geworden, weil ich soviel Kritik höre über das Allereinfachste, was ich sage — aber man kann die Bibel furchtbar abergläubisch gebrauchen, wenn man nur an dem Äußeren, was sie sagt, buchstäblich hängen bleibt und nicht einfältig das nimmt, daß Gott darin ist. Wenn ich also die Gesetze lese, so rede ich mit Gott. Dadurch versteht man die Bibel ganz einfach, weil man Gott mit sich reden hört — da bekommt man ein ganz anderes Verständnis. Aber wer es in diesem Sinne auslegt, den heißt man unbiblisch, weil man selber die Bibel nicht versteht, das heißt: weil man nichts nimmt als von Gott gesagt. Wenn wir alles von Gott Gesagte übersetzen ins Menschliche, dann gibt es ein System, und das heißt man biblisch, aber die eigentliche Bibel geht darüber verloren.

Die Stimme der Bibel

Paul Schütz

Da ist eine Stimme in der Bibel, eine Stimme, sonst nichts. Sie ist zudem sehr leise. Du mußt mit Anspannung aller deiner Sinne in die Bibel hineinhorchen. Vom Täufer Johannes heißt es, daß er eine Stimme war, sonst nichts. Und dazu noch: in der Wüste. Das war das Wesentliche am Menschen Johannes, diese Stimme. So wesentlich, daß sie heute noch tönt. Sie tönt noch, weil in ihr, durch sie, die andere Stimme spricht, die als die „leise "bezeichnet werden muß.

Als Sagender allein, als Stimme ruft der Schöpfer die Schöpfung ins Sein. „Und sprach", heißt es im Schöpfungsmythos. Adam gewahrte Gott nicht im Garten Eden. Er hörte nur seine Stimme.

Die Stimme ist der Sagende selbst. „Und der Herr redete mit euch mitten aus dem Feuer. Die Stimme seiner Worte hörtet ihr, nur die Stimme allein. Eine Gestalt konntet ihr nicht wahrnehmen." Die Stimme ist in einer gewissen Hinsicht etwas Unsinnliches. In einer gewissen Hinsicht, sage ich, denn sie ist zugleich sinnlich und unsinnlich. Unsichtbares wird hier, in der Stimme, in einer kühnen, zweifachen Kehre in ein Hörbares umgesetzt. Zuerst draußen und ferne Stimme, wird sie ein Drinnen, sehr viel tiefer drinnen in uns, als je unsere eigene Stimme es sein könnte, geschweige denn die Stimme eines Menschen, die im Vergleich „draußen" in rüder Ungeschlachtheit poltert.

Die Bibel-Stimme ist zugleich ganz innen und doch noch ferne Stimme, im Nahesein noch immer andere, nicht meine Stimme. Und doch von einer Inständigkeit, daß sie sich immer umsetzt in ein zugleich Geschehendes. Denn wo die Stimme spricht, da geschieht etwas, da begibt sich Geschichte, da kehrt sich das Innen wieder ins Außen, um Ereignis zu werden. Veränderung im Sein geschieht, in meinem, im Detail, wie unscheinbar auch immer.

Die „Leise Stimme" ist die Stimme eines „anderen". Es ist nicht einfach, mit der Bibel umzugehen. Sehr leicht läßt sie uns nicht auf festen Boden kommen. Es geht mit ihr wie mit dem Leben selbst.

In der Verwirrung, in der wir uns nun einmal mit der Bibel befinden, ist eines wichtig: die leise Stimme muß unter allen Umständen die andere und nicht die eigene sein. Unter allen Umständen! Und wenn wir uns eingestehen müßten, daß sich die andere Stimme uns entzogen hat und daß wir allein sind! Es ist besser, gar keine Stimme zu hören, als die eigene Stimme für die andere zu halten. Denn die leise Stimme muß uns etwas sagen, das wir selbst uns nicht sagen können. Nur um dieses anderen willen hat die Bibel Interesse für uns. Ein absolutes Merkmal für die schlechthinnige Andersheit gibt es nicht. Auch hier bleibt Glaube auf das Wagnis gestellt. Aber wir erinnern uns, daß die Bibel der menschlichen Weisheit die göttliche Torheit gegenüberstellt und diese Torheit größer sein läßt als die menschliche Weisheit.

Schritt ohne Geist ist nichts

Angelus Silesius

Die Schrift ist Schrift, sonst nichts. Mein Trost ist Wesenheit;
Und daß Gott in mir spricht das Wort der Ewigkeit.

Nur Zeugnisse von ihm

Matthias Claudius

Du möchtest gerne mehr von unserem Herrn Christus wissen — Andres! wer möchte das nicht?
Aber bei mir kömmst zu unrecht. Ich bin kein Freund von neuen Meinungen und halte fest am Wort. So gar hasse ich das Kopfzerbrechen an Religionsgeheimnissen; denn ich denke, sie sind eben darum Geheimnisse, daß wir sie nicht wissen sollen, bis es Zeit ist.
Wenn wir ihn nicht selbst sehen können, Andres, so müssen wir denen glauben, die ihn gesehen haben. Mir bleibt anders nichts übrig.
Was in der Bibel von ihm steht, alle die herrlichen Sagen und herrlichen Geschichten sind freilich nicht er, sondern nur Zeugnisse von ihm, nur Glöcklein am Leibrock; aber doch das Beste, was wir auf Erden haben und so etwas, das

einen wahrhaftig freut und tröstet, wenn man da hört und sieht, daß der Mensch noch was Andres und Besseres werden kann, als er, sich selbst gelassen, ist.

Und was in der Bibel von ihm steht, das hab' ich gelesen mehr als einmal und nehme es, so wie es da steht, ohne zunoch abzutun.

Die wahre Schwierigkeit des Neuen Testamentes

Sören Kierkegaard

In dem Neuen Testament sind alle Verhältnisse, alle Proportionen im großen angelegt.

Das Wahre ist ideal dargestellt; andererseits gehen auch die Irrtümer, die Ausschreitungen ins Große: es wird vor Heuchelei gewarnt, vor allerlei Irrlehre, vor Werkheiligkeit usw. usw.

Aber seltsam genug, das Neue Testament nimmt absolut keine Rücksicht auf das, was in dieser Welt leider in nur allzugroßer Masse vorhanden ist, auf das, was eigentlich den Inhalt dieser Welt bildet: auf die Salbaderei, die Jämmerlichkeit, die Mittelmäßigkeit, das Geschwätz und Gewäsch, das Christentumspiel, die allgemeine Phrasenhaftigkeit usw.

Hieraus entsteht nun die Schwierigkeit, daß man mit Hilfe des Neuen Testaments fast unmöglich das wirkliche Leben anfassen kann, die wirkliche Welt, in der wir leben, in der auf einen qualifizierten Heuchler immer 100 000 Schwätzer kommen, auf einen qualifizierten Ketzer immer 100 000 Silbenstecher.

Das Neue Testament scheint hohe Vorstellungen davon zu

hegen, was es heißt, ein Mensch zu sein. Auf der einen Seite hält es das Ideal vor; und wenn es die Verkehrtheit schildert, so sieht man wieder, daß es von der menschlichen Existenz eine hohe Vorstellung hat; aber das Geschwätz, die Kleinlichkeit, die Mittelmäßigkeit erhalten nie ihren Treff.

Des hat sich die Faselei seit undenklicher Zeit bedient, um sich als die wahre christliche Rechtgläubigkeit festzusetzen, — und das gab diese unübersehbaren Bataillone von Christen. Diese, wenn auch nicht durch Geist, so doch durch die Zahl mächtige Rechtgläubigkeit macht es sich zunutze, daß man sie in Wahrheit — und damit hat sie wirklich recht — nicht der Heuchelei, der Irrlehre usw. beschuldigen kann; denn weil man dies nicht kann, ergo ist sie die wahre christliche Rechtgläubigkeit.

Das macht sich auch ganz gut. Überall nämlich hat das Höchste und das Niedrigste eine gewisse flüchtige Ähnlichkeit miteinander: dieses ist wie jenes nicht das, was dem Höchsten etwas nachsteht, oder beide sind nicht das, was zwischen dem Hohen und Niederen vermittelt. So hat es eine gewisse Ähnlichkeit miteinander, über und unter aller Kritik zu sein. Dies gilt auch von der Rechtgläubigkeit jener Massen und der Geistlichen, die von jenen in Masse leben: sie gleicht dem wahren Christentum insofern, als sie unleugbar nicht Irrlehre, Ketzerei ist.

Übrigens gleicht sie dem wahren Christentum noch weniger als irgendwelche Ketzerei und Irrlehre. Die Sache verhält sich so: so hoch das wahre Christentum über aller Ketzerei, allen Irrtümern und Verirrungen steht, so tief liegt das Geschwätz unter den Ketzereien, Irrtümern und Verirrungen. Aber, wie gesagt, die Schwierigkeit an dem Neuen Testament ist diese: daß es, für das Ideal gegen Geister kämpfend, nie speziell dieses ungeheure Korpus aufs Korn nimmt, das in der „Christenheit“ beständig die wahre christliche Rechtgläubigkeit repräsentiert, deren christlicher Ernst darin seinen Ausdruck findet, daß „Wahrheitszeugen“ — welch satirischer Selbstwiderspruch! — in dieser Welt Karriere und Glück machen, indem sie sonntags schildern, wie die Wahrheit in dieser Welt leiden muß.

Darauf muß man wohl achten. Und wenn man darauf achtet, so wird man sehen, daß das Neue Testament doch recht hat, daß doch alles so kommt, wie das Neue Testament es vorausgesagt hat. Mitten in diesen ungeheuren Völkern von „Christen“, in diesem Gewimmel von „Christen“ leben hie und da einige einzelne, ein einzelner. Für ihn ist der Weg schmal — vgl. das Neue Testament; er wird von allen gehaßt — vgl. das Neue Testament; ihn totzuschlagen gilt für einen Dienst gegen Gott — vgl. das Neue Testament. Es ist doch ein kurioses Buch, dieses Neue Testament; es bekommt doch recht; denn dieser einzelne, diese einzelnen — ja, die waren die Christen.

Der Morgen

Romano Guardini

Das Angesicht des Morgens leuchtet vor allen Stunden stark und hell. Er ist ein Anfang. Nehmen wir das Wort in seiner vollen Bedeutung: Das Geheimnis der Geburt erneuert sich an jedem Morgen. Wir kommen aus dem Schlaf, darin unser Leben sich verjüngte, und spüren klar und stark: „Ich lebe! Ich bin!" Und dies durchlebte Sein wird Gebet. Es wendet sich zu ihm, von dem es kommt: „Gott, du hast mich erschaffen. Ich danke dir, daß ich lebe. Ich danke dir für alles, was ich habe und bin." Und das neue Leben spürt seine Kraft und drängt zur Tat. So kehrt es sich zum kommenden Tage und seinen Aufgaben. Zu Gebet wird auch dies: „Herr, in deinem Namen und in deiner Kraft beginne ich den Tag. Er soll ein Werk sein für dich!"

Das ist die heilige Stunde des Morgens. Das Leben erwacht. Tief seines Daseins inne, bringt es Gott den reinen Dank des Geschöpfes dar. Es erhebt sich zu neuem Schaffen und wendet sich dem Tagewerk zu, von Gott herkommend und in seiner Kraft.

Siehst du, wieviel von der ersten Stunde des Tages abhängt? Sie ist sein Anfang. Man kann ihn auch ohne An-

fang beginnen, gedankenlos, willenlos in ihn hineingleiten. Da ist dann überhaupt kein „Tag“, sondern ein Fetzen Zeit, ohne Sinn noch Angesicht. Ein Tag ist aber ein Weg; er will Richtung. Ein Tag ist ein Werk; das fordert klaren Willen. Ein Tag ist ein Lied; das verlangt helles Anheben. Ein Tag ist dein ganzes Leben. Dein Leben ist wie dein Tag. Das will aber ein Antlitz.
Wille und Richtung und klares zu Gott schauendes Antlitz, das alles schafft der Morgen.

Abendlied

Mathias Claudius

Der Mond ist aufgegangen,
die goldnen Sternlein prangen
am Himmel hell und klar;
der Wald steht schwarz und schweiget,
und aus den Wiesen steiget
der weiße Nebel wunderbar.

Wie ist die Welt so stille
und in der Dämmrung Hülle
so traulich und so hold,
als eine stille Kammer,
wo ihr des Tages Jammer
verschlafen und vergessen sollt.

Seht ihr den Mond dort stehen?
Er ist nur halb zu sehen
und ist doch rund und schön!
So sind wohl manche Sachen,
die wir getrost belachen,
weil unsre Augen sie nicht sehn.

Wir stolze Menschenkinder
sind eitel arme Sünder
und wissen gar nicht viel;
wir spinnen Luftgespinste
und suchen viele Künste
und kommen weiter von dem Ziel!

Gott! Laß dein Heil uns schauen,
auf nichts Vergänglich's trauen,
nicht Eitelkeit uns freu'n.
Laß uns einfältig werden
und vor dir hier auf Erden
wie Kinder fromm und fröhlich sein.

Wolltst endlich sonder Grämen
aus dieser Welt uns nehmen
durch einen sanften Tod;
und wenn du uns genommen,
laß uns in Himmel kommen,
du, unser Herr und unser Gott!

So legt euch denn, ihr Brüder,
in Gottes Namen nieder;
kalt weht der Abendhauch.
Verschon' uns Gott mit Strafen,
und laß uns ruhig schlafen
und unsern kranken Nachbar auch!

Weihnacht

Lukas 2, 1—20

Es begab sich aber in jenen Tagen, daß vom Kaiser Augustus ein Befehl erging, daß der ganze Erdkreis sich einschätzen lassen sollte. Diese Schätzung war die erste und geschah, als Quirinius Statthalter in Syrien war. Und es machten sich alle auf, um sich einschätzen zu lassen, ein jeder in seine Stadt. Aber auch Joseph ging von Galiläa aus der Stadt Nazareth hinauf nach Judäa in die Stadt Davids, welche Bethlehem heißt, weil er aus dem Hause und Geschlechte Davids war, um sich mit Maria, seiner Verlobten, die schwanger war, einschätzen zu lassen. Es begab sich aber, während sie dort waren, da vollendeten sich die Tage, daß sie gebären sollte. Und sie gebar ihren ersten Sohn und wikkelte ihn in Windeln und legte ihn in eine Krippe, weil sie in der Herberge keinen Platz fanden.

Und es waren Hirten in derselben Gegend auf dem Felde, die hielten Nachtwache über ihre Herde. Da trat ein Engel des Herrn zu ihnen, und Lichtglanz des Herrn umleuchtete sie, und sie fürchteten sich sehr. Und der Engel sprach zu ihnen: Fürchtet euch nicht! Denn siehe, ich verkündige euch große Freude, die allem Volke widerfahren wird; denn euch ist heute der Heiland geboren, welcher der Christus ist, der Herr, in der Stadt Davids. Und das sei euch das Zeichen: Ihr werdet ein Kind finden, in Windeln gewickelt und in einer Krippe liegend. Und auf einmal war bei dem Engel die Menge des himmlischen Heeres, die lobten Gott und sprachen:

Ehre sei Gott in den Höhen
und Friede auf Erden unter den Menschen,
an denen Gott Wohlgefallen hat.

Und es begab sich, als die Engel von ihnen gen Himmel gefahren waren, da sprachen die Hirten zueinander: Laßt uns doch nach Bethlehem hingehen und diese Sache sehen, die geschehen ist, und die der Herr uns kundgetan hat. Und sie gingen eilends und fanden Maria und Joseph, und das Kind in der Krippe liegend. Als sie es aber gesehen hatten, machten sie das Wort kund, das ihnen über dieses Kind gesagt worden war. Und alle, die es hörten, verwunderten sich über das, was ihnen von den Hirten gesagt wurde. Maria behielt aber alle diese Worte und erwog sie in ihrem Herzen. Und die Hirten kehrten zurück und priesen und lobten Gott für alles, was sie gehört und gesehen hatten, wie es ihnen gesagt worden war.

Passion

Alexandre Vinet

Nicht Christi Tod allein hat unser Heil erwirkt, sondern der Grund unseres Heils ist der ganze Christus. Jesus errettet uns nicht allein durch die in Gethsemane und auf Golgatha erlittenen Schmerzen, sondern durch die gesamten Leiden seines Lebens, das nichts als Passion war...
Er konnte uns nicht erretten, ohne zu leiden und zu sterben, aber er hat diese Erlösungstat nicht durch seine Leiden und seinen Tod allein vollbracht, sondern durch alles, was er war, was er tat. Durch seine Taten und seine Worte, durch das, was er ist und was er litt, durch sein Leben wie durch sein Sterben.

Ostern

Augustinus

„Das ist der Tag, den der Herr gemacht hat." Seht da die Freude, meine Brüder, die Freude in eurem Versammeltsein, die Freude in Psalmen und Jubelliedern, die Freude im Gedenken der Passion und Auferstehung des Herrn, die Freude in der Hoffnung des künftigen Lebens. Wenn so viel Freude erregt, was wir hoffen, was wird es sein, wenn wir's halten? Seht, diese Tage, wo uns das Alleluja ertönt, da wird der Geist uns gleichsam verwandelt. Verspüren wir nicht etwas Unaussprechliches, das zu jener himmlischen Stadt gehört? Wenn uns schon diese Tage mit solcher Freude erfüllen, was wird dann der Tag sein, wo es heißt: „Kommt, ihr Gesegneten meines Vaters, empfanget das Reich", wenn alle Heiligen versammelt sein werden: wenn sich dort sehen, die sich nicht kannten, wenn sich wiedersehen, die sich schon kannten, und dort beisammen sind, daß niemals der Freund verlorengeht, niemals der Feind zu fürchten steht? Denn siehe, wir singen Alleluja: es ist recht, es ist froh, es ist voller Freude, Ergötzen und Süßigkeit. Und doch: wenn wir's immer sagten, so würden wir überdrüssig; wenn es aber zu bestimmter Zeit des Jahres wiederkehrt, wie erfreulich kommt es heran, mit wieviel Sehnsucht sehen wir's scheiden! Wird denn auch dort die Freude so sein und der Überdruß? Nein, vielleicht will einer fragen: Und wie soll das zugehen, zugehen, daß man nichts anderes tut und kein Überdruß aufkommt? Könnt ich dir eines zeigen in diesem Leben, dessen man nicht überdrüssig wird, glaubst du mir dann, daß drüben das Ganze so sein wird? Überdruß an Speise, Überdruß an Trank, Überdruß an Theatern, Überdruß an diesem und jenem: aber nie gab es Überdruß an Gesundheit. Wie du also hier, in dieser Sterblichkeit des Fleisches, in dieser Zerbrechlichkeit, in diesem Ekel an des Leibes Last, doch keinen Überdruß an Gesundheit hast, so wird es dort nie einen Überdruß geben an Liebe, Unsterblichkeit, Ewigkeit.

Pfingsten

Marie Noël

Die Herabkunft des Trostes auf die verwaisten Apostel, in das verlassene Herz, in die weglose Seele, die Gott verlassen hat, in die innere Nacht, wo niemand niemanden führt.
Finsternis. Alles ist verschlossen, die Straßen, die Türen. Kein Fuß zum Gehen, kein Schlüssel zum Öffnen.
„Und plötzlich erhob sich ein starkes Brausen gleich einem ungestümen Winde."
Plötzlich zerbricht das Licht die Türen, die Fessel der Angst zerreißt, die Füße befreien sich, der Wind haucht Gott ins Antlitz, die Liebe erhebt die Erde, die Freude kehrt alles um. Jetzt erhellen sich die niedergeschlagenen Gedanken, finden sich wieder zurecht, versöhnen sich, stimmen zusammen, erleuchten einander... schweigen.
Die Stille weiß alles. Die Stille sagt alles.
Und aus der Seele, die gestern untröstlich war, steigt das Lied unermeßlicher Glückseligkeit.

Im Anblick der Ewigkeit

Franz von Sales

Ach Gott, wie bald werden wir in der Ewigkeit sein! Dort werden wir einsehen, wie wenig es mit allen Angelegenheiten dieser Welt auf sich hat, und wie wenig daran lag, ob sie gelangen oder nicht. Und doch machen wir uns jetzt Sorgen darum, als wären es wunders wie wichtige

Dinge. Da wir noch kleine Kinder waren, mit welcher Geschäftigkeit trugen wir da Ziegelstücke, Hölzer und Lehm zusammen, um Häuschen und Hütten zu bauen! Und hätte sie uns jemand zerstört, wir wären darüber in Tränen ausgebrochen; jetzt wissen wir recht wohl, daß an dem ganzen Plunder blutwenig gelegen war. Geradeso wird es einst im Himmel sein, und wir werden einsehen, daß alle unsere Bekümmernisse um die Welt reine Kindereien waren. Aber ganz beseitigen möchte ich die Sorge um diese Lappalien darum doch nicht, denn Gott hat sie zu unserer Übung uns angewiesen; wohl aber möchte ich dieser Sorge den Anteil von Hitze und Ungestüm benehmen. Treiben wir immerhin unsere Kindereien, da wir nun einmal Kinder sind! Hüten wir uns nur vor Erkältung dabei, und kommt einer daher und zertrümmert unsere Häuschen und durchkreuzt unsere Pläne, so machen wir uns nicht viel Kummer deswegen. Kommt der Abend, wo wir zur Ruhe gehen, nahet der Tod heran, so ist es ja doch nichts mit all diesen Häuschen; da heißt es eingehen in das Haus unseres Vaters. Besorge also deine Geschäfte mit Treue, sei aber überzeugt, daß es kein so hochwichtiges Geschäft gibt als das Geschäft deines Heiles, und daß nichts so notwendig zum Heile ist, als deine Seele auf den Weg zu der wahren Gottseligkeit zu führen.

INHALT

VON DER SAKRALEN GEMEINSCHAFT